高等职业教育财经类精品教材·教学改革成果系列

商科类专业毕业设计教程
（第2版）

方玲玉　主编
陈光荣　周玉梅　副主编

电子工业出版社
Publishing House of Electronics Industry
北京·BEIJING

内 容 简 介

本书借鉴我国台湾专题制作的成功经验，针对目前商科类专业毕业设计中存在的现实难题，创新性地设计了毕业设计导引、毕业设计选题开发、毕业设计执行方案制定、毕业设计专题制作、毕业设计写作规范、毕业设计成果总结六大模块，引导学生在面对真实的商务市场环境时，聚焦专业领域内某一有价值、有挑战性的选题，合理设计技术路线，创造性地提出解决方案，富有成效地展示设计成果，以提升综合运用所学基础理论知识和基本技能、分析并解决本专业范围内一般商务问题的能力。

本书以电子商务、市场营销、会计、物流管理、国际贸易等专业为例，开发了系列专业的毕业设计选题，提供了毕业设计任务书、毕业设计执行方案、毕业设计作品系列原创模板及实例，适宜作为中、高职及应用型本科商科类专业毕业设计的指导用书。

未经许可，不得以任何方式复制或抄袭本书之部分或全部内容。
版权所有，侵权必究。

图书在版编目（CIP）数据

商科类专业毕业设计教程/方玲玉主编．—2版．—北京：电子工业出版社，2020.3
ISBN 978-7-121-37719-8

Ⅰ.①商… Ⅱ.①方… Ⅲ.①贸易-毕业实践-高等学校-教材 Ⅳ.①F7

中国版本图书馆 CIP 数据核字（2019）第 238527 号

责任编辑：贾瑞敏
印　　刷：三河市华成印务有限公司
装　　订：三河市华成印务有限公司
出版发行：电子工业出版社
　　　　　北京市海淀区万寿路 173 信箱　邮编 100036
开　　本：720×1 000　1/16　印张：12.5　字数：312 千字
版　　次：2016 年 7 月第 1 版
　　　　　2020 年 3 月第 2 版
印　　次：2023 年 6 月第 6 次印刷
定　　价：45.00 元

凡所购买电子工业出版社图书有缺损问题，请向购买书店调换。若书店售缺，请与本社发行部联系，联系及邮购电话：（010）88254888，88258888。
质量投诉请发邮件至 zlts@phei.com.cn，盗版侵权举报请发邮件至 dbqq@phei.com.cn。
本书咨询联系方式：（010）88254019，jrm@phei.com.cn。

中国的教育、中国的职业教育，离世界先进水平，差别有多大，距离有多远？在本书第1版面市三年之后的今天，再次面对昔日这一沉重的话题，世易时移、沧海桑田，笔者的内心已然波澜不惊、焦虑不再，而是多了几分淡定，多了几分自信。

曾有人惊叹，麦肯锡何以能点石成金，让刚刚走出商学院校门一两年的青葱少年，在世界500强高管面前，能侃侃而谈、应付自如，不仅赢得尊重，更能创造价值？答案只有一个，那就是——方法论铸就神奇，麦肯锡并不神秘！

毋庸置疑，地球上每一家著名的企业，它的深处都隐藏着一所优秀的大学。卓越的方法体系、精当的操作模板，能够点石成金，让人事半功倍。

毕业设计，作为人才培养的试金石、产教融合的试验场，是对所有学校及专业的重大挑战和考验。与典型的理工类专业注重动手能力的培养不同，商科类专业聚焦分析、思考、判断、决策等动脑能力的培养，这些隐性技能、智慧技能及思维技能的培养，也应当具有其独特的方法论及操作体系。

本书的第1版，在商科类专业毕业设计方法体系及操作模板构建上，做出了积极的探索。三年实践，硕果累累。2019年5月，湖南职成教学会高职工商管理类专业委员会在湖南省内开展商科类专业优秀毕业设计作品评选，专家们欣喜地发现，与三年前相比，学生的优秀作品，已丝毫不逊于昔日的台湾同侪。以本书"附录B 物流管理专业毕业设计实例"等更新后的作品为例，学生们开阔的专业视野、敏锐的市场意识，以及精当的业务剖析、娴熟的文字表达，令人目不暇接，也让人感慨万千！

第2版由毕业设计导引、毕业设计选题开发、毕业设计执行方案制定、毕业设计专题制作、毕业设计写作规范、毕业设计成果总结六大模块构成，整体框架变化不大，但在模板、标准、选题、案例等关键内容上，均进行了大幅更新。除对原书中过时的数据、图表进行更新，对全文本进行必要修订及调整外，还根据市场的变化，对各专业毕业设计选题进行了较为彻底的更新，并增加了"2.4.7 其他商科类相关专业选题示例"内容。根据实践的需要及经验的积累，第2版还更新了毕业设计评价标准，对毕业设计任务书、毕业设计执行方案等操作模板，进行了必要的提炼和优化。另外，附录中电子商务、物流管理、国际贸易等专业毕业设计实例用最新的优秀作品进行了替换、更新。

本次改编主要由方玲玉教授负责完成，方玲玉任主编，陈光荣、周玉梅任副主编。另外，刘娜、徐辉、刘春光、黎晗、周玉梅、邓永亮、张丽霞等，参与了各专业选题的修订及优秀案例的指导。在此，要特别感谢电子工业出版社有限公司首席策划

 商科类专业毕业设计教程（第2版）

编辑贾瑞敏老师，她的及时提醒及鞭策，让本书能在恰当的时间节点，以全新的面貌面世，并且，她和我一样坚信：作为一部具有填补空白意义的商科类专业毕业设计教程，本书可以并且应当惠及更多的人们：让商科教育更有获得感，让商科师生更有成就感！

最后，我愿在此再次重申本书的使命：让学生勇于面对真实的市场环境，善于聚焦专业领域内某一有价值、有挑战性的选题，科学合理地设计解决问题的技术路线，创造性地提出问题的解决方案，开展富有成效的运营实施及成果总结，进而全面提升综合运用所学知识技能解决一般性商务问题能力。

方玲玉

chinahnfly@126.com

目录

第1章 毕业设计导引 ... 1
1.1 毕业论文与毕业设计 ... 1
1.1.1 学术论文 ... 2
1.1.2 毕业论文 ... 2
1.1.3 毕业设计 ... 3
1.2 毕业设计的主要类型 ... 5
1.2.1 产品设计类毕业设计 ... 5
1.2.2 工艺设计类毕业设计 ... 5
1.2.3 方案设计类毕业设计 ... 5
1.3 毕业设计的管理流程 ... 6
1.3.1 征集毕业设计选题 ... 7
1.3.2 布置毕业设计任务 ... 7
1.3.3 开展毕业设计指导 ... 7
1.3.4 组织毕业设计检查 ... 7
1.3.5 毕业设计评阅 ... 8
1.3.6 毕业设计答辩 ... 10
1.4 毕业设计的写作流程 ... 11
1.4.1 确定毕业设计选题 ... 12
1.4.2 制定毕业设计执行方案 ... 14
1.4.3 撰写毕业设计作品 ... 15
1.4.4 总结毕业设计成果 ... 16

第2章 毕业设计选题开发 ... 17
2.1 毕业设计选题评价标准 ... 17
2.1.1 与学生认知水平相匹配 ... 17
2.1.2 与专业培养目标相吻合 ... 18
2.1.3 与行业市场动态相呼应 ... 18
2.2 毕业设计选题开发方法 ... 19
2.2.1 从行业、企业、产品维度开发选题 ... 19
2.2.2 从知识、技能、岗位维度开发选题 ... 19
2.2.3 从热点、难点、痛点维度开发选题 ... 20
2.3 毕业设计选题一般原则 ... 20
2.3.1 选题开发一般原则 ... 20

	2.3.2	常见问题分析	21
2.4	商科类专业毕业设计选题示例	21
	2.4.1	电子商务类专业选题示例	22
	2.4.2	市场营销类专业选题示例	24
	2.4.3	国际贸易类专业选题示例	25
	2.4.4	物流管理类专业选题示例	26
	2.4.5	会计类专业选题示例	27
	2.4.6	金融投资类专业选题示例	28
	2.4.7	其他商科类相关专业选题示例	29
2.5	毕业设计任务书的编制	30
	2.5.1	毕业设计目的和任务	30
	2.5.2	毕业设计的成果要求	31

第3章 毕业设计执行方案制定 34

3.1	毕业设计执行方案的目的和意义	34
3.2	毕业设计执行方案的构成和撰写	35
	3.2.1 毕业设计执行方案的题目	35
	3.2.2 毕业设计选题的依据和意义	35
	3.2.3 毕业设计拟解决的关键问题	36
	3.2.4 毕业设计的技术路线	37
	3.2.5 毕业设计的进程安排	38

第4章 毕业设计专题制作 40

4.1	文献资料收集与整理	41
	4.1.1 文献资料的价值	41
	4.1.2 文献资料的来源和种类	44
	4.1.3 文献资料的检索	45
4.2	网络信息搜索	49
	4.2.1 网络信息资源	49
	4.2.2 搜索引擎工具	51
	4.2.3 网络常用信息搜索	55
4.3	企业现场考察与实践	63
	4.3.1 企业调研的途径	64
	4.3.2 企业调研的方法	64
4.4	收集资料的处理	65
	4.4.1 资料的鉴别与取舍	66
	4.4.2 资料的归纳与分类	67
	4.4.3 初步形成论点和论据	67
4.5	毕业设计专题写作	68
	4.5.1 提纲的拟定	68
	4.5.2 初稿的撰写	70
	4.5.3 初稿的修改和定稿	70

第 5 章 毕业设计写作规范 ... 73
5.1 毕业设计作品的主要框架 ... 73
5.1.1 毕业设计作品的前置部分 ... 74
5.1.2 毕业设计作品的主体部分 ... 77
5.1.3 毕业设计作品的后置部分 ... 78
5.2 毕业设计的文本格式 ... 81
5.2.1 页面设置 ... 81
5.2.2 间距设置 ... 81
5.2.3 页眉及页码设置 ... 82
5.2.4 字体设置 ... 83
5.2.5 图表设置 ... 84
5.3 毕业设计装订要求 ... 85
5.3.1 毕业设计的装订顺序 ... 85
5.3.2 毕业设计的打印规范 ... 85

第 6 章 毕业设计成果总结 ... 86
6.1 毕业设计答辩流程 ... 86
6.1.1 学院组建答辩小组 ... 86
6.1.2 学生提交纸质资料 ... 86
6.1.3 复制和调试答辩 PPT ... 87
6.1.4 上台汇报 ... 87
6.1.5 教师提问与学生解答 ... 87
6.1.6 成绩评定 ... 88
6.2 毕业设计评价标准 ... 88
6.2.1 设计任务的评价 ... 88
6.2.2 设计实施的评价 ... 88
6.2.3 作品质量的评价 ... 89
6.3 成果报告书的撰写 ... 89
6.3.1 设计过程总结 ... 90
6.3.2 作品特点总结 ... 90
6.3.3 价值及用途总结 ... 91
6.3.4 收获及体会总结 ... 91
6.3.5 成果报告书实例 ... 91
6.4 答辩汇报 PPT 制作 ... 92
6.4.1 答辩汇报 PPT 封面制作 ... 93
6.4.2 答辩汇报 PPT 提纲制作 ... 93
6.4.3 答辩汇报 PPT 内容组织 ... 95
6.4.4 PPT 制作注意事项 ... 96
6.5 毕业设计网络展示 ... 97
6.5.1 学生专栏的制作 ... 97
6.5.2 教师专栏的制作 ... 98

商科类专业毕业设计教程（第 2 版）

附录 A　电子商务专业毕业设计实例 ······························· 100
附录 B　物流管理专业毕业设计实例 ······························· 119
附录 C　会计专业毕业设计实例 ······································ 140
附录 D　国际贸易专业毕业设计实例 ······························· 151
附录 E　市场营销专业毕业设计实例 ······························· 167
附录 F　证券与期货专业毕业设计实例 ···························· 177
参考文献 ·· 190

第 1 章 毕业设计导引

能否良好地完成毕业设计（论文），是衡量一个人是否接受了高等教育、并达到一定水准的重要标志。对毕业设计工作高度重视、对毕业设计过程严格管理、对毕业设计作品高标准要求，是所有追求教育品质、对学生长远发展高度负责院校的不二选择。

要做好毕业设计工作，首先要充分认识到毕业设计工作的重要意义及独特价值。

首先，毕业设计是专业教学的基本内容。毕业设计作为高等教育各学科专业必修的综合性实践课程，是体现人才培养特色和强化学生专业能力综合训练的重要教学环节，也是学生毕业资格认定的重要依据。

其次，毕业设计是提高学生职业能力的重要途径。在毕业设计过程中，通过系统训练，培养学生综合运用基础理论、专业知识和专业技能分析解决实际问题的能力，有利于提升学生就业、创业和创新能力。

最后，毕业设计是推进产教融合的有效手段。通过毕业设计，既有利于为行业企业解决实际问题，又能使生产现场新知识、新技术、新工艺、新标准、新产品、新方法等快速融入人才培养全过程。

毕业设计（论文），作为所有高等教育必修的核心课程，几乎是所有高校毕业生于在校学习告一段落前，必须经历的严峻挑战，也是检验学生学习成效及专业人才培养质量的最佳方法。因此，不管是哪一类学校或哪一种专业，都需要通过这一环节来磨炼学生自主学习、剖析问题、综合判断、创意设计及解决问题的实务能力。

1.1 毕业论文与毕业设计

无论是自然科学还是社会科学，在人类的生产经营实践活动中，人们都需要从事

大量的科学研究工作。科研工作的实质,是要揭示事物的本质特征及事物发展的客观规律。因此,科研工作是应用知识和创造知识的过程。科研工作成果的表现形式,主要有学术论文、学术专著、科学技术报告或专利文件、调查报告或研究报告等。在介绍毕业论文前,有必要先了解学术论文的基本内涵。

1.1.1 学术论文

人们通常说的"论文",即学术论文。我国国家标准局对此的定义是:学术论文是某一学术课题在实验性、理论性或观测性上具有新的科学研究成果或创新见解和知识的科学记录;或是某种已知原理应用于实际中取得新进展的科学总结,用以提供学术会议上宣读、交流或讨论;或在学术刊物上发表;或作其他用途的书面文件。

由此可见,这里所说的"学术",不是指一般性的知识或学问,而是指专门的、深入的、系统的知识或学问。因此,作为学术论文,它不是现有知识的简单重复,而是在具备一定专业水准并进行深入研究后,所形成的独到的观点、见解或发现,是知识或理论的升华和再创造。总之,学术论文是用来描述科研成果的有价值的原创性文章。毕业论文属于学术论文的范畴。

1.1.2 毕业论文

顾名思义,毕业论文是高等院校学生,在毕业前所撰写的学术论文或学位论文。究其实质,毕业论文是高等院校应届毕业生在教师指导下,按学术论文标准,由学生独立完成的总结性、习作性文章,是一项相对复杂的集学习、研究、写作三位于一体的综合训练,是对学生基础理论知识掌握情况、分析解决问题基本能力所进行的一次综合训练与考核。

从文体上来讲,毕业论文属于议论文。议论文是一种证明自己观点正确、剖析事物、论述事理、发表意见、提出主张的一种文体。毕业论文具有议论文所共有的属性特征,由论点、论据、论证构成文章的三大要素,文章主要以逻辑思维的方式展开,在强调事实的基础上,展示严谨的推理过程,从而得出令人信服的科学结论。

一般情况下,毕业论文主要考查学生三个方面的能力:一是综合运用所学专业基础理论知识的能力;二是探索、思考、创新的能力;三是文献综合、资料组织、文字表达能力。对毕业论文的考查,主要从"新""深""实""严""达"五个方面来进行。"新"是指新颖度,要求观点新颖,不是照搬照抄、老调重弹;"深"是指深刻度,要求应具备一定的学术价值,不是泛泛而谈,或无病呻吟、隔靴搔痒;"实"是指真实度与充实度,要求文章内容、资料既要真实可信,又要充实丰厚;"严"是指严密度,要求结构严谨,既符合既定格式,又表述严密,逻辑性强;"达"是指清晰度和通畅度,要求语言通顺流畅,表达准确无误。

本、专科层次的毕业论文,一般对字数都会有明确的要求,大多是 3 000~10 000 字。文章太长不够精练,文章过短难以将观点表述清楚,也会让内容显得单薄、苍白。

1.1.3 毕业设计

毕业设计，是一种特定形式的设计。所谓设计，是人们根据科学研究、生产实践及技术开发的实际需要，经构思与创造，在现有条件下，以最佳方式将设想向现实转化的过程及取得的成果。

传统意义上的毕业设计，是指高等院校技术科学及工程设计等需要培养设计能力的专业或学科的应届毕业生的总结性独立作业，要求学生针对某一课题，综合运用所掌握的专业知识和基本技能，开展具有一定实用价值的设计过程及取得的成果。

毕业设计不同于毕业论文，它的组成部分不只是一篇学术论文。如"机械加工与制造专业"的毕业设计，可能包括"毕业设计图纸+开题报告+任务书+实习报告+毕业设计说明书"等系列组件，这足以说明，完成一份优秀的毕业设计，需要付出相当多的努力！

毕业设计也是学生走向一线岗位前的一次重要的实习。通过毕业设计，让学生对某一课题进行专门、深入、系统的研究，从而巩固、扩大、加深对已有知识的掌握，培养综合运用已有知识独立解决问题的能力。一些国家根据学生的毕业设计质量，授予一定的学衔，如建筑师、农艺师、摄影师等。我国高等教育把毕业设计（论文）和毕业考试结合起来，作为授予相应学位或文凭的重要依据。

随着社会经济的发展，特别是人类社会进入了以互联网为支撑的信息时代后，人们的个性化、多样化需求得到了前所未有的满足与激发，彰显个性、迭代创新，已成为时代的主旋律。在此背景下，今天的高等教育，不仅技术科学及工程设计类专业需要通过毕业设计来培养学生的创新思维及解决实际问题的能力、来检验和提升人才培养质量，其他所有面向生产、服务与管理一线岗位的职业院校及应用技术大学，也普遍采用"毕业设计"这门课程来强化学生的专业知识与能力。以我国台湾为例，几乎所有的学术教育及技职教育的科系门类，普遍开设一门极其重要的"专题制作"课程，它基本承载了"毕业设计"这门课程的功能与使命。在商科类专业中，这门课程一般被称为"商务专题制作"。

综上所述，商科类专业毕业设计，一般是在最后一个学期开设的一门必修课，它是继前期的职业导入课程、职业岗位课程、职业拓展课程后，要求学生面对真实的商务市场环境，针对专业领域内某一有价值、有挑战性的选题（或问题），合理设计解决问题的技术路线，创造性地提出问题解决方案，并卓有成效地展示毕业设计成果，从而全面提升学生综合运用所学基础理论和基本技能去分析和解决本专业范围内的一般商务问题的能力。

毕业设计与毕业论文的异同比较如表1-1所示。

表1-1 毕业设计与毕业论文异同比较

指标		毕业设计	毕业论文
共性	定位作用	☞ 高等学校学生在毕业前必须完成的一门必修课程，是专业人才培养方案的重要组成部分 ☞ 要求学生综合运用所学基础理论、基本技能，分析解决实际问题 ☞ 是强化创新意识、培养创新能力、获取创新知识、提高自学能力的重要途径 ☞ 是对学生综合素质及实践能力的全面训练及考核 ☞ 是高等学校学生获得相应学位或文凭的重要依据 ☞ 是衡量学校及专业人才培养质量的重要指标	
特性	概念内涵	一般的设计，是指人们根据科学研究、生产实践及技术开发的实际需要，经构思与创造，在现有条件下，以最佳方式将设想向现实转化的过程及取得的成果； 商科类专业毕业设计，要求学生面对真实的商务市场环境，针对专业领域内某一有价值、有挑战性的选题（或问题），合理设计解决问题的技术路线，创造性地提出具体的解决方案，并能卓有成效地展示毕业设计成果	毕业论文是学术论文的一种，其文体属于议论文，是高等院校应届毕业生在教师指导下，按学术论文标准，由学生独立完成的总结性、习作性文章； 毕业论文注重对客观事务进行理性分析，指出其本质，提出个人的见解或解决某一问题的方法和意见
	表现形式	以商科类专业为例，毕业设计包括但不限于以下组件： ☞ 毕业设计任务书 ☞ 毕业设计执行方案 ☞ 毕业设计作品 ☞ 毕业设计成果报告书	主要由一篇学术论文构成
	功能特点	设计内容的科学性：设计内容应科学、准确，符合技术要求； 设计思想的新颖性：从设计的构思到成果呈现，是继承与创新的有机结合；设计不是原有对象的简单重复，而是应用智慧的开发与改造； 设计表述的规范性：设计应依据国家标准或行业、企业规范，并结合生产实践及经济发展状况进行； 设计条件的约束性：设计应切合社会经济水平及企业生产实际，受内外条件的制约； 设计结果的实用性：设计过程应与生产实践紧密结合，设计成果应当能够产生良好的经济效益和社会效益	学术性：有浓厚的理论色彩，在认识上具有一定的理论高度； 科学性：表述要严谨，立论要客观，论证要严密； 创造性：对所研究的问题要有新观点、新见解，或采用了新的研究方法，或进行了新的论证得出新的结论，是科研新成果的表述

第 1 章　毕业设计导引

1.2　毕业设计的主要类型

根据毕业设计最终成果表现形式的不同，在职业院校中毕业设计大体可以分为产品设计类、工艺设计类、方案设计类这三种形式。商科类专业的毕业设计以方案设计类为主。

1.2.1　产品设计类毕业设计

产品设计类毕业设计，是指将工程或者生产中的某种目的转换为一个具体的物理形式或工具的过程，是把计划、规划设想、问题解决的方法，通过具体的载体以令人愉悦的形式表现出来，从而实现某种功能或作用的一种创造性活动。

产品设计类毕业设计作品的质量以学生毕业设计形成的最终技术文件为主要考察对象，重点评价产品设计技术文件的规范性、技术方案的科学性和技术设计的创新性等。

1.2.2　工艺设计类毕业设计

工艺设计类毕业设计，是指以工程项目、产品加工或其他生产服务一线应用性项目为对象，对相应的流程、技术路线和规范进行设计的综合性毕业实践。

工艺设计类毕业设计作品的质量以学生毕业设计形成的最终技术文件为主要考察对象，重点评价工艺设计技术文件的规范性、技术方案的科学性和技术设计的创新性。

1.2.3　方案设计类毕业设计

方案设计类毕业设计，是指学生利用所学知识，为解决专业对应领域中的具体问题而完成的一项系统设计，其设计作品的表现载体是一个完整的方案。对方案设计类毕业设计作品的评价，主要从设计选题、设计实施、作品质量三个方面进行。

（1）设计选题

以毕业设计任务书为主要考察对象，重点评价所选课题与高职目标定位和专业培养目标的符合情况、所学专业知识和技能综合运用情况、与专业领域的对接情况、综合能力和职业岗位（群）中核心能力的培养情况及课题的难易程度和工作量的适度情况等。

（2）设计实施

以毕业设计说明书为主要考察对象，重点评价完成设计任务所制定的技术路线的可行性、步骤的合理性和方法的科学性、设计过程的完整性、语言表达的准确性、设计结论的可靠性、依据选择的合理性和依据应用的正确性。

（3）作品质量

以毕业设计形成的最终作品（方案）为主要考察对象，重点评价作品的规范性、与行业或企业标准规范的符合度，作品的可操作性、可执行性、设计任务的完成情况，以及作品的创新性和应用价值。

本书主要以商科类专业的方案设计类毕业设计为对象，来探讨毕业设计的方法与实践。

1.3 毕业设计的管理流程

毕业设计工作应实行校、院、专业系（所、室）三级管理，强化专业系的管理职能。教学管理办公室在主管院长的领导下，宏观管理、组织、指导、协调毕业设计工作，制定毕业设计管理规章制度，组织毕业设计检查、评估和总结，推荐优秀毕业设计作品，开展经验交流和推广等活动。

规范管理毕业设计工作，是学校治理能力的重要体现。

对毕业设计的管理流程的评价，主要就学校有关毕业设计的管理机制、组织实施和质量监控等方面，重点评价相关制度及工作实施的科学性、规范性、有效性和可行性。

二级学院应成立毕业设计领导小组，负责贯彻执行学校有关毕业设计管理的规定和要求，拟定毕业设计具体工作计划和实施措施。专业系（所、室）成立毕业设计工作小组，结合本专业培养目标和特点，拟定毕业设计实施细则；布置毕业设计任务，进行毕业设计动员；审定毕业设计指导教师，审定毕业设计选题；组织毕业设计质量检查与工作评估；组织毕业设计答辩及成绩评定，负责毕业设计工作总结，并及时将学生毕业设计及相关资料整理存档等。毕业设计的管理流程如图1-1所示。

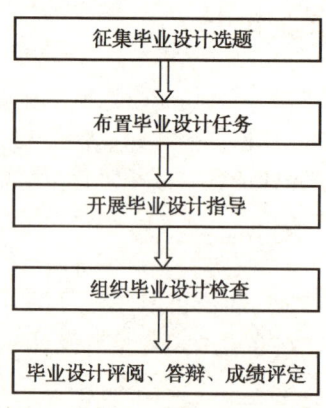

图1-1 毕业设计的管理流程

1.3.1 征集毕业设计选题

拟定适宜而又有价值的选题，对毕业设计的成败至关重要。选题的拟定是一项严肃而又十分重要的工作，一般经过以下几个工作环节。

(1) 指导教师提交选题

各专业符合相应资质条件的指导老师，根据专业人才培养目标、市场发展动态，特别要考虑学生毕业顶岗实习单位用人特点及业务实际，结合教师个人主要研究方向及特长，提交若干选题供专业系主任审核、参考。

(2) 专业系主任审核选题

专业系主任征集本专业全体指导教师提交的选题后，召开选题审定研讨会，根据选题与专业培养目标吻合度、教学内容覆盖面、设计工作量适宜度、市场业务相关度、市场热点难点新颖度、学生能学会做的可行度等指标，对所有选题逐一审定，去粗取精、去伪存真。然后再对剩下的选题进行归类、合并、去重及优化，使之简明扼要、指向明确、便于选择。

(3) 二级学院发布选题

学院将各专业审定的选题进行再次论证，论证通过后即可以正式文件的形式，发布年度毕业设计选题，作为全体毕业生进行选择的依据。

1.3.2 布置毕业设计任务

学生根据个人兴趣及特长选择毕业设计选题，教师根据个人研究方向及企业资源情况选择要指导的学生，在条件允许的情况下可开展学生和教师的双向互选。

确定选题后，指导教师要填写毕业设计任务书，经系主任签字后，正式向学生布置毕业设计任务。毕业设计任务书除选题名称外，还包括选题目的、任务及成果要求等。

1.3.3 开展毕业设计指导

确定选题、明确任务后，对学生而言，重大的挑战才刚刚开始。教师主要就解决问题的技术线路、毕业设计的撰写规范、毕业设计的评价标准及答辩安排等内容进行具体且适时的指导。在这种情况下，教师指导就变得非常关键了。

1.3.4 组织毕业设计检查

为了确保毕业设计工作的有序进行，应对毕业设计的进展情况开展定期检查，以及时纠错改错，确保质量。检查工作可分前期、中期、后期三个阶段进行。

（1）前期检查

一般在毕业设计开始前第一、二周进行前期检查，主要检查学生任务的落实情况，包括毕业设计题目、毕业设计任务书、指导教师和学生匹配情况等。前期检查可以由毕业设计专家组检查毕业设计题目是否规范、是否符合专业要求，毕业设计任务书的规范性和与专业培养目标是否吻合。

前期检查的目的在于发现问题，尽早督促学生和教师按时投入毕业设计工作，以保证学生能按时完成任务。对于毕业设计指导不到位的老师要及时取消其指导资格。对于毕业设计题目和毕业设计任务书有问题的学生要督促其指导教师协助其修改。

（2）中期检查

一般在毕业设计进行到一半时开展中期检查，主要检查学生任务完成的基本情况，包括相关文献阅读完成情况、行业企业调研任务完成情况、方案设计完成情况等。

中期检查可以分组进行，指导教师和指导的学生一般不安排在同一组，教师间交叉检查。检查时可以通过听学生自述、浏览学生上传到网络上的相关文档资料等多种形式进行。

中期检查的目的在于发现问题，督促学生抓紧时间，按时完成设计任务。对于在中期检查中问题比较多的学生，应及时与其指导教师联系，加强指导、管理和督促。个别问题严重的学生，必须提出警告，限期改正。个别问题特别严重的学生，作推迟答辩处理，或取消答辩资格。

（3）后期检查

后期检查在毕业设计答辩前进行，主要检查学生设计任务的完成情况，毕业设计工作量大小、规模难度、有无新意及设计质量等方面。

后期检查是对学生能否进行毕业设计答辩的资格审查，也是评定学生毕业设计成绩的重要依据。毕业设计不合格或设计任务没有完成的不能通过后期检查考核，不能通过后期检查考核的一般不能参加毕业设计答辩。

1.3.5　毕业设计评阅

毕业设计写作结束后，学生应将完成的毕业设计及有关附件资料交给指导老师，由指导老师对学生毕业设计的全过程进行考核。指导老师在认真批阅学生上交的毕业设计后，应明确指出存在的问题和错误，并写出批改意见。

在对学生的任务完成情况、知识应用能力、独立工作能力、创新能力、文本质量和工作态度等进行认真严肃的考察后，实事求是地填写指导教师评语，并给出建议成绩。

若发现毕业设计在内容、概念上，或在写作格式、写作行文上存在问题的，都必须要求学生限期改正，否则，不予通过。

毕业设计评分标准样例如表 1-2 所示。

第 1 章　毕业设计导引

表 1-2　××学院毕业设计评分标准

一级指标	二级指标	指标内涵	权重（%）
设计任务（100 分）	专业性（35 分）	毕业设计选题符合本专业培养目标	15
		设计任务体现对学生进行需求分析、信息检索、方案设计、资源利用、作品（产品）制作、成本核算等能力和安全环保、创新协作等意识的培养要求	10
		有助于培养学生综合运用所学的专业知识和专业技能解决专业领域中实际问题的能力	10
	实践性（35 分）	毕业设计选题贴近生产、生活实际或来源于现场实际项目	20
		产品设计任务具有一定的综合性和典型性，代表行业领域的一般性要求	15
	工作量（30 分）	设计项目难易程度适当，教学时长符合本专业特点	15
		同一选题每年最多不超过 3 名学生同时使用，每个学生独立完成 1 个设计项目	15
设计实施（100 分）	可行性（35 分）	毕业设计方案完整、规范，设计任务规划科学，能确保项目顺利完成	20
		毕业设计的技术原理、理论依据和技术规范选择合理	15
	完整性（30 分）	设计项目启动、设计任务规划、资料查阅、参数确定、设计方案拟定、设计方案修订、设计成果成型等基本过程及其过程性结论等记录完整	30
	可靠性（35 分）	技术标准运用正确，分析、推导逻辑性强	15
		有关参数计算准确，中间数据翔实、充分、明确、合理	10
		引用的参考资料、参考方案等来源可靠	10
作品质量（100 分）	科学性（30 分）	技术路线科学、可行，步骤合理，方法运用得当	5
		技术标准等运用正确，技术原理与理论依据选择合理，相关数据来源可靠、计算准确	15
		应用了本专业领域中新知识、新技术、新方法	10
	规范性（20 分）	成果要素齐全、层级分明、结构严谨、排版规范、文字表述流畅	10
		成果内容的表述符合商科类行业标准或专业语言的规范化要求	7
		成果引用的参考资料、参考方案等来源标识规范、准确	3
	完整性（30 分）	成果与毕业设计任务书的要求紧密相关	10
		成果能清晰呈现提出问题、分析问题、解决问题的逻辑架构	15
		成果的外在形式与内容结构完整	5
	实用性（20 分）	成果对象与企业实际工作密切相关	5
		成果内容与本专业的知识、技能、技术相关	10
		成果价值能解决单位经营管理中的实际问题	5

9

1.3.6 毕业设计答辩

毕业设计答辩是毕业设计的重要环节，也是巩固已学知识的基本训练，它可以使学生再一次受到锻炼，在总结的过程中提高各种能力，它也是衡量学生毕业设计水平和质量的重要手段。通过学生的口述及对答辩委员会所提问题做出的答复，对学生的专业素质和工作能力、口头表达能力及应变能力进行考核；同时，对学生知识面的宽、窄及所学知识的理解程度做出判断。

通过毕业设计答辩，可以就该课题的发展前景和学生的努力方向，对学生进行最后一次面对面的教育。

毕业设计答辩也是对毕业设计工作进行全面检查的一个重要环节。院（系）应成立以主管教学领导为组长的答辩领导小组，负责本单位的答辩工作，制定答辩规章、程序、要求及时间、地点安排等，应提前将安排计划报至上级主管部门。

每个专业应成立答辩委员会，审查学生的答辩资格，组织学生进行答辩，研究确定答辩和毕业设计成绩等。

（1）毕业设计答辩的程序和要求

① 答辩资格审查：答辩前应对学生进行严格的答辩资格审查，凡私自变更原批准进行的课题者、未完成毕业设计任务者、未完成毕业设计作品撰写或撰写的毕业设计作品严重不符合要求者，一律取消答辩资格。综合考虑中期检查和后期检查的情况，严重不符合要求者，也不能获得答辩资格。

② 准备答辩：答辩前，指导教师对学生上交的毕业设计进行审阅，并写出评阅意见；公布答辩委员会组成人员，答辩小组的教师名单、学生名单、答辩日程、地点安排；学生应拟出汇报提纲，并做好参加答辩的准备，如调试机器、制作PPT、打印文档等。

③ 进行答辩。给出成绩及评语。

（2）毕业设计答辩委员会组成

答辩委员会一般由 3~5 名专家组成，至少有一人具有高级职称，其中还应包括 1~2 名企业专家。答辩委员会设组长 1 名。答辩委员会的职责是审阅毕业设计论文、对学生的答辩资格给予审定、组织并主持答辩、讨论并确定最后成绩及评语。

根据各专业学生人数及毕业设计课题类别，答辩委员会一般分为若干个答辩小组进行答辩工作，每组应由 3 名左右教师组成。

（3）毕业设计答辩的实施过程

毕业设计答辩一般分答辩小组进行，由主持人宣布答辩开始。

学生按预定的顺序进行答辩。学生可以使用投影仪等设备，自述毕业设计课题的目的、要求、设计思想、设计方案及主要特点，提出设计方案的主要依据及结论，毕业设计的体会和方案改进意见等。学生的陈述一般在 10 分钟左右，主要是考核学生对内容的组织和表达能力。

学生自述后，答辩委员会老师提出问题，学生回答。学生对提出的问题可以立即

第1章 毕业设计导引

回答，也可以稍做准备后回答。所提的问题，一般应围绕毕业设计的课题和本专业的主要知识进行，主要考核学生分析问题和解决问题的能力，以及对基础知识和基本技能的掌握程度。

提出的问题不宜过深、过偏。对在毕业设计中表现突出的学生，可适当地增加问题的难度，以考察其水平；对基础较差、表现欠佳的学生，也可以适当地启发。因此，要求答辩小组成员熟悉本专业的课程设置、熟悉本专业的发展状况，对学生必须掌握的专业知识有全面的把握。

答辩过程中要有专人记录，答辩委员会成员在答辩过程中对每个学生的答辩情况也可做必要的记录，以便评议成绩时作为参考依据。

答辩结束后，答辩委员会根据评阅人意见、指导教师的意见、学生在答辩会上的表现，经过充分讨论，给出成绩及评语。

（4）毕业设计答辩的注意事项

参加答辩的学生，在答辩前应做好答辩的准备工作。在答辩过程中要严肃认真，介绍时应逻辑清楚、重点突出；回答问题要准确、论据充分，切忌答非所问。

对不知道的问题要实事求是地说明；对没有听明白的问题，可以请老师重述；当被误解时，一定要据理申辩，但应注意方式、方法。

在条件允许的情况下，每个小组的学生最好自始至终地参加答辩，这实际上也是一个向他人学习的好机会。在答辩时，学生对自己感兴趣的选题，也可适当地向答辩同学提出问题。

参加答辩要求衣冠整洁，并注意礼貌，尊重答辩小组的教师和同学。

1.4 毕业设计的写作流程

毕业设计不仅是应届毕业生获得学位或文凭的前提和基础，更是最后一次在教师直接指导下，综合运用所学专业知识和基本技能，对接一线市场岗位需求，解决具体商务业务问题，从而提升自主学习能力、调查分析能力、创新创意能力及社会适应能力的最佳机会。因此，高度重视、潜心投入，争取实现大学学习从量变到质变，为未来职业生涯奠定坚实基础，这是毕业设计课程应有的定位。

毕业设计的写作流程，一般包括确定选题（形成毕业设计任务书）、设计路径（制定毕业设计执行方案）、方案设计（撰写毕业设计作品）、成果总结（撰写成果报告书、答辩汇报PPT）四个环节，如图1-2所示。

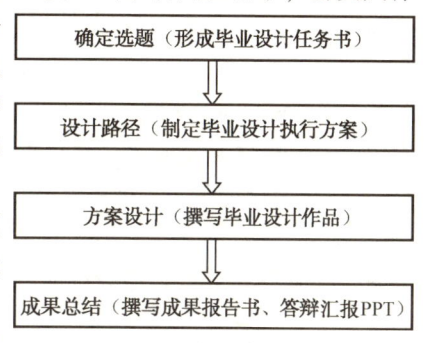

图1-2 毕业设计的写作流程

11

1.4.1　确定毕业设计选题

学校发布的年度毕业设计选题可能包罗万象，宽窄难易，各不相同。选择合适的毕业设计选题，是一个抽丝剥茧、去粗取精的过程。

(1) 确定选题的注意事项

① 符合兴趣。选题必须符合自己的兴趣，这样才能在充满挑战、漫长且艰辛的完成过程中，持之以恒、锲而不舍，让选题研究能够持续地进行下去，最终达成学习目的。

② 与指导老师充分沟通。由于学生所涉猎的专业领域相对偏窄，若能与不同专业的老师密切沟通，充分了解毕业设计选题的内容与方向，对未来毕业设计的进行会有相当大的帮助。

③ 结合自己所学知识与专业能力。毕业设计的方向与内容，必须与自己的知识储备及专业能力相匹配，千万不能超过自己的专业知识过多，否则在进行毕业设计时，会更加辛苦，甚至无法完成。

④ 选题范围不宜太过深奥与宽泛。毕竟是在校学生，对课题的研究能力及操作经验还相当有限，因此应该针对小范围的课题进行研究，而且涵盖的主题内容不宜过于宽泛，否则将造成相关知识的探究及前期市场调研负担太大，从而无法在限定的时间内完成设计。

⑤ 选题应切合实际。选题不能好高骛远，必须考虑个人的实际能力，以及完成设计的时间限制、设备场地及经费需求等实际状况。

(2) 确定选题的步骤

① 确定选题范围。以电子商务专业为例，根据专业培养目标及专业发展方向，选题范围主要包括网店运营、网络推广、网络美工、网店客服、跨境电商、移动电商等方向。学生应根据自己的兴趣爱好及就业意向确定大致的选题方向。

② 找准"热点""焦点"。如果对网店运营感兴趣，可以通过网络调研、校友及合作企业的人脉资源，广泛了解这方面最新动态及发展趋势，捕捉其中的"热点""痛点""难点""焦点"或"敏感点"。如网店运营方向，"爆款打造""活动策划""网店转化率提升""数据化运营"是目前业内关注的焦点，则可以作为选题的参考。简单重复、了无新意的选题，价值度不高，很难让毕业设计出彩。

③ 选择可行性高、价值度大的选题。有兴趣且有价值，还要看完成选题的难度及可行性如何。如果对"数据化运营"很感兴趣，但自己的文献资源、人脉资源及实习岗位与之毫不相干，则不可能完成一个良好的毕业设计。如果在运营部门实习，对网店"爆款打造"很有兴趣，也看过不少别人的经验分享，恰巧还有一些朋友在不同的企业从事运营类岗位，这时选择"××店铺爆款选择与打造"作为自己的毕业设计题目，则具有很高的可行性和可信度。

确定选题后，应主动与毕业设计指导老师联系，就开展毕业设计的时间地点、任务内容、成果要求等方面达成充分共识，并体现在毕业设计任务书中，如图1-3所示。

第 1 章 毕业设计导引

××学院毕业设计任务书

学院		专业		班级	
学生姓名		学号		指导教师	
				企业导师	
毕业设计题目	题目一般不超过 20 个字，如确有必要，可以用副标题做补充（选题符合本专业培养目标）			毕业设计类型	方案设计

一、设计目标

通过本次毕业设计，想做一个什么样的产品，解决一个什么样的问题，或完成一个什么样的方案、工艺等。体现培养学生哪些方面的知识、能力和意识等，提高培养学生综合运用相关专业知识和专业技能解决专业领域中哪些实际问题的能力等方面。

二、主要任务及成果要求

（一）主要任务

1．资料收集；

2．前期准备；

3．方案撰写；

4．方案实施；

5．成果形成等。

（二）成果要求

1．毕业设计内容必须文题相符、概念清楚、思路清晰、层次分明。

2．毕业设计方案设计合理，依据可靠，具有一定的社会价值、市场价值或商业价值。

3．毕业设计作品字数要求在 3 000 字以上。

4．毕业设计作品必须清楚反映自己的学习心得及探索成果，体现自己的专业能力和实践水平，严禁抄袭。

5．尊重他人的学术成果，养成严谨、求实、诚信的学术作风。在应用文献资料时，必须在引用处给出标注，在作品末尾按引用顺序列出文献资料的出处详情（作者、资料名称、发表场所、时间、页码等）。

三、实现步骤和方法

对毕业设计的工作步骤及相关工作如资料收集、作品设计、毕业设计进行方式和实验方法等方面应进行明确界定。

四、时间安排

明确毕业设计每个阶段开始时间、结束时间及阶段成果。

序号	任务	开始时间	结束时间	阶段成果
1	毕业设计选题			确定选题
2	毕业设计任务书			毕业设计任务书
3	毕业设计执行方案			毕业执行方案
4	毕业设计作品初稿			作品初稿
5	毕业设计作品终稿			作品终稿
6	毕业设计答辩			完成答辩
指导教师签名（学校/企业）		年　月　日	系室审核	年　月　日

图 1-3　毕业设计任务书示例

13

1.4.2 制定毕业设计执行方案

接受毕业设计任务书后,首先要熟悉自己的设计题目和设计任务的具体要求,接着再进行初步的设计调研,从而拟定开展毕业设计的技术路线,最后完成毕业设计执行方案的撰写。

所谓技术路线,一般是指课题的申请者为达到研究目标而准备采取的,包括技术手段、具体步骤及解决关键性问题的方法。毕业设计的技术路线,是完成毕业设计所采取的方法手段、过程步骤的系列组合。

在描述操作过程的基础上,经常采用流程图来说明,具有一目了然的效果。根据研究课题大小及任务多少,技术路线的流程图可简可繁,简单一点的如图1-4所示。

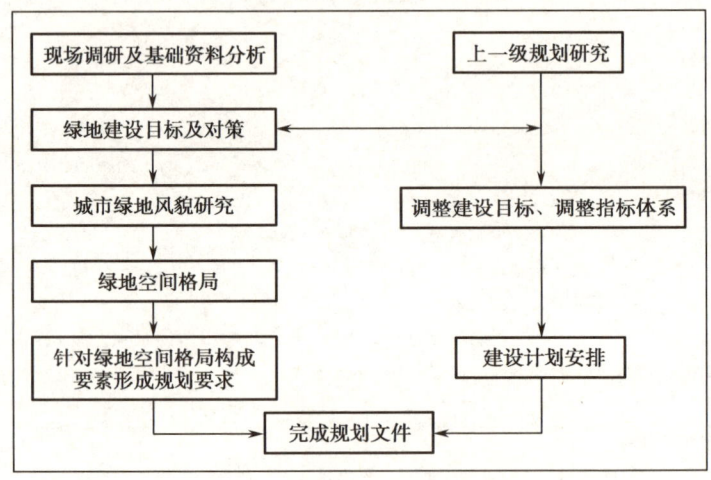

图1-4 ××小区绿地建设规划设计的流程

除精心设计完成毕业设计的技术路线外,学生还应认真思考选题的依据及价值、本设计拟解决的关键问题、毕业设计的进程安排等内容,这些一并反映在所要提交的毕业设计执行方案中,如图1-5所示。

××学院毕业设计执行方案				
＿＿＿＿学院＿＿＿＿专业			年 月 日	
设计题目				
学生姓名		学号		指导教师
1. 选题的依据和意义				

图1-5 毕业设计执行方案示例

续表

2. 拟解决的关键问题				
3. 毕业设计的技术路线				
4. 毕业设计的日程安排				
	任务	开始时间	结束时间	阶段成果
	确定选题			毕业设计任务书
	制定方案			毕业设计执行方案
	完成设计			毕业设计作品
	成果总结			成果报告书、答辩汇报PPT
5. 指导教师的意见及建议				
				签名： 年　月　日

注：① 此表前四项由学生填写后交指导教师签署意见，否则不得开题；
　　② 此表作为毕业设计评分的依据。

图1-5　毕业设计执行方案示例（续）

1.4.3　撰写毕业设计作品

商科类专业毕业设计的撰写，主要包括以下步骤。

（1）收集资料，阅读文献

为保证毕业设计有较高的质量，要多读书和多看文献资料，特别是参考往届毕业生的优秀作品，并认真做好读书笔记。毕业设计读书笔记是平时读书和学习文献资料的心得与体会的总结，包括主要观点的归纳、主要数据的引用等方面的记录。

（2）了解市场，实地调研

商科类专业毕业设计，本质上要求学生要面向商务市场的一线需求，解决真实而又有价值的商务问题，因此务必从市场中来、到市场中去。只有接触真实的产品、真实的用户、真实的业务，才有可能写出内容丰满、创意鲜活、价值度高的优秀作品。

（3）拟定提纲，完成初稿

动笔写毕业设计时应先拟定一个写作提纲。提纲项目要齐全，能初步构成设计的轮廓，规划写作范围和思路。写作提纲要在指导教师的指导下进行，要征求指导教师的意见。

初稿的写作是毕业设计写作过程中最艰苦而又十分重要的环节。初稿要做到：思路清晰、目标明确、设计合理、富于创意；要努力拓展和丰富设计内容，以便于以后的修改；要征求老师和同学们的意见，不断汲取新的养料。

（4）精雕细琢，修改定稿

初稿写成后，只有经过反复修改，才有可能形成一篇好的设计。修改的范围是广泛的，如在内容上，修改设计思路；在形式上，修改文档的体系结构、语言表达等。

1.4.4 总结毕业设计成果

毕业设计是学生在校期间完成的综合性、实践性最强的一项作业，也是难度和跨度最大、投入时间精力最多的一次大型作业。毕业设计周期，耗时半年之久，对大多数同学而言，都是筚路蓝缕、千辛万苦，但最终有所成就、有所斩获。因此，在答辩前，及时对毕业设计进行全面系统总结，是磨炼个人意志品质、提高分析综合能力、培养反思精神的最佳时机，也是在答辩现场展示上佳表现的必要准备。

毕业设计总结主要以成果报告书、答辩汇报 PPT 等形式体现，需要全面总结毕业设计的过程、收获、作品（产品）特点等。毕业设计成果报告书要求对毕业设计过程、设计作品的特色与亮点、作品的社会价值及主要用途、毕业设计的体会与收获等几个方面进行简要描述，如图 1-6 所示。

××学院毕业设计成果报告书			
学院		专业		班级	
学生姓名		学号		指导教师	
毕业设计题目			毕业设计类型	
1. 毕业设计过程的简要说明			
2. 作品的特色与亮点 成果报告书全面总结毕业设计的过程、收获、作品（产品）特点等。			
3. 作品的社会价值及主要用途			
4. 毕业设计的体会与收获 　通过毕业设计，加深了哪些专业理论知识的认识和理解，提升了哪些方面的专业技能和职业素养，收获了哪些经验和教训，明白了哪些做人、做事的道理等。			
注：本表一式两份，一份院部留存，一份存学生档案。			教务处

图 1-6　毕业设计成果报告书示例

第 2 章

毕业设计选题开发

开发优质选题，是达成毕业设计目标最关键的第一步。不恰当的选题，无异于在破布片上绣花，再多雕琢亦无济于事，只会让人事倍功半，甚至前功尽弃。那些有新意、有价值，与学生认知水平及学校资源状况相匹配的选题，才会让人得心应手、事半功倍。

什么是好的选题？如何开发优质选题？这是毕业设计得失成败的关键所在。

2.1 毕业设计选题评价标准

选题之误，谬以千里。在商科类专业毕业设计实践中，最常见、最突出、最严重的问题，往往是让学生做他们根本无法胜任，或者即使完成却毫无实际价值的选题。这样的选题浪费了大量人力、物力，逼着学生抄袭来滥竽充数。选题是否合适，可从以下几个方面予以判定。

2.1.1 与学生认知水平相匹配

好的选题，首先应当符合学生的认知水平，不能强人所难。大学几年，学生所学知识、技能毕竟有限；社会阅历、格局视野，必然受到环境条件的制约。因此，教师给出的选题，切忌过大、过宽，让学生难以驾驭、无从下手；或过于宏观、艰深，让学生望而生畏、望而生厌。好的选题，应难易适中、贴近学生，让学生易于操作，并兴趣盎然，确保学有所获；好的选题，应有趣、有用、有挑战性。

某职业院校的电子商务专业给出了"电子商务代运营企业发展模式研究——以

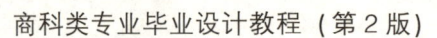

×××企业为例""我国电子商务发展现状及发展趋研究"等选题，前者要求学生站在企业总经理的高度来设计和思考，后者让学生从电子商务行业市场专家角度来分析和判断，这显然超出了一个高职或应用性本科在校学生所能承载的重负。如果将前面的选题改为"×××企业电子商务代运营成功（失败）案例剖析""湖南浙江两地中小企业电子商务发展水平对比分析：以淘宝网为例"，则变得有较大的实用价值和可操作性，并具有一定的挑战性。具备一定实践经验的应届毕业生，在教师恰当的指导下，是完全可以胜任并提交出有一定实用价值的优秀作品的，而且毕业设计过程还可能给他们带来较大的成就感及满足感，并对以后的职业生涯产生深入而持久的积极影响。

总之，毕业设计选题，既要有一定的高度，又要符合学生实际，工作量和要求要适当，使大部分学生经过努力都能在规定的时间内完成。对于能力较强的学生，可适当增加一些难度较大的选题。

2.1.2 与专业培养目标相吻合

选题必须符合专业人才培养目标。不同专业可互相渗透，以扩大专业面，开阔学生视野，但只能适当跨界，不能完全越位。选题的内容、深度及知识覆盖面应符合专业教学要求。通过毕业设计的综合训练，让学生具备解决一般商务问题的能力，成为真正合格的商务人士。

某职业院校国际贸易专业的选题："×××外贸公司跨境店铺运营方案设计""×××外贸公司跨境店铺（如阿里国际站、速卖通、ebay、亚马逊、敦煌）优化方案设计"，落脚点在于"网店运营管理""店铺优化设计"。经考察，该专业定位于培养外贸业务员、外贸单证员，且并未开设"网店建设""网店运营"相关课程。显然，完全越位到电子商务相关专业领域的选题，只会增加学生的困惑，无助于专业人才培养目标的实现。相反，如将以上选题改为"×××外贸公司跨境平台选品方案设计与优化""×××外贸公司跨境电商平台货物清关方案设计"，则既符合专业人才培养目标，又具有一定的实用性、挑战性。

2.1.3 与行业市场动态相呼应

选题应结合生产建设及管理服务一线需要，尽可能反映新技术、新趋势，提倡不同学科专业互相渗透，扩大专业面，开阔学生的视野。

商科类专业毕业设计，本质上要求学生将探究视角从学校转向社会，从书本转向市场，从理论转向实践。把握市场最新动态及行业发展趋势，捕捉业内热点、焦点问题，以及难点与痛点所在，是提升毕业设计价值度、提高人才培养社会适应性的重要举措。过时老套的选题，不仅难以激发学生兴趣，也很难产生高价值的成果。

近年国家推出"大众创业，万众创新"战略，"互联网+"背景下各行业的转型升级势不可挡，商科类专业是学科门类中对社会经济变化最敏感的门类。对电子商务

第 2 章　毕业设计选题开发

专业而言，早几年还如"星外来客"般让人陌生的"移动电商""跨境电商"，现在已经成为很多地区和企业的"标配"。学校的人才培养目标、专业教学计划、课程教学内容都应与时俱进，所以电子商务专业毕业设计选题可以向这两个方向逐步渗透，如"×××微商城运营策划方案""×××公司微信营销方案设计及实施""×××企业跨境电商平台运营方案设计""跨境电商热销商品特征分析：以天猫国际为例"等，这样的选题，让学生既可以做好，还可能有所作为。

2.2　毕业设计选题开发方法

无论是自然科学领域还是社会科学领域，在人类的生产经营实践活动中，人们都需要从事大量的科学研究工作。科研工作的实质，是要揭示事物的本质特征及事物发展的客观规律。因此，科研工作，是应用知识和创造知识的过程。科研工作成果的表现形式，主要有学术论文、学术专著、科学技术报告或专利文件、调查报告或研究报告等。学业设计是在校学生科研素养训练的重要形式，毕业设计选题本质上也是聚焦探究领域选择研究课题的过程。

2.2.1　从行业、企业、产品维度开发选题

根据专业人才培养面向所涉及的行业、企业，再参考校企合作资源拥有情况，将毕业设计主题聚焦到特定的行业、企业，或者具体到某类产品上，通过这种方式开发的选题针对性强、操作简便、易于执行。

以电子商务专业网店运营方向为例，可开发家居用品网络运营方案设计、生鲜食品O2O运营方案设计、淘宝女装运营方案设计等系列选题。而市场营销专业"区域市场开发方案设计"类选题，则可聚焦到化妆品、家居建材、服装、医药、快消品区域市场开发上，从而化难为易，变抽象为具体。

2.2.2　从知识、技能、岗位维度开发选题

根据专业人才培养目标定位，将专业所需掌握的基础知识及基本技能，对接到具体的业务流程、操作环节或相关岗位，这种方式开发的选题，以小见大、见微知著，可以起到四两拨千斤的作用。

还是以电子商务的网店运营方向为例，从这一方向可以开发的选题有：网店运营方案策划、速卖通店铺运营方案策划、微商城运营策划方案、网店节庆活动方案策划、网店爆款打造方案设计、网店文案优化方案设计、网店客户转化率提升方案设计、传统企业网络代运营方案设计等。

除此之外，还可设计一些与学生现在或将来要从事的岗位密切相关的选题，如"如何为成一名优秀的运营主管""网络金牌客服的素质及技能要求"等，这类选题

19

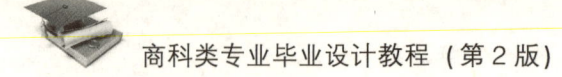

与学生息息相关，容易激发学生兴趣，也颇具价值和挑战性。

2.2.3 从热点、难点、痛点维度开发选题

改革创新，是人类社会永恒的主题。信息技术，一日千里，市场风云，瞬息万变。当今社会，唯一不变的主题就是"变化"。如何捕捉市场的"热点"，业务的"难点"，以及学生本身有切肤之痛的"痛点"，是毕业设计创新求变、与时俱进的重要策略。

笔者在台湾健行科技大学访学了三个月，带回了三本"商务专题制作"作品，全是这一类选题，如"大学生对于未来桃园捷运的想法：以健行科技大学为例"，响应了本地交通运输市场的"热点"；"供应链安全认证个案探讨"选题，回应了台湾企业走向国际市场的"难点"；"行动通信软体与人际互动之影响：以 LINE 为例"选题，呼应了手机给学生人际沟通带来冲击的"痛点"。

以电子商务专业为例，跨境电商、移动商务、爆款打造、转化率提升、微店运营、移动营销、视觉营销、数据化运营等，都是市场上关注的焦点，值得探讨。

2.3 毕业设计选题一般原则

优质选题的开发，绝非是一蹴而就的，需要反复比较，仔细推敲。选题的拟定，既要遵循一定的原则，也要注意规避一些常见的风险。

2.3.1 选题开发一般原则

毕业设计是每个学生都必须完成的大型实践性作业。这要求学校发布的选题要丰富全面、难易有度，能满足不同兴趣爱好及能力水平学生的选择需要。

（1）专业性原则

毕业设计应当对本专业领域内的问题进行探讨和研究，不能过度跨界和完全越位。专业性的选题，才能让学生综合运用所学的知识、技能，磨炼业务能力，从而获得优秀成果。

偏离专业人才培养目标，抛开本专业特长优势，选题与专业定位及资源优势相关度不高，完全跨界甚至越位到其他专业领域，学生实现难度过大，也不利于人才培养目标的实现。

（2）价值性原则

选题的完成，应当对学生能力有所提升，对市场业务有所帮助，对社会经济有所贡献。归根结底，选题要具有现实意义，能满足社会需要，具有一定的实用价值、社会价值、经济价值或商业价值。

（3）创新性原则

毕业设计，不只是所学知识简单的综合或技能简单的重复，而是让学生发现新问

第 2 章　毕业设计选题开发

题、开发新方法、得出新结论的过程，也是让学生探索新领域、达到新高度、挑战自我的一种实践。

毕业设计选题，不仅要从市场热点、难点、痛点中找突破、有创新，还可以在研究方法、技术路线上有创新、找突破。

（4）可行性原则

可行性是指完成毕业设计的可能性，即充分考虑选题的难易程度、工作量的大小，在规定时间内获得成果的可能性。

对学生而言，能力有大小，兴趣有不同，所以选题照顾大多数同学的水平，也要有难有易。另外，选题应尽可能结合学生特长、兴趣，开发一些能发挥他们特长，让他们学有所得、学有所感、学有所获的选题。

2.3.2　常见问题分析

（1）选题过大

毕业设计一般是在毕业前最后一个学期完成的，学生在顶岗实习、落实工作单位的同时，要兼顾毕业设计写作，能够投入的时间精力毕竟有限。过于宏观、过于抽象、过于庞大的选题，让学生无从下手、难以驾驭，也难以在规定的时间内按质、保量完成。如"中国与欧盟经贸关系发展现状趋势分析""我国期货市场发展趋势研究"等选题，即属于选题过大类的。

（2）选题过难

大学期间，所学有限，未入职场，阅历不多。太难的选题，超出学生能力范围，也起不到综合知识、培养能力的作用只会让学生望而生畏，退避之舍。如"电子商务代运营企业发展模式研究——以×××企业为例"这类选题，超出了学生的认知水平，不具备操作可行性。

（3）选题过旧

过时的选题，因时间的推移已不再具备应有的实用价值，也很难激发学生探索的欲望。如电子商务专业"企业网站流量提升策略分析""企业网络推广方案设计"这类曾经热门的选题，随着电子商务的高速发展，市场的焦点已转移到"流量转化率提升策略""产品（店铺）运营方案设计"方向上来了。

（4）选题过虚

毕业设计的目的性、实践性很强，要求内涵清晰、指向明确。选题结合生产、生活实践，具有一定的实用价值，以利于增加责任感、紧迫感。如"企业文化对电商企业发展研究"等选题就属于过虚的选题，让学生难以抓住问题的要害和实质。

2.4　商科类专业毕业设计选题示例

商科（Business Administration），原本是西方国家的流行说法。顾名思义，是指与

21

商业交易活动密切相关的一类专业的统称。目前，西方发达国家普遍开设商科类专业，虽然极其普通，但应用范围广泛，实用性较强，多年来一直是极受欢迎的热门学科类别。

在美国，商科类专业主要包括：金融学、企业管理、信息管理、管理学、市场营销、非营利性机构管理、生产管理、物流管理、会计学、经济学、国际商业等学科。

在英国，商科类专业主要包括：工商管理、商务管理、国际商务与管理、人力资源管理、市场及战略管理、风险管理、商务金融、电子商务、物流管理、项目管理等学科。

我国正式发布的学科专业门类中，并没有"商科"这一提法。在2012年教育部发布的普通高等学校本科专业目录中，第02学科门类是"经济学"，第12学科门类是"管理学"，这两大学科门类下属的专业，与国外"商科"类专业范畴大致相当。

2015年教育部发布了最新普通高等学校高等职业教育（专科）专业目录，其中第13大类为"财经商贸大类"，基本上涵盖了国外"商科"类专业范畴，也与我国本科专业目录中的"经济学""管理学"两大学科门类基本对应。

综上所述，所谓商科类专业，在我国主要是指本科专业中的"经管"大类，或专科专业目录中的"财经商贸"大类。

下面以商科类专业中的电子商务、市场营销、国际贸易、物流管理、会计、金融投资专业为例，给出高职高专层次的毕业设计选题示例，如表2-1~表2-7所示。

2.4.1 电子商务类专业选题示例

表2-1 电子商务类专业选题方向及示例

专业方向	选题名称
电子商务运营方向	1. ×××淘宝（天猫）店铺运营方案策划 2. ×××O2O平台运营方案设计 3. ×××活动策划方案设计及实施 4. ×××店铺爆款选择与打造 5. ×××公司移动端店铺运营及优化 6. ×××公司微信公众平台运营及优化 7. ×××企业微店营销方案设计 8. ×××公司拼多多平台店铺运营方案设计 9. ×××店铺产品上新方案策划与实施 10. ×××天猫旗舰店移动端销售额提升方案设计 11. ×××天猫店铺双十一活动方案策划与实施 12. "网红"直播营销策略分析——以×××公司为例 13. ×××企业APP营销方案设计 14. ×××公司店铺数据化运营诊断及优化方案设计 15. ×××企业小程序运营方案设计

第 2 章 毕业设计选题开发

续表

专业方向	选题名称
网络营销推广方向	1．×××公司网络营销推广方案策划与实施 2．×××公司网站诊断及优化方案设计 3．×××网络推广失效客户诊断及优化 4．×××公司微信营销方案设计及实施 5．×××淘宝（天猫）平台搜索优化方案设计 6．网络品牌塑造方法与策略——以×××公司为例 7．×××公司新媒体营销推广方案设计 8．×××淘宝（天猫）店直通车推广方案策划 9．×××公司双十一客户转化率提升策略设计与实施 10．×××公司天猫（京东）店铺运营推广诊断及优化 11．×××店铺网络预售活动推广方案设计 12．×××店铺网红直播推广方案策划 13．×××店铺网络预售活动推广方案设计 14．×××店铺网红直播推广方案策划 15．淘宝店铺内容营销方案设计与优化——以×××店铺为例
网店美工及客服方向	1．×××产品美工设计方法及策略 2．×××网店视觉营销方案设计及优化 3．×××公司在线客服流程的优化设计 4．客服专员网络沟通技能提升策略——以×××公司客服岗位为例 5．网络客户异议的种类及处理方式分析——以×××公司客服岗位为例 6．×××公司网络客服专员客服业绩提升策略分析 7．×××公司网络客服后台处理工作流程及优化设计 8．视觉营销在网店装修中的应用——以×××店铺为例 9．×××产品详情页设计及优化——以×××店铺为例 10．×××产品天猫与京东店铺详情页设计策略对比分析 11．基于顾客体验的客服专员服务水平提升策略分析——以×××公司为例 12．×××公司网红客服的打造及效果分析 13．×××公司网络客服双十一业绩提升方案设计 14．×××公司网络客服客户转化率和客单价提升策略分析 15．×××公司网络客户投诉的种类及处理方式分析
跨境电子商务方向	1．×××速卖通店铺运营方案设计 2．跨境电商背景下网店运营方案设计——以×××店铺为例 3．"天猫国际"跨境电商存在的问题与对策分析——以×××店铺为例 4．跨境店铺选品方案设计——以×××店铺为例 5．阿里巴国际站运营方案设计——以×××店铺为例 6．×××企业跨境电商物流模式的选择和应用

23

2.4.2 市场营销类专业选题示例

表2-2 市场营销类专业选题方向及名称

专业方向	选题名称
公关策划方向	1. ×××品牌户外活动公关活动策划方案 2. ×××品牌网络公关策划方案 3. ×××品牌湖南市场年度公关策划方案 4. ×××购物中心开业庆典公关策划方案 5. ×××购物中心（德思勤）情人节大型活动公关策划方案 6. ×××品牌危机公关策划方案 7. ×××品牌×××公益活动公关策划方案 8. ×××企业周年庆典活动公关策划方案 9. ×××汽车销售公司新车品鉴活动公关策划 10. ×××学校校庆（工厂厂庆等）公关策划方案
市场推广方向	1. ×××（快消品）产品×××市场推广策划方案 2. ×××服务项目（产品）×××市场的推广策划方案 3. ×××餐饮企业×××市场推广策划方案 4. ×××移动业务在×××大学校园的推广策划方案 5. ×××连锁品牌在×××市场推广策划方案 6. 湖南竞网科技有限公司百度搜索引擎业务在湖南区域市场推广策划方案 7. ×××网络公司×××业务×××市场的推广策划方案 8. ×××企业×××品牌在×××市场的推广策划方案 9. ×××企业×××服务在×××市场的推广策划方案 10. ×××企业×××产品在×××市场的推广策划方案
促销策划方向	1. ×××品牌家电2019年×××区域市场促销策划方案 2. ×××品牌电商平台2019年节假日促销策划方案 3. ×××品牌产品2019年长沙高校市场促销策划方案 4. ×××连锁酒店2019年×××区域市场促销策划方案 5. ×××零售企业2019年×××区域市场促销策划方案 6. ×××医疗器械销售公司2019年×××区域市场促销策划方案 7. ×××连锁大药房2019年×××区域市场促销策划方案 8. 老年保健产品2019年×××区域市场促销策划方案 9. 装修材料销售企业与×××家装设计公司2019年联合促销策划方案 10. ×××实体零售企业2019年线上线下整合促销策划方案 11. 房地产销售公司2019年×××楼盘促销策划方案 12. 美业服务机构2019年×××区域市场促销策划方案 13. 健身服务机构2019年×××区域市场促销策划方案 14. 教育服务机构2019年×××区域市场促销策划方案 15. 汽车4S店与保险公司2019年×××区域市场整合促销策划方案

第 2 章　毕业设计选题开发

续表

专业方向	选题名称
创新创业方向	1．×××网络科技有限公司创业计划书 2．×××品牌加盟店创业计划书 3．×××"互联网+"便利店创业计划书 4．×××特色旅游公司（酒店）创业计划书 5．×××老年用品创业计划书 6．×××美容机构创业计划书 7．×××少儿教育培训机构创业计划书 8．×××康复中心创业计划书 9．×××（地方）特色餐饮店创业计划书 10．节能环保产品（项目）开发与销售公司创业计划书
新媒体营销方向	1．×××企业×××品牌湖南市场移动互联网推广方案 2．×××家居建材公司×××市场新媒体推广方案 3．×××服装品牌×××市场移动互联网推广方案 4．×××医药公司×××市场移动互联网推广方案 5．×××产品（快消品）×××市场移动互联网推广方案 6．×××装饰公司×××产品2019年移动互联网推广方案 7．×××连锁超市社区移动互联网推广方案 8．×××微信公众号（订阅号）线下推广方案 9．×××微信公众号×××活动OTO联合推广方案 10．×××企业×××新产品移动互联网推广方案

2.4.3　国际贸易类专业选题示例

表 2-3　国际贸易类专业选题方向及名称

专业方向	选题名称
跨境电子商务方向	1．×××外贸公司跨境电商店铺选品方案设计 2．×××外贸公司Amazon美国/欧洲/日本站优化方案设计 3．×××外贸公司阿里国际站旺铺优化方案设计 4．×××外贸公司中国制造网平台优化方案设计 5．×××外贸公司Aliexpress/DH-gate/WISH店铺优化方案设计 6．×××外贸公司eBay平台/SHOPEE平台优化方案设计 7．×××外贸公司跨境电商店铺订单纠纷处理方案设计 8．×××外贸公司×××店铺（平台）订单管理方案设计 9．×××外贸公司×××店铺（平台）运营方案设计 10．×××外贸公司跨境电商旺铺视觉营销方案设计 11．×××外贸公司×××产品全网营销方案设计 12．×××外贸公司跨境电商店铺促销方案设计 13．×××外贸公司Facebook/Linkedin营销方案设计 14．×××外贸公司跨境物流方案设计 15．×××外贸公司跨境电商店铺供应链管理方案设计

25

续表

专业方向	选题名称
国外市场与客户开发方向	1. ×××外贸公司香港展参展方案设计 2. ×××外贸公司广交会参展方案设计 3. ×××公司开拓东南亚市场方案设计 4. ×××公司开拓欧洲市场市场方案设计 5. ×××外贸公司国外客户维护方案设计 6. ×××外贸公司寻找国外客户渠道方案设计 7. ×××公司中东客户接待方案设计 8. ×××公司印度客户接待方案设计 9. ×××外贸公司邮件营销方案设计 10. ×××外贸公司外贸业务争议处理方案设计 11. ×××产品出口谈判方案设计 12. ×××产品进口谈判方案设计 13. ×××外贸公司×××产品×××市场调研方案设计 14. ×××外贸公司×××产品开发信的优化方案 15. ×××外贸公司×××产品×××市场营销方案设计
外贸跟单与制单方向	1. ×××外贸公司外贸跟单生产流程优化方案 2. ×××外贸公司样品跟单优化方案 3. ×××外贸公司外贸生产跟单流程优化设计方案 4. ×××外贸公司包装跟单流程优化设计方案 5. ×××外贸公司运输跟单流程优化设计方案 6. ×××外贸公司外贸单据管理方案设计 7. ×××外贸公司结汇单据模板优化方案 8. ×××外贸公司外贸单证工作流程优化方案
其他对外经贸方向	1. ×××产品×××活动策划方案设计 2. ×××产品出口报检报关业务流程设计 3. ×××产品出口×××市场的产品推广方案设计 4. ×××用品全套出口业务流程方案设计 5. ×××产品国际商务谈判方案（优化）设计

2.4.4 物流管理类专业选题示例

表2-4 物流管理类专业选题方向及名称

专业方向	选题名称
仓储与配送方向	1. ×××企业仓库现场管理优化方案 2. ×××企业物流×××配送优化方案设计 3. ×××企业仓储作业优化设计方案 4. ×××企业仓库布局优化方案 5. ×××企业库存控制优化设计

第 2 章　毕业设计选题开发

续表

专业方向	选题名称
仓储与配送方向	6. ×××企业仓储管理问题诊断及优化设计 7. ×××（电商）物流企业在库管理流程优化方案设计 8. ×××（电商）物流企业盘点流程优化方案设计 9. ×××（电商）物流企业出库管理流程优化方案设计 10. ×××物流企业配送中心货物配载优化方案设计 11. ×××物流企业集中接送货模式现状诊断及优化设计 12. ×××物流企业城市（×××区域）配送管理方案设计 13. ×××物流企业（配送中心）配送线路优化方案 14. ×××物流企业转运中心/配送中心作业流程优化 15. 以订单驱动为导向的×××物流企业分拣流程优化方案设计
运输与供应链方向	1. ×××物流企业网络化运营模式优化设计 2. ×××物流企业新设营业网点流程优化设计 3. ×××物流企业信息技术应用方案设计 4. ×××物流企业（营业网点）选址方案设计 5. ×××企业运输供应商评价体系优化方案设计 6. ×××物流企业运输安全控制现状诊断及优化设计
物流营销方向	1. ×××物流快递业务校园营销方案设计 2. ×××物流企业客户服务现状诊断及优化设计 3. ×××物流企业客户服务规范优化设计 4. ×××物流企业目标客户选择与开发 5. ×××物流企业营销渠道设计 6. ×××物流公司客服工作流程优化设计 7. ×××物流企业区域市场开发方案设计 8. ×××物流企业×××营业部促销方案设计

2.4.5　会计类专业选题示例

表 2-5　会计类专业选题方向及名称

专业方向	选题名称
会计核算	1. ×××企业×××会计核算流程（优化）设计 2. ×××公司库存现金管理的优化方案 3. ×××公司的应收账款核算 4. ×××公司"营改增"后会计核算优化的方案设计 5. ×××企业优化所得税会计处理的方案设计 6. ×××公司×××成本核算方法的优化方案设计 7. ×××公司职工薪酬核算的改进策略 8. ×××公司固定资产折旧核算的优化方案设计 9. ×××单位存货计价与核算的改进策略 10. ×××企业财务软件应用中×××问题的解决方案设计

27

续表

专业方向	选题名称
财务管理	1. ×××企业×××年×××财务分析 2. ×××公司（企业）×××成本管理（优化）设计 3. ×××公司（企业）×××财务管理制度（优化）设计 4. ×××公司货币资金管理优化 5. ××公司的应收账款管理的改进策略 6. ××公司的存货管理中存在的问题与建议 7. ×××企业固定资产管理常见问题解决方案设计 8. ×××公司企业所得税的纳税筹划方案设计 9. ×××公司员工个人所得税的纳税筹划方案设计 10. ×××企业采购成本控制的优化方案
审计方向	1. ×××高新企业认定业务的审计风险及防范 2. ×××公司存货业务审计的风险及防范 3. ×××公司费用业务审计的风险及防范 4. ×××公司应收账款业务审计的风险及防范 5. ×××公司报表业务审计的风险及防范 6. ×××公司固定资产业务审计的风险及防范
会计制度设计	1. ×××公司财产清查的制度设计 2. ×××公司×××内部控制制度的优化方案设计 3. ×××单位启用固定资产管理模块的方案设计 4. ×××新办企业会计核算制度的设计 5. ×××公司启用×××财务软件的实施方案 6. ×××单位启用进销存管理模块的方案设计

2.4.6　金融投资类专业选题示例

表2-6　金融投资类专业选题方向及名称

专业方向	选题名称
金融营销	1. ×××银行"快乐秒贷"业务营销方案设计 2. ×××社区居民"金融夜市"需求调研方案设计 3. ×××集合计划产品×××客户营销推广方案 4. ×××信用卡×××市场营销推广方案 5. ×××基金产品×××客户营销推广方案 6. ×××理财产品×××市场营销推广方案 7. ×××期货资管产品营销推广方案设计 8. ×××期货及衍生投资品营销策划方案设计 9. 经纪人×××银行驻点客户开发方案设计 10. 电话营销在金融产品营销中的利弊分析及改进措施 11. ×××营业部休眠客户激活的方法与策略 12. 互联网背景下×××金融产品营销方案设计

续表

专业方向	选题名称
金融营销	13. ×××营业部存量客户二次开发的方法与策略 14. "互联网思维"下期货客户服务优化路径设计 15. ×××商业银行×××内部控制优化方案设计
投资分析	1. ×××股票（主板/中小板/创业板）投资分析报告 2. ×××基金（股票型/债券型/混合型/特殊型）投资分析报告 3. 沪（上海期货交易所）×××品种投资分析报告 4. 龙虎榜单资金流向的分析思路与选股策略 5. 组合均线在捕捉个股买卖时点中的运用——以×××股票为例 6. 高送转个股的挖掘思路与操作策略 7. 运用会计报表预盈预增信息筛选潜力个股的方法解析与操作策略 8. 定向增发个股的投资操作策略 9. 低估值个股挖掘方法与长线投资思路 10. 江恩理论在股票分析中的实践——以×××股票为例
理财方向	1. 新婚家庭×××理财规划 2. ×××家庭住房规划 3. ×××家庭保险保障规划 4. ×××家庭子女教育规划 5. ×××家庭退休养老规划 6. 中产家庭×××理财规划 7. 个体工商家庭×××理财规划 8. 公务员家庭×××理财规划 9. 牛市行情下的投资理财规划 10. 熊市行情下的投资理财规划

2.4.7 其他商科类相关专业选题示例

表 2-7 其他商科类相关专业选题示例

专业方向	选题名称
统计类	1. 大学生网络购物情况统计调查方案设计——以×××学院为例 2. ×××年×××学院大学生就业情况统计调查方案设计 3. ×××公司×××的问卷调查方案设计 4. ×××企业×××的统计分析 5. ×××企业×××统计制度（优化）设计
工商管理类	1. ×××企业管理人员招聘（或培训）方案（优化）设计 2. ×××门店（社区便利店）×××运营方案设计 3. ×××企业（门店）会员管理（或客户服务）方案（优化）设计 4. ×××企业投资风险防范（化解）方案（优化）设计 5. ×××企业内部组织结构调整方案设计

续表

专业方向	选题名称
公共管理与服务大类	1. 社区禁毒知识宣传活动方案设计 2. "健康运动趣味生活"社区文化活动方案设计 3. 空巢老人社区照顾服务方案设计 4. 精神障碍患者个案服务方案设计 5. 癌症患者互助支持小组服务方案设计 6. ×××新建楼盘社区的社区意识提升服务方案设计 7. 进城务工人员社会工作服务项目方案设计 8. 长沙市×××社会福利院为老服务方案设计 9. ×××公司导购人员招聘方案设计 10. ×××科技公司销售人员入职培训方案设计 11. ×××培训学校教师绩效考核方案设计 12. ×××公司基层员工薪酬优化方案设计 13. 巴洛克风格婚礼宴会方案设计 14. 以新媒体为载体的婚庆公司营销方案设计 15. 以"×××"为主题的婚礼主视觉方案设计

2.5 毕业设计任务书的编制

毕业设计作为大学教育最后一个教学环节，是对大学几年学习的总结和提高，是全面培养学生综合素质与实践能力的主要手段，还是学生毕业及学位资格认证的重要依据。毕业设计过程是理论和实际相结合、书本知识与生产实践相结合、学生个体独立学习与团队协作相结合的过程，通过毕业设计将大大提高学生综合素质，为学生走向社会、走上工作岗位打下坚实基础。

学生确定选题后，指导教师根据选题填写好毕业设计任务书，将毕业设计以任务书的形式将具体要求下发给学生。

商科类专业毕业设计任务书一般包括题目名称、设计目的、具体任务、成果要求等内容。商科类专业毕业设计离不开企业资料的整合和利用，部分内容可以在学校完成。如果选题源自企业，则主要在签订接收设计协议的单位里进行。

2.5.1 毕业设计目的和任务

毕业设计任务书，首先要让学生明确要做什么？想解决什么问题？除指导老师告知的内容外，对于课题的具体内容或细节问题，应让学生查找一定数量的相关文献并仔细阅读，进行思考后才能明了，才能提出自己的解决办法的依据，同时还可能发现设计题目中的其他预料外的问题，这些只有在深入思考后才会发现。实际上它也是设计的新颖性或独特性的萌芽，把它整理出来就是设计的开题报告，是技术路线及其实现的规划，包括进度和时间的估计。然后借助自己所学的专业知识，结合实验室的软硬件设备或开发工具，把自己的设计思路加以实现或验证，从中不但巩固了使用设备或仿真软件的知识，也掌握了如何把设计思路变成实物或程序的方法，而且看到了结果，得出了设计究竟是对还是错的实践总结。

反复进行这个过程，不断改进，就能够实现选题的目标。往往在设计开始阶段所提的技术指标并不一定合理，有些不容易达到，有些又太宽松。因此，设计末期的进一步改进工作经常会有意外的收获，使得总体设计更加完善和独特。设计过程的周密和细致是优秀毕业设计的共同特征，也是需要努力执行的良好的研究方法。

(1) 毕业设计目的

具体而言，毕业设计应达成以下目标：

① 使学生掌握查阅本专业相关文献、技术资料和工具书的方法。

② 掌握开展专业市场调研的方法和步骤。

③ 能通过调研和文献检索，了解选题研究内容在国内外的地位和发展动态。

④ 能根据选题任务和内容，制订合理可行的工作计划，设计务实可行的技术方案，并通过与其他方案比较加以论证。

⑤ 能运行实施或检测、检验所设计的技术方案，并对反馈的结果进行评估和优化。

⑥ 通过毕业设计的训练，使学生具备解决实际问题的能力和独立工作的能力。

⑦ 使学生在思想作风、工作态度、组织纪律和团结协作等方面受到良好的训练。

⑧ 使学生的创意思维和创新能力得到有效提升和强化。

(2) 毕业设计任务

毕业设计任务，是教师对学生在毕业设计过程中所要完成的工作量及具体内容进行的规定。主要包括以下几个方面：

① 指定要阅读的相关文献、技术资料，并撰写一定字数的内容摘要或读书笔记等。

② 指定要访问或调研的专业网站或其他数字资源，并写出相应的调研报告或分析结论。

③ 指定要实地考察或调研的企业类型及数量、访谈的企业专家规模及数量，并收集相应的原始资料、制作相应的原始凭证。

④ 根据前期调研结果，撰写毕业设计初稿。

⑤ 在专业教师指导下，征询3位以上市场一线专家或业务骨干意见后，完成毕业设计二稿。

⑥ 再次征求市场专家及指导老师意见，进行方案的修正和完善，最后完成毕业设计定稿。

2.5.2 毕业设计的成果要求

(1) 总体要求

① 毕业设计内容必须文题相符、概念清楚、思路清晰、层次分明。

② 毕业设计方案设计合理、依据可靠，具有一定的社会价值、市场价值或商业价值。

③ 提交的相关文档作品必须符合指定的写作规范。

④ 毕业设计作品字数要求在 3 000～10 000 字左右。

⑤ 毕业设计作品必须清楚反映自己的学习心得及探索成果，体现自己的专业能力和实践水平，严禁抄袭。

⑥ 尊重他人的学术成果，养成严谨、求实、诚信的学术作风。在引用文献资料时，必须在引用处做出标注，在设计作品的末尾按引用顺序列出文献资料的出处及详情（作者、资料名称、发表场所、时间、页码等）。

⑦ 在完成毕业设计（论文）期间，对每周所做的工作事项和下周的工作安排都应有详细的记录，并按指定的方式及时提交。

(2) 进度要求

① 构思阶段（×××年×××月—×××年×××月）：确定选题，撰写毕业设计执行方案。

② 调研阶段（×××年×××月—×××年×××月）：完成指定的文献阅读及市场调研工作量。

③ 写作阶段（×××年×××月—×××年×××月）：撰写毕业设计初稿、二稿及定稿。

④ 成果总结及答辩阶段（×××年×××月—×××年×××月）：撰写毕业设计成果报告书、答辩汇报 PPT。

毕业设计任务书示例如下所示。

××学院毕业设计任务书

学院	商学院	专业	电子商务	班级	电商 1633
学生姓名	×××	学号	1618053×××	指导教师	×××
				企业导师	×××
毕业设计题目	双十二活动方案策划与实施——以唐人神官方旗舰店为例			毕业设计类型	方案设计

一、设计目标
1. 分析唐人神官方旗舰店运营现状，调研竞争对手的店铺概况，追踪其动态与变化。
2. 深入探究流量获取、客单价及转化率提升的方法与路径。
3. 根据目标客户的需求及痛点、客户消费习惯、客户关注点，以及平台发展趋势，制定适宜的活动策划方案，以实现销售额及利润的最大化。

二、主要任务及成果要求
（一）主要任务
1. 资料收集：了解天猫平台发展趋势、运营规则及相关文献资料。
2. 前期准备：分析唐人神官方旗舰店现状，调研竞争对手的店铺概况，追踪其动态与变化。
3. 方案撰写：研究如何获取流量，提高店铺的客单价与转化率，研究如何发掘目标客户的需求及痛点，创新并引领客户需求，撰写促销方案。

续表

4. 方案实施：按照既定计划执行促销方案。

5. 成果形成等：对本次促销活动进行总结分析，完成毕业设计撰写。

（二）成果要求

1. 毕业设计内容必须文题相符、概念清楚、思路清晰、层次分明。

2. 设计方案科学合理，结论可靠。设计方案要可操作、可实施；设计成果有较大的参考价值和借鉴意义。

3. 毕业设计作品字数要求在 5 000 字以上。

4. 毕业设计如实反映个人学习心得及探索成果，真实展现个人专业能力和实践水平。

5. 尊重他人的学术成果，养成严谨、求实、诚信的学术作风。文献引用需给出标注，在设计作品末尾按引用顺序列出文献资料的出处详情（作者、资料名称、发表场所、时间、页码等）。

三、实现步骤和方法

（一）实现步骤

1. 资料整理分析：收集天猫平台现状，以及未来发展方向。

2. 前期市场调研：收集唐人神官方旗舰店现状，分析存在的主要问题，调研竞争对手的店铺概况，追踪其动态与变化。

3. 撰写促销方案并执行促销方案：针对主要问题设计方案并按计划执行。

4. 数据收集及整理：在促销方案实施过程中，及时收集整理数据，及时分析总结。

5. 撰写毕业设计：根据收集的资料，完成毕业设计撰写。

（二）所用到的主要方法

1. 统计法：在撰写促销方案之前，对唐人神店铺现状进行统计。

2. 电话访谈法：在撰写促销方案之前，对唐人神店铺的老顾客进行电话回访。

3. 问卷调查法：通过在线问卷调查等方式收集顾客的反馈，及时进行总结分析。

四、时间安排

序号	任务	开始时间	结束时间	阶段成果
1	毕业设计选题	2018.11	2018.11	确定选题
2	毕业设计任务书	2018.11	2018.11	毕业设计任务书
3	毕业设计执行方案	2018.11	2018.12	毕业执行方案
4	毕业设计作品初稿	2019.01	2019.03	作品初稿
5	毕业设计作品终稿	2019.04	2019.05	作品终稿
6	毕业设计答辩	2019.06	2019.06	完成答辩

指导教师签名 （学校/企业）	××× ××× 2018 年 11 月 20 日	系室审核	同意 ××× 2018 年 11 月 23 日

注：本表一式两份，一份院部留存，一份发学生。　　　　　　　　　　　　　　教务处制

第 3 章

毕业设计执行方案制定

毕业设计任务下达后,接下来要做的事情,就是制定毕业设计执行方案,也就是所说的毕业设计的开题。它是实施毕业设计选题探究的前瞻性计划和依据,是监控和确保毕业设计作品质量和水准的重要措施,也是磨炼学生课题研究分析能力及专业文档撰写能力的一次重要的实践活动。

3.1 毕业设计执行方案的目的和意义

由专业老师下发的毕业设计任务书,是根据学校发布的毕业设计选题指南,由专业老师主导、结合学生个人实际情况,下达给学生的具体任务及需完成的预期目标。毕业设计执行方案,则是学生个人或团队,对所认领的毕业设计任务给出明确的认定承诺及实施路径,主要回答以下三个方面的问题:

➢ 计划研究什么选题?
➢ 为什么要研究这一选题?
➢ 如何开展这一选题的研究?

只有很好地解答了这三个问题,才能让指导老师或答辩委员会相信,学生选择的毕业设计任务,不仅是有价值、有意义的,其设计和选择的技术路线和研究方法,也是切合实际、科学合理的。

具体而言,毕业设计执行方案的目的有以下几点。

(1) 阐述选题价值

以令人信服的证据,让老师相信学生所选的选题具有一定的新颖性或价值度,或者是行业市场的热点、焦点,或者是学生本人或职业人士的痛点、难点,对这一问题的探究具有一定的社会价值或实践意义。

（2）展示能力水平

在执行方案中，可通过文献综述或前期基础调研，回顾或评价该选题相关领域的市场动态、发展趋势或最新成果，展示个人或团队对该选题已有足够的了解和探究，已做好充分的准备，完全有能力、有条件如期完成该选题指定的具体任务。

（3）提供技术路线

通过选择适当的技术手段、操作步骤及解决关键性问题的方式、方法，提供完成毕业设计所需的完整路线图，即技术路线。合理的技术路线可确保项目的顺利实施。

（4）制订工作计划

通过对整个过程的详细计划，让指导老师确信，项目团队能良好地把握选题进程，并为以后的指导监督提供了重要依据。

3.2 毕业设计执行方案的构成和撰写

毕业设计执行方案或开题报告，主要包括毕业设计执行方案的题目、毕业设计选题的依据和意义、毕业设计拟解决的关键问题、毕业设计的技术路线、毕业设计的进程安排等内容。

3.2.1 毕业设计执行方案的题目

毕业设计执行方案的题目，最终也就是毕业设计作品的标题，它同毕业设计所要探讨的内容密切相关，是对所要研究内容的高度概括和提炼。

毕业设计执行方案的题目应该准确反映毕业设计的基本思想，能够体现毕业设计研究内容的深度和广度，反映出毕业设计的性质及类型等。因此，题目应简明扼要、科学规范，要用尽可能少的文字，一般不超过 20 个汉字。如某同学提出的题目是"以往京东运营的大局调控及过渡到现在的精细化运营——以保健品为例"，尽管体现了要探究的内容，但行文拖沓冗长，让人不能一目了然。如改为"京东店铺的精细化运营策略探析——以保健品市场为例"，则更为简练。

3.2.2 毕业设计选题的依据和意义

选题的依据和意义，是指为什么要探究该选题，研究它有什么社会价值及实践意义。一般可以从企业市场需求、个人及专业发展需要等方面进行阐述。

对选题依据和意义的分析，主要分析选题缘起及选题价值两个方面的内容。

选题的缘起：根据什么、受什么启发而选择这一选题开展研究。

选题的价值：选题的研究及相关成果，对本地区经济社会及企业市场运营能带来的价值，或对本专业的教育教学及科学研究能带来的价值及作用等。

对选题依据和意义的阐述，关键是要具体翔实、指向明确，不能空喊口号、乱贴标签。以下是某同学毕业设计选题"企业内部公众号运营策略分析——以赶集网为例"的毕业设计执行方案中对选题依据及意义的描述：

随着互联网时代信息技术的高速发展，移动互联网逐渐走入了人们的视野，承载于手机的 APP 也开启了全新的时代。覆盖了 90%以上智能手机的微信，成为人们生活中不可或缺的日常使用工具。截至 2015 年第一季度末，微信每月活跃用户已达到 5.49 亿，用户覆盖 200 多个国家、超过 20 种语言。此外，各品牌的微信公众账号总数已经超过 800 万个，移动应用对接数量超过 85 000 个，微信支付用户则达到了 4 亿左右。

再看关注比例方面，29.1%的用户关注了自媒体、25.4%的用户关注了认证媒体、20.7%的用户没有关注任何公众号、18.9%的用户关注了企业商家、5.9%的用户则关注了营销推广类账号。

可以说，公众号是微信的主要服务之一，近 80%用户关注微信公众号。企业和媒体的公众账号是用户主要关注的对象，关注比例高达 73.4%。

在微信公众号用途方面，用户关注公众号主要目的是获取资讯的占 41.1%，方便生活的占 36.9%和学习知识的占 13.7%。

通过初步调研可以看出，微信的普及率是相当高的，利用高普及率的微信进行企业信息的推广无疑是最快、最便捷的方法。

为什么选择微信公众平台？微信公众平台有哪几种？怎样选择适合企业的微信公众平台？如何运营好微信公众号？这是本选题需要探究的问题。

显然，上述内容对选题缘起及价值的描述过于空泛、不着边际，可改写为以下简练精当、直击要害的内容表述：

> 随着移动互联技术的迅猛发展，手机 APP 应用日益普及，目前微信覆盖率已高达 90%。公众号是微信的主要服务之一，近 80%微信用户已经关注了公众号。企业和媒体公众账号是用户主要关注的对象，关注比例高达 73.4%。
>
> 本选题以作者在赶集网开展的内部公众号运营顶岗实习体验为依据，探究企业公众号运营优化策略，以期为相关企业组织带来更有利、更快捷、更具时效性的新型管理方式。

3.2.3 毕业设计拟解决的关键问题

选题既有价值，也有意义，但在毕业设计过程中，具体要解决什么问题，要解决的关键问题有哪些，这是在毕业设计执行方案中必须要回答的问题。

以"企业内部公众号运营策略分析——以赶集网为例"选题来说，要解决的关键问题大致可以分为概念界定、环境分析、业务优化三大方面。

（1）概念界定类问题

➢ 什么是公众号？

- 公众号有哪些类型？
- 什么是企业公众号？
- 什么是企业内部公众号？

(2) 环境分析类问题
- 哪些企业使用公众号？
- 企业公众号的市场渗透率如何？
- 哪些企业使用内部公众号？
- 目前企业使用公众号的效果如何？

(3) 业务优化类问题
- 赶集网企业内部公众号运营现状如何？
- 赶集网企业内部公众号运营存在的主要问题有哪些？
- 赶集网企业内部公众号运营的优化策略有哪些？
- 如何制定赶集网企业内部公众号运营优化方案？
- 如何实施赶集网企业内部公众号运营优化方案？
- 如何评估赶集网企业内部公众号运营优化方案？

一个毕业设计选题，有大量的、系统的甚至复杂的问题要解决，作为在校学生，资源能力有限，不可能面面俱到，只能在有限的时间内，抓住关键问题，力求有所突破，争取提供最大的社会价值或市场价值。

3.2.4 毕业设计的技术路线

毕业设计的技术路线是为解决毕业设计的具体问题、达成毕业设计最终目标，由设计者拟定的操作步骤及方法路径，主要包括设计方案的具体步骤、解决关键性问题的技术手段等。技术路线可以采用流程图或示意图的方法加以说明，并结合必要的文字予以解释，如图3-1所示。

一般的商科类专业毕业设计的技术路线，既可以用流程图说明，也可以用文字直接描述。以"企业内部公众号运营策略分析——以赶集网为例"选题为例，其技术路线的文字描述如下。

步骤一 文献调研：上网查阅公众号运营相关资料，阅读最新书籍资料，归集相关文档资料，撰写内容摘要及读书笔记。

步骤二 公众号调研：关注多个公众号并深入了解分析，尝试自己运营一个公众号方便了解公众号后台管理情况。

步骤三 拟定策划方案：根据前期调研结果，拟定58赶集网内部公众号运营方案。

步骤四 方案运营实践：根据策划方案，对58赶集网内部公众号进行运营实践，记录相关数据，保存过程资料。

步骤五 方案总结优化：对运营成效进行总结，对运营方案进行优化。

步骤六 撰写毕业设计方案：企业内部公众号运营策略分析——以赶集网为例。

步骤七 毕业设计成果总结：编制成果报告书、答辩汇报PPT等。

商科类专业毕业设计教程（第2版）

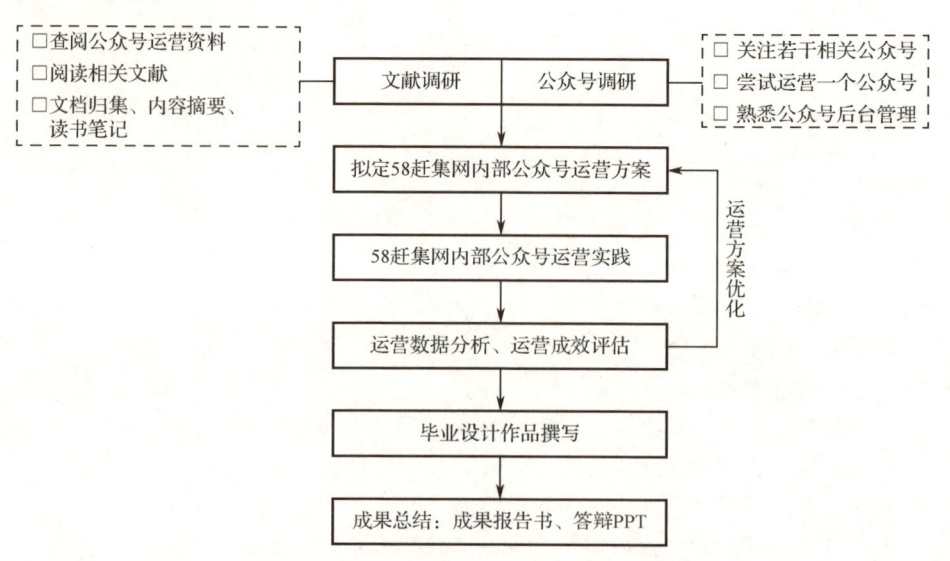

```
┌─────────────────────┐                                    ┌─────────────────────┐
│ □查阅公众号运营资料 │                                    │ □关注若干相关公众号 │
│ □阅读相关文献       │──→ ┌文献调研┐ ┌公众号调研┐ ←──│ □尝试运营一个公众号 │
│ □文档归集、内容摘要、│    └────────┘ └──────────┘      │ □熟悉公众号后台管理 │
│   读书笔记          │                                    │                     │
└─────────────────────┘                                    └─────────────────────┘
                              ↓
                    ┌──────────────────────────┐
                    │ 拟定58赶集网内部公众号运营方案 │←─┐
                    └──────────────────────────┘  │
                              ↓                    │运
                    ┌──────────────────────────┐  │营
                    │ 58赶集网内部公众号运营实践   │  │方
                    └──────────────────────────┘  │案
                              ↓                    │优
                    ┌──────────────────────────┐  │化
                    │ 运营数据分析、运营成效评估   │──┘
                    └──────────────────────────┘
                              ↓
                    ┌──────────────────────────┐
                    │ 毕业设计作品撰写             │
                    └──────────────────────────┘
                              ↓
                    ┌──────────────────────────┐
                    │ 成果总结：成果报告书、答辩PPT│
                    └──────────────────────────┘
```

图3-1　企业公众号运营策略分析技术线路

3.2.5　毕业设计的进程安排

毕业设计是学生在校期间要完成的大型作业，任务重、时间长、要求高，有必要在时间安排及执行顺序上进行全盘考虑。因此，毕业设计执行方案中要清楚地说明任务与时间的分段，如资料收集、实地调研什么时间做，初稿写作、毕业设计定稿什么时间进行；成果提炼、答辩准备什么时间必须完成等。某同学的毕业设计执行方案示例如下所示。

长沙民政职业技术学院毕业设计执行方案

学院	商学院	专业	电子商务	班级	1633班
学生姓名	×××	学号	1618053×××	指导教师	×××
				企业导师	×××
毕业设计题目	双十二活动方案策划与实施——以唐人神官方旗舰店为例				
1．选题的依据和意义 　　随着新零售、新场景的不断发展与拓展，电子商务模式转型升级加快，中国网民的生活习惯和消费模式正在进行解构与重构，以腊制品为例，其网络销售额逐年攀升。如今，消费者越来越注重个性化、差异化和体验感，要想快速占领市场，打造类目top店，营销方案的策划及实施将成为成功的关键。 　　通过对本选题的探究，了解平台的现状和发展趋势，确定店铺的运营方向；根据不同客户群体需求的差异，制定出针对不同层级客户的运营方案；通过对天猫行业腊制品客户的调研分析，挖掘客户的真正需求，通过提高流量、转化率、客单价，最终提高店铺整体销售额。				
2．拟解决的关键问题 　　（1）通过分析目标市场，了解腊制品市场行情和竞争对手的情况，从而找出自身优势。				

38

续表

(2) 合理选品及优化产品，挑选出活动主推款。
(3) 挖掘目标客户潜在的真正需求，把握不同客户群体的需求差异。
(4) 根据客户需求打造具有独特创意的营销活动。

3. 毕业设计的技术路线
步骤一　文献调研：上网查阅产品（店铺）运营相关资料，阅读最新书籍资料，归集相关文档资料，撰写内容摘要及读书笔记。
步骤二　产品调研：通过对天猫腊制品市场的调研，观察剖析目标市场和竞争对手，根据调研结果对自身产品进行分析和产品定位并挖掘客户潜在的需求。
步骤三　拟定策划方案：根据前期调研结果，拟定天猫唐人神官方旗舰店运营方案。
步骤四　方案运营实践：实施唐人神官方旗舰店运营方案，记录相关数据，保存过程资料。
步骤五　方案总结优化：对运行成效进行总结，对运营方案进行优化。
步骤六　撰写毕业设计方案：双十二活动方案策划与实施——以唐人神官方旗舰店为例。
步骤七　毕业设计成果总结：拟定成果报告书、答辩汇报PPT等。

4. 毕业设计的日程安排

任务	开始时间	结束时间	阶段成果
确定选题	2018.11	2018.11	毕业设计任务书
制定方案	2018.12	2018.12	毕业设计执行方案
完成设计	2019.01	2019.05	毕业设计作品
成果总结	2019.06	2019.06	答辩PPT

5. 指导教师的意见及建议
方案可行，同意执行。

指导教师签名（学校/企业）：×××、×××

2018年12月29日

注：本表一式两份，一份院部留存，一份存学生档案。　　　　　　　　　　　　　　教务处制

第 4 章

毕业设计专题制作

在知识爆炸的时代，各个学科领域发展并延伸出的知识与技能日新月异，让人目不暇接。由老师在课堂上单向传授现有知识的传统教学模式，已经无法适应当前瞬息万变的信息时代，也难以满足学生学习发展的需要。

商科类专业毕业设计专题制作，不仅仅是要制做出一个设计方案，还要求学生根据已经确定的技术路线，通过毕业设计专题制作过程，强化所学专业知识，训练解决问题的能力、收集资料的能力、实务应用能力、知识的整合与表达能力等，以便将来能够从容面对新挑战、快速适应新环境。

（1）解决问题的能力

在完全开放的环境中，学生自主寻找问题，然后收集、分析资料，再对选定的主题进行研究和探索。当发生问题时，学习者（或小组）必须独立思考，寻找解决问题的方法，进而解决问题。不同于传统纸笔测验或口头问答，专题制作相关问题与答案的广度与深度都加深了，老师也由教授者转换为指导者，甚至旁观者。解决问题的过程正是培养学习者独立学习、主动学习的过程。

（2）收集资料的能力

网络资料浩瀚无边、应有尽有。身处资讯发达的时代，收集、整理相关资料，寻找和选择我们所需资讯，是一项非常重要的技能。通过专题制作，从文献资料收集、网络市场调研、企业实地考察开始，逐步掌握收集资料、过滤资讯、遴选高价值信息的各种技巧。

（3）实务应用能力

运用所学专业知识、技能，利用现有设施、设备条件，经过必要的分析判断及推理归纳，设计出合理的解决方案，再进行实施调整与优化，从而验证所学的专业知识，让学生了解市场需求，了解业界状态。

（4）知识整合与表达能力

专题报告的撰写，要完整呈现专题制作的过程与结果，应综合相关文献资料，将市场调查及企业考察的数据和资料进行整理，并得出必要的分析结论和独到的个人观点。另外，专题制作期中与期末的口头报告，也可以训练学习者表达与反馈思考的能力。这种撰写书面报告或陈述口头报告的能力，也是学生未来发展所需的。

不同的毕业设计选题，解决问题的技术路线会有所不同。但一般性商务专题的制作，都要经过文献资料收集与整理、网络市场调研与分析、企业现场考察与实践、毕业设计专题写作等环节，如图4-1所示。

```
┌─────────────────────┐
│  文献资料收集与整理  │
└─────────────────────┘
           ↓
┌─────────────────────┐
│   网络市场调研与分析  │
└─────────────────────┘
           ↓
┌─────────────────────┐
│   企业现场考察与实践  │
└─────────────────────┘
           ↓
┌─────────────────────┐
│    毕业设计专题写作   │
└─────────────────────┘
```

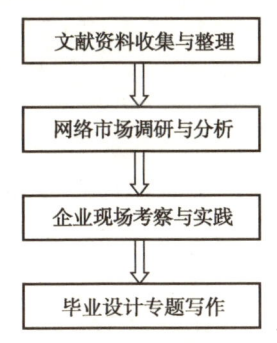

图4-1　毕业设计专题制作的一般流程

4.1 文献资料收集与整理

文献资料是科学研究的出发点，也是构建毕业设计专题这一创造性成果必不可少的物质基础。没有文献就没有科学继承与开拓创新，文献的检索与应用也是一个大学生必须具备的基本素质。

在毕业设计专题制作过程中，非常关键的工作就是根据选题的需要，充分收集与主题相关的资料，用以拓展思路、启发灵感，并同时对资料进行整理，从中挑选出真实的、典型的、新颖的资料为自己所用。

4.1.1 文献资料的价值

国家标准《文献著录总则》对文献的定义："文献是记录有知识的一切载体。"它是将信息和知识用文字、图像、符号、音频等技术手段记录在一定的物质载体上。人们通常理解的文献是指图书、期刊、典章所记录知识的综合，是记录、积累、传播和继承知识的最有效手段，也是人们获取知识最基本、最主要的来源，更是开展科学研究及创造性劳动不可或缺的物质基础。

1. 文献资料的意义

(1) 详尽地收集文献资料是进行毕业设计写作的前提

没有素材或缺少资料，任何研究和探索工作都无法深入开展。收集和整理文献资料的过程，也就是深入研究并取得进展的过程。毕业专题的制作，其实质就是以事实为依据，通过观察、比较、分析、综合，从中找出规律性的东西，并上升到理论的高度，形成一般性的结论和建议，这便构成了一篇比较完整的毕业设计。

(2) 文献资料是毕业设计的基本构成要素

毕业设计作为一种学术文章，除选题要科学和有价值外，在写作中要尽量用事实说话，以理服人。所以，足够详尽的、有说服力的文献资料，是毕业设计专题的重要组成部分。台湾健行科技大学毕业设计专题《供应链安全认证个案探讨》的第二章是"文献探讨"，对"安全供应链（AEO）定义""导入 AEO 过程"，以及"台湾推动 AEO 的现况"进行文献综述，如图 4-2 所示。

供应链安全认证个案探讨

目　录

摘要	2
第一章　绪论	7
第一节　研究背景	7
第二节　研究目的	9
第三节　研究方法	10
第四节　研究范围	12
第二章　文献探讨	14
第一节　安全供应链（AEO）定义	14
第二节　导入 AEO 过程	18
第三节　台湾推动 AEO 的现况	20
第三章　个案探讨	25
第一节　公司简介	25
第二节　AEO 导入过程	27
（一）认证程序	27
（二）具备 AEO 四大要素	28

图 4-2　《供应链安全认证个案探讨》目录（部分）

2. 文献资料的作用

(1) 了解前人成果

人们拟对某一选题进行研究时，首先要进行相关文献资料的搜集和整理，了解已经有哪些人曾进行过这方面的工作、做了些什么工作、是怎么做的、做到什么程度、

第4章　毕业设计专题制作

还存在什么问题等。

（2）了解进行中的工作

自己所要开展的项目，可能是别人也正在进行的。通过文献研究，可以直接或间接地了解到该项目目前研究进展情况，从而避免低水平的重复研究工作，同时可以站在更高的高度进行研究。进行细致周密的调查后，才能制定切实可行的实施方案和设计规划。

（3）扩大知识面

从一般性课程的学习直接转换到综合性很强的毕业设计专题制作时，学生往往会感到无所适从，这需要有一个过渡的过程，其中最为有效的就是查阅文献。这一过程不但可以进一步拓展专业视野，丰富知识积累，还可以让自己深入理解开展专题制作的目的和意义。

（4）避免低水平重复和走不必要的弯路

同样的选题，如果已经有人做过扎实的基础研究，自己仍然从基础性工作做起，势必造成低水平重复。对于某些选题，虽然目前尚无丰硕成果，但别人已做过类似的研究，有过一些失败的教训，通过文献查阅了解后，可以避免走不必要的弯路。

例如，毕业设计题目为"××物流企业配送流程现状及优化"，在收集资料时可以搜集到的资料有"物流企业配送中心发货流程优化分析""M物流公司物流配送问题研究"等，如图4-3所示。可通过期刊网查阅一些学者研究的成果，将他们是怎样研究的、使用的研究方法、研究的重点等进行整理，用本子或者卡片进行记录，撰写内容摘要或读书笔记。

物流企业配送中心发货流程优化分析 ⬇

我国的制造业已经发展到了相当的规模，作为制造业与消费者衔接的核心——配送中心越来越发挥着举足轻重的作用。本文以江苏华商物流服务有限公司配送中心为例，通过调研分析，针对华商配送中心的发货流程进行问题挖掘，力图建设一套合理的发货作业流程，以期为华商物流发货作业改造提供参考。

《合作经济与科技》　2015年 第12期　　　　　　　　　　　下载次数（55）｜被引次数（）

M物流公司物流配送问题研究 ⬇

现代经济的迅速发展，社会需要的日益增加，导致物流业快速稳定的向前推进和发展。打破了传统物流业的服务模式，由过去的单一储存、运输向多元化服务过渡，服务内容多样化，服务水平提升，为不同的客户提供不同需要。物流公司是以完成客户服务而赚取经济效益的，这就涉及到运营成本问题，用最少的运营成本来满足客户需求，来为公司赚取最大的利益...

辽宁大学　硕士论文　2012年　　　　　　　　　　　　　下载次数（981）｜被引次数（2）

图4-3　在期刊网上检索与选题相关的文献

（5）避免无效或侵权性行为

通过文献检索可以得知该选题是否有人完成，倘若已有人取得成绩，则可以将精力投入到别的选题上。这样既避免了侵权，又不会造成人力和财力的浪费。

3. 收集文献资料的原则

收集与整理文献资料，要遵循定向、真实、新颖、充分、及时和读思结合的原则，具体表现在以下几个方面。

（1）选择突出选题的资料

要围绕选题选择资料，要舍弃那些与选题无关或关系不大的资料，要选择能充分表现选题，并能反映事物本质的典型资料。

（2）选择真实、准确的资料

选用的资料真实与否，直接影响毕业设计的质量。只有真实、准确的资料，才可能得出正确、可靠的结论。所以，在收集资料时，对每条资料的真实性、准确性都要进行判断，摘录的资料一定要注明出处。

（3）选择新颖、前沿的资料

如果毕业设计选用的资料过于陈旧老套，就不可能反映新问题、提出新观点，自然也难以体现时代特色，写不出有实践意义和市场价值的优秀作品。

4.1.2 文献资料的来源和种类

1. 文献资料的来源

商科类专业毕业设计的写作，要善于有针对性地收集各类高价值的参考资料。从资料收集的渠道来说，其来源主要有以下四种。

第一，学校图书馆纸质图书的检索。一般大学的图书馆，都有数以十万计的纸质图书。在这些正式发表的图书及期刊资料中，查阅与毕业设计选题相关的资料，可以获得大量具有权威性的高价值信息。

第二，往届校友的优秀毕业设计作品。自己学校的校友，或其他学校相同或相关专业毕业生的优秀毕业设计作品，可以通过学校的图书馆馆藏资料室或网络数据库查阅，通常可以检索到与自己选题相同或相近的优秀作品，这些资料具有极大的参考价值和借鉴意义。

第三，网络平台的资料收集。互联网是人类社会最发达的大脑及资源宝库。任何选题，采取恰当的方法，在互联网上总可以找到相关信息，有时是最新动态的一手资料。甚至还可以在网络平台发放调查问卷，以获得自己需要的关键数据和资料。

第四，企业实地调研考察收集资料。商科类专业毕业设计，如果缺乏应有的市场色彩和企业元素，是不可能产生有实践价值的解决方案的。通过校友资源或同学的介绍，真真正正地访问3~5家企业，对自己所要研究探讨的选题进行针对性的调查分析，是我们走向社会、融入市场最关键的一步，也是做出优秀毕业设计作品的前提和基础。

2. 文献资料的种类

毕业设计所需文献资料，根据来源及性质不同，可分为第一手文献资料和第二手文献资料。
- 第一手文献资料：作者直接从现实生活中获取的资料，习惯上称为"直接资料"或"一手资料"，主要源于收集者本人的见闻、采访、调查，因而具有客观真实、可信度高的特点。
- 第二手文献资料：作者通过社会交际和传媒工具所获得的资料，也称为"间接资料""二手资料"，包括从他人言谈、转述中获得的资料，从期刊、报纸、杂志、电视、电影及网络媒体中获得的资料。通过一定的载体公开发布的资料一般都是第二手文献资料。

根据文献印刷出版形式的不同，可以分为图书、连续性出版物和特种文献。
- 图书：凡篇幅达到48页以上，并构成一个书目单元的文献称为图书。
- 连续性出版物：包括期刊、报纸、年度出版物。
- 特种文献：专刊文献、标准文献、学位论文、科技报告、会议文献、政府出版物、档案资料、产品资料、年鉴和地方志等。

4.1.3 文献资料的检索

在中国知网等期刊数据库中，可以按照文献内容特征标记的检索途径来检索，有分类目录检索、关键词检索等方式，还可以根据作者、单位、参考文献及篇名来检索。另外，纸质图书资料或往届校友的毕业设计作品可通过图书馆进行检索。

1. 常用检索系统检索

常用的中文检索系统主要包括以下几个：
- 中国知网（CNKI），网址：http：//www.cnki.net/；
- 万万数据知识服务平台，网址：http：//www.wangfangdata.com.cn/；
- 超星数字图书馆，网址：http：//www.sslibrary.com/；
- 维普网（主导产品：中文科技期刊数据库），网址：http：//www.cqvip.com/；
- 中国人民大学复印报刊资料数据库，网址：http//ipub.exuezhe.com/；
- 读秀学术搜索，网址：http：//www.duxiu.com/；

下面以中国知网为例，进行数据库检索方法的介绍。

（1）分类目录检索

关于文献的科学分类体系，世界各国都有自己编制的分类法。按分类目录或分类索引来检索文献时，首先要熟悉科学分类法，确定自己所研究的主题或所需要的资料属于什么"类"，然后查明代表该类的符号和数字，再按此分类号检查分类目录或分类索引，按此途径便可获得所需文献资料的线索。例如，在中国知网"文献全部分类"中，可以查找"信息科技""经济与管理科学"等类别的文献资料，如图4-4所示。

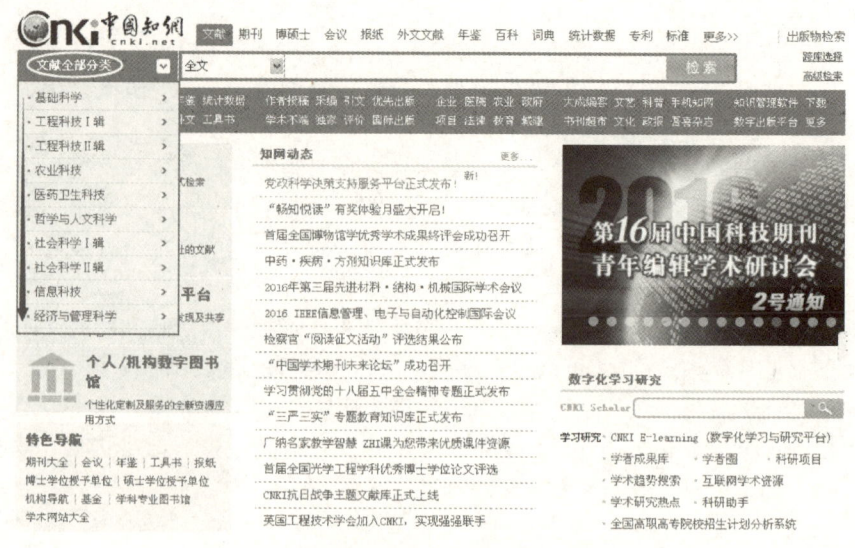

图 4-4　中国知网的"文献全部分类"

(2) 关键词检索

关键词是指从文献的篇名、正文文献中选出的、具有实意的、能反映文献内容的词汇。由于关键词更接近于习惯使用的专业词汇，因此，通过关键词途径进行的文献检索一般更为实用。在中国知网中以"网店运营"为关键词进行检索，检索结果如图 4-5 所示。

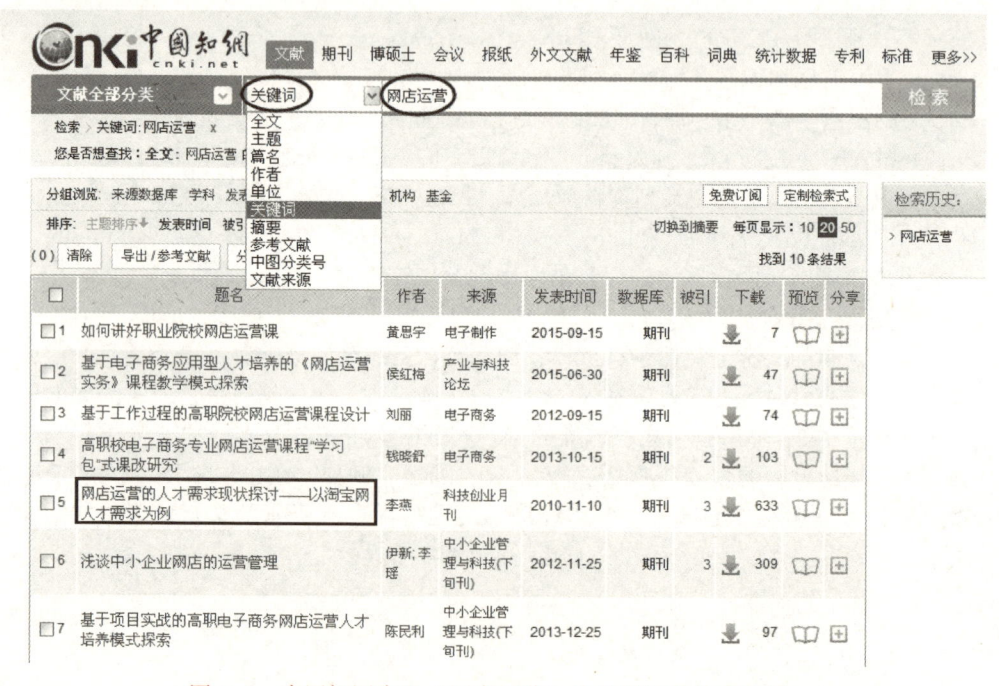

图 4-5　中国知网中以"网店运营"为关键词的检索结果

第4章 毕业设计专题制作

2. 纸质图书检索

大学图书馆收藏了大量的常规图书，一般可以通过图书馆网站查询。例如，长沙民政职业技术学院为了加强图书馆为学院教、学、研提供服务的功能，方便读者借阅书籍，特别推出图书信息查询服务。教师和学生们可以在网络上查询自己需要的图书及库存情况，以方便纸质图书的借阅，如图4-6所示。

图4-6 大学图书馆的图书信息查询系统

3. 往届毕业设计作品检索

对绝大多数专业而言，图书馆中收藏的往届毕业生的优秀毕业设计（论文）作品，具有很高的参考价值，很多院校图书馆网站都会提供下载或阅读的入口。例如，登录长沙民政职业技术学院图书信息中心，单击"论文提交入口"栏目，进入"百图非书资源系统"界面，在该界面中选择"专题浏览"栏目，选择"电子商务"专业，可以浏览该专业往届毕业设计作品，在列表中选择感兴趣的文档进行下载或阅读，如图4-7~图4-10所示。

图4-7 长沙民政图书信息中心

47

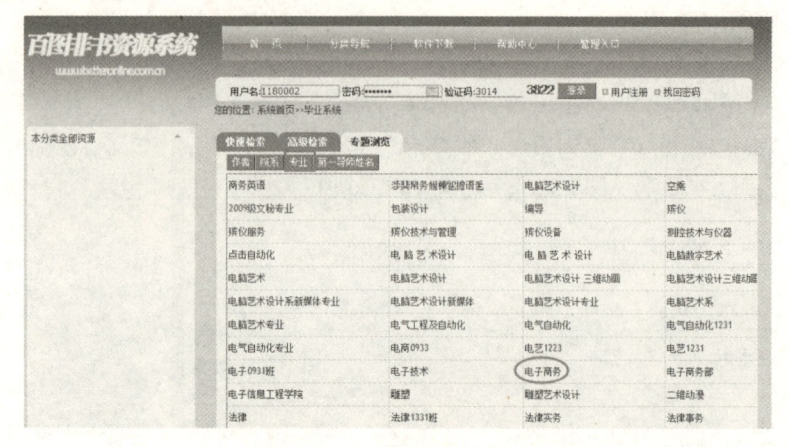

图4-8 "专题浏览"栏目

图4-9 电子商务专业毕业设计作品列表

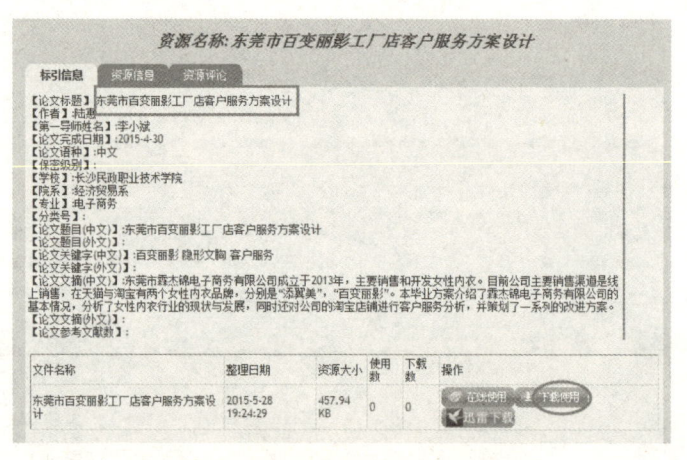

图4-10 阅读或下载往届毕业设计作品

4.2 网络信息搜索

互联网平台已经成为全人类最大的图书馆，毕业设计专题的制作，当然离不开互联网平台的使用。网络市场的调研，应根据商科类专业毕业设计专题制作的需要，对特定专业领域的问题，利用互联网平台，有针对性地访问某些行业、企业网站，浏览一些专业资讯网站、网络社区或微信公众号等网络信息平台，收集、整理相关资料，分析、研究相关数据和信息。除此之外，还可以利用搜索引擎检索最新市场资讯、了解实时动态。网络市场调研方便易操作，没有时空限制，具有实时、共享、交互、可控的特点。

4.2.1 网络信息资源

1. 网络信息资源的特点

（1）信息存取自由，内容包罗万象

与传统信息资源相比，互联网信息资源的首要特点是具有广泛的可存取性。网络信息的自由存取，导致了网络信息的空前繁盛。一般而言，凡是人们能够想到的学科、主题、领域，大都存在丰富的网络信息；凡是人们所能遇到的产品和服务方面的疑惑，在互联网上大都可以找到解决方案。

（2）真假优劣混杂，鉴别难度增大

网络信息虽然广泛、丰富，却缺乏有效的组织管理和质量控制，呈现出无限、无序、优劣混杂的发展状态。正如有些学者所指出的那样：网络最大的优势，同时也是它最薄弱之处，那就是任何人、任何机构都可以随时在网络上发布信息。网络使用者们越来越明显地感觉到信息过载所引起的困惑和无所适从，人们获取高质量网络信息的期望日益高涨。人们希望所获得的信息是有效的、可靠的、权威的、相关的、适用的。在目前这种网络信息的产生和传播机制还难以根本改变的情况下，获取互联网有用信息对人们在信息的查询搜索、评价鉴别、组织管理等方面的能力都提出了更高的要求。

2. 网络信息资源的主要种类

（1）根据网络信息发布者身份进行分类

① 院校信息：通过某学校网站的主页，一般可以了解该学校院系设置、专业建设、师资力量、科研实力、联系方式等信息。另外，在该学校的 IP 范围内，用户可以免费获得学校的教育资源，如教学课件、电子图书、付费数据库等。

② 政府机构信息：政府机构网站一般提供政策性文件和相关法律条文等信息。

③ 企业信息：网络是企业进行商业宣传的最佳空间。用户通过企业网站可以了解产品、服务、人员、规模及联系方式等信息。另外，还有一些专门提供信息服务的

网络公司，如四大门户网站和电子商务网站等。

④ 学术组织信息：通过学术组织的网站，可了解该组织的工作议程和学术观点，了解某行业的最新动态，还可能找到高质量的相关论文。

⑤ 图书馆信息：图书馆网站是网上优质信息的来源地，收纳了许多价格不菲的数据库，如学术期刊、会议论文、电子图书、学位论文等文献，内容几乎涵盖了科学研究和知识学习的所有领域。

⑥ 个人、普通大众信息：个人网站、个人博客、新闻组、BBS等是个人、普通大众发布信息的重要渠道，也是互联网信息的重要来源。

近年来，中国互联网正在进入Web 2.0时代，个人或普通大众不再被动，已然成为互联网信息的制造者、发布者、传播者。对于普通网民来说，在微博和SNS等新兴应用的影响下，用户越来越习惯于快速、简单、互动性和社交性强的信息互动方式。

值得注意的是，由于网络信息发布者身份和地位的不同，他们的立场、观点和价值取向也会有所差异，发布信息的目的更是千差万别。因此，对于通过网络渠道获取的信息，首先应明确信息的来源，然后再对信息的可信度、价值度进行必要的分析和判断。

一般而言，只要能想象到的内容，在互联网上，大都可以找到。因此，通过互联网获得帮助，已经成为一种常态，成为很多人的第一选择。

在学术研究、方案设计、定义描述、问题求解等方面，越来越多的人利用互联网来获得支持，越来越多的主流媒体和正式场合，也采用或接收来自互联网的资讯。但是，在使用这些信息之前，必须提醒自己：这些信息是否存在误导？是否专业、权威？是否规范、可靠？另外，在正式行文中，如果引用来自互联网的信息，一定要清楚注明采集信息的时间、作者、文章名、具体网址等有关参数，为信息的价值判断提供必要依据，让阅读者可以方便地再次检索到该信息，并做出自己的价值判断——这既是学术道德的规范和要求，也是提高分析、鉴别能力的有效途径。

（2）根据网络信息性质进行分类

① 网络新闻：网络新闻主要来自各大门户网站，主要有新浪、凤凰、搜狐、腾讯、网易等。专注做网络新闻的主要是各大门户网站，它们代表主流媒体；博客/个人门户的兴起则代表了草根（即普通网民）话语权的释放，博客/个人门户已成为网上新闻的重要来源之一。目前，各大门户网站几乎都开设了博客专栏。

② 网络商务信息：网络商务信息是指存在于互联网上的、与商业交易相关的信息资源。根据其产生的来源大致可以分为以下3类。

- 电子商务网站发布的商务信息：B2B网站，如阿里巴巴、环球资源、海虹医药、中国制造、慧聪、金银岛、中国化工等；B2C网站，如当当网、亚马逊、PPG等；C2C网站，如淘宝网、eBay易趣、拍拍网等。这些网站发布的供求信息是直接为实现商业交易服务的，所以又称为直接商业信息。
- 行业、专业网站发布的商务信息：这些网站从不同行业或专业的角度提供行业产品知识和相关贸易知识，因而也成为人们学习产品知识、了解行业动态、搜索供求信息的重要场所。

- 企业网站发布的商务信息：不仅海尔、格兰仕等大型企业建有自己的门户网站，越来越多的中小企业也正在建立和完善自己的企业网站。这些网站可能作为营销型站点，发布与商业交易相关的产品、企业、行业等资讯，或直接发布商品的供求信息，是人们开展网络贸易的重要信息来源。

（3）根据网络信息资源类型进行分类

目前，互联网上可供下载的信息资源主要有以下 3 种类型。

① 文档、超文本文件和图片：文档的类型主要有 word 文件、pdf 文件、ppt 文件等，这些格式的文献数量很多，内容丰富完整，具有很好的使用价值。超文本文件是按超级链接进行组织的网页文件，具有跳转查阅功能。互联网上的图片资源十分丰富，格式以 gif 和 jpg 为主，常用的搜索引擎如百度、谷歌等都具有专门的图片搜索功能。

② 应用程序：在互联网上可供下载的应用程序一般都是一些小程序，可以通过迅雷、360 软件管家等进行下载，使用非常方便。

③ 多媒体文件：互联网上的多媒体文件主要是 ram 文件和 mov 文件，主要用于在线实时收看。另外，互联网上的 mp3 文件，格式较小，但音效较好，是一种十分重要的记录高质量音频的文件格式。

4.2.2 搜索引擎工具

在互联网发展初期，网站相对较少，信息查找比较容易。随着互联网信息的爆炸式增长，普通网络用户要想找到所需的资料如同大海捞针般艰难，为满足普通大众信息检索的需求，专业搜索网站便应运而生了。

搜索引擎（Search Engines）是一个对互联网上的信息资源进行搜集整理，并提供查询的系统，包括对信息的搜集整理（后台——数据库）和提供用户查询（前台——网页查询界面）两个方面功能。

1. 搜索引擎的主要种类

搜索引擎按其工作方式主要可分为 5 种：全文搜索引擎、目录索引、元搜索引擎、集合式搜索引擎及垂直搜索引擎。

（1）全文搜索引擎

全文搜索引擎是名副其实的搜索引擎，国外具有代表性的有 Google、Inktomi、AltaVista、Teoma 和 WiseNut 等，国内具有代表性的有百度（Baidu）。全文搜索引擎通过从互联网上提取各个网站的信息（以网页文字为主）来建立数据库，并从中检索与用户查询条件匹配的相关记录，然后按一定的排列顺序将检索结果返回给用户。

（2）目录索引

目录索引，顾名思义就是将网站分门别类地存放在相应的目录中，因此用户在查询信息时，可选择关键词搜索，也可按分类目录逐层查找。如果按关键词搜索，搜索的结果与搜索引擎一样，也根据信息关联程度排列网站，只不过其中人为因素要多一些。如果按分层目录查找，某一目录中网站的排名则是由标题字母的先后顺序决定的

（也有例外）。

目录索引虽然具有搜索功能，但从严格意义上来说算不上是真正的搜索引擎，而仅仅是按目录分类的网站链接列表而已。用户完全可以不用进行关键词（Keywords）查询，仅靠分类目录也可找到需要的信息。目录索引中最具代表性的莫过于大名鼎鼎的雅虎（Yahoo）（如雅虎的分类频道），其他有名的还有 Open Directory Project（DMOZ）、LookSmart、About 等，国内的搜狐、新浪、网易等搜索引擎也都属于这一类。

例如，使用新浪的目录索引查找"清华大学"，可通过"教育"→"国内院校.985高校"→"清华大学"的路径进行查找，如图4-11和图4-12所示。

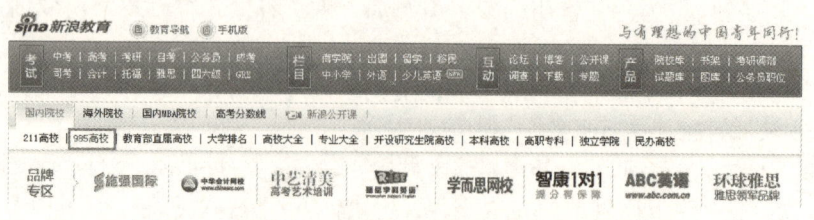

图4-11　新浪网"教育.国内院校.985高校"栏目

图4-12　新浪网"高校分类"栏目下"清华大学"链接

（3）元搜索引擎

元搜索引擎（Meta Search Engine）是一种调用其他独立搜索引擎的引擎，也称为"搜索引擎之母"（The Mother Of Search Engines）。在这里，"元"（Meta）为"总的"、"超越"之意。元搜索引擎将用户的检索提问同时提交给多个独立的搜索引擎，同时检索多个数据库；根据多个独立搜索引擎的检索结果进行二次加工，对检索结果去重、排序后，再将整理后的结果返回给用户。相对于元搜索引擎，可被利用的独立搜索引擎称为"源搜索引擎"（Source Engine）或"搜索资源"（Searching Resources），整合、调用、控制和优化利用源搜索引擎的技术称为"元搜索技术"（Meta-Searching Technique），元搜索技术是元搜索引擎的核心。

元搜索引擎可分为中文元搜索引擎、英文元搜索引擎和多元搜索引擎等几种。中文元搜索引擎的代表有搜魅网（www.someta.cn）、新牛元搜索（www.ccniu.com）等。

搜魅网集合了百度、Google、搜狗、雅虎等多家主流搜索引擎的结果，提供网页、

第 4 章　毕业设计专题制作

资讯、网址导航等聚合查询，如图 4-13 所示。另外，搜魅网突破了元搜索引擎没有自己的蜘蛛爬虫的瓶颈，提供了网站查询的功能。

图 4-13　搜魅元搜索引擎界面

（4）集合式搜索引擎

该搜索引擎类似元搜索引擎，区别在于它并非同时调用多个搜索引擎进行搜索，而是由用户从提供的若干搜索引擎中选择，因此称它为集合式搜索引擎，如生物谷（www.bioon.com/multisearch.html）集合式搜索引擎，其操作界面如图 4-14 所示。

图 4-14　生物谷集合式搜索引擎

53

(5) 垂直搜索引擎

垂直搜索引擎是 2006 年后逐步兴起的一类搜索引擎，不同于通用的网页搜索引擎，垂直搜索专注于特定的搜索领域和搜索需求，为用户提供更好的用户体验。相比通用搜索动辄数千台检索服务器，垂直搜索需要的硬件成本低、用户需求特定、查询的方式多样。垂直搜索引擎现在已经融入了人们的生活，如提供机票搜索而知名的去哪儿网、以视频搜索见长的优酷网等，如图 4-15 所示。

图 4-15　提供机票、酒店等垂直搜索的去哪儿网首页（2016 年 5 月）

2. 常用搜索引擎

（1）百度

百度（www.baidu.com），是全球最大的中文搜索引擎、最大的中文网站，目前稳居中国搜索引擎流量第一的位置。目前百度提供的搜索服务有：以网络搜索为主的功能性搜索；以贴吧为主的社区搜索；针对各区域、行业所需的垂直搜索；mp3 搜索；以及门户频道、IM 搜索等，全面覆盖了中文网络绝大部分的搜索需求。

（2）360 搜索

360 搜索属于全文搜索引擎，是具有自主知识产权的搜索引擎，依托于其在安全领域的技术优势，提供了包括资讯、网页、视频、图片、良医、地图、百科、英文等搜索应用，另外还提供了翻译、趋势、学术、商机等高价值的搜索功能。

（3）Google

Google（www.google.com）成立于 1997 年，目前被公认为全球规模最大的搜索引擎。Google 提供的搜索服务主要有网页搜索、图片搜索、视频搜索、地图搜索、新闻搜索、购物搜索、博客搜索、论坛搜索、学术搜索、财经搜索等。

除搜索服务外，Google 的"更多"功能频道，还提供了网络、移动、企业等应用服务，如图 4-16 所示。

图 4-16　Google 提供的"更多"产品与服务（2016 年 5 月）

（4）搜库

搜库（www.soku.com）是由中国著名视频网站优酷于 2010 年 4 月上线推出的专业视频搜索引擎，提供优酷站内视频及全网视频的搜索功能，它致力于为用户提供全功能、覆盖全网的视频搜索服务，创造更精准、更快速、更优质的搜索体验，快速帮助用户找到最想看的视频，如图 4-17 所示。

图 4-17　搜库视频搜索首页（2016 年 5 月）

4.2.3　网络常用信息搜索

即使对网络信息的形态和搜索引擎的特点有了详尽的了解，要高效、务实、有针对性地对网络市场进行信息的收集，仍然不是一件简单的事情。下面通过一个具体的案例，来探讨通过搜索引擎来收集信息和调研的操作方法。

如湖南某高校电子商务专业学生，根据毕业设计专题制作的要求，需要撰写所在省市中小企业电子商务应用现状的调研报告。为了完成这一调研项目，可将该任务分解为以下调研步骤：
- 搜索调研报告范文，了解调研报告的格式和体例；
- 搜索中小企业的定义和划分标准；
- 搜索湖南中小企业的相关网站；
- 搜索湖南中小企业相关网站中与电子商务相关的网页资讯；
- 访问 B2B 电子商务平台，调查湖南中小企业电子商务应用状况；
- 访问湖南典型中小企业网站，掌握企业电子商务应用的第一手资料；
- 利用学术搜索功能，学习并借鉴他人的研究成果；
- 整理所收集的资料，完成报告大纲及正文的撰写。

1. 格式文档的搜索

要了解调研报告的撰写规范和要求，可以通过"调研报告"或"调查报告"等关键词在不同搜索引擎上进行查找，如百度、360 等搜索引擎。现在以"调研报告"为关键词进行"网页"搜索，各主要搜索引擎搜索结果的前几条记录如图 4-18 和图 4-19 所示。

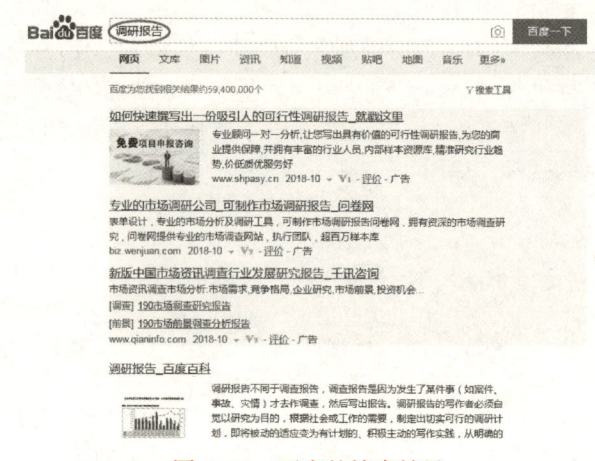

图 4-18　百度的搜索结果

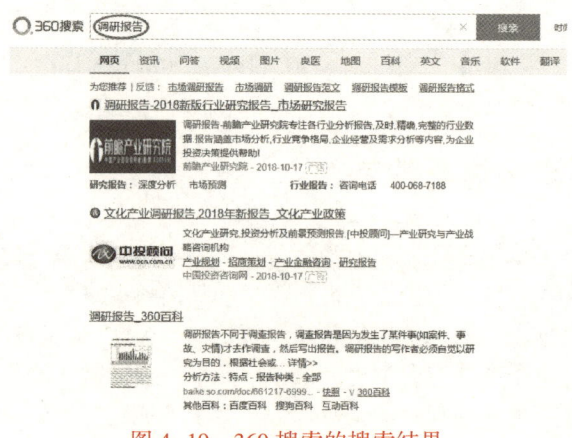

图 4-19　360 搜索的搜索结果

第4章　毕业设计专题制作

作为调研报告范文，最好是一个完整的 Word 格式的调研报告文档，因而希望所有搜索结果都是完整、全面、符合要求的。实际上，针对这一需求，各搜索引擎均可提供良好的解决方案。通过搜索引擎的"高级功能"或"帮助系统"，我们会发现，每个搜索引擎都有自己的语法，不但可以搜索指定格式的文件，还可以在指定站点或对特定标题的网页进行搜索等。

很多有价值的资料，在互联网上并非是普通的网页，而是以 Word、PowerPoint、pdf 等格式存在。百度支持对 Office 文档（包括 Word、Excel、PowerPoint）、pdf 文档、rtf 文档进行全文搜索。要搜索这类文档，很简单，在普通查询词后面加上"filetype:"限定文档类型即可。"filetype:"后可跟 doc、xls、ppt、pdf、rtf 等文件格式。例如，查找张五常关于交易费用方面的经济学论文，可搜索"交易费用 张五常 filetype:doc"；然后单击结果标题，即可直接下载该文档。

如果要搜索电子商务方面的调研报告，则文档内容的关键词可选择"电子商务"，且文档标题中应含有"调研报告"，文档格式则以 Word 格式为主。通过搜索引擎高级功能的使用，或将"搜索 filetype:doc tiltle:（调研报告"电子商务"）""调研报告电子商务 filetype:doc"表达式提交给百度、360 搜索引擎，搜索结果页面如图 4-20 和图 4-21 所示。

图 4-20　百度对 DOC 文档的搜索结果

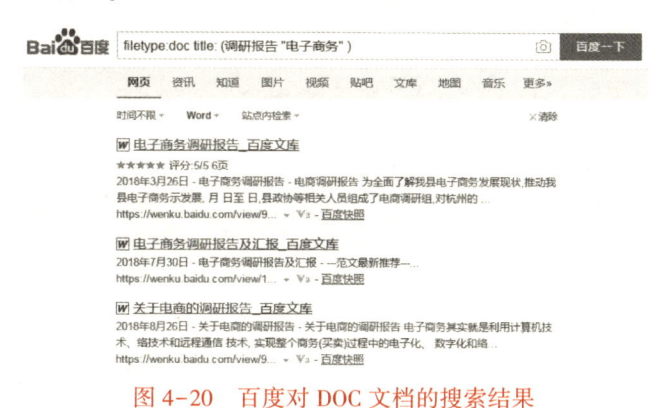

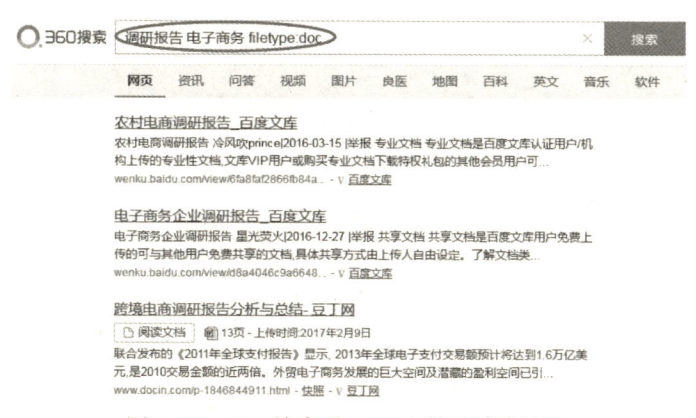

图 4-21　360 搜索对 DOC 文档的搜索结果

对于百度、360搜索这种功能强大的搜索引擎，如果掌握了它的使用技巧，或使用高级搜索功能，甚至有可能搜索到出乎意料、近乎完美的信息资料。

2. 标准文献的检索

要对中小企业进行调查，首先必须明确什么是中小企业。当然，我国大、中、小企业的划分标准，只能由相关政府权威部门发布。通过互联网找到这类信息并不难，关键是选择合适的关键词和搜索引擎。考虑将"中小企业 定义 划分 标准"作为关键词，而实际上，只要讲到中小型企业的定义，就会涉及它的划分标准，所以，以"中小企业 定义"作为关键词进行搜索即可。

3. 特定站点的查找

对于"湖南中小企业"这一主题，可以选择搜索相关网站或者搜索有关新闻或资讯，应根据搜索引擎的功能特点，选择合适的搜索类型。为了找到与"湖南中小企业"相关的站点，可以考虑以"湖南 中小企业"为关键词，在百度"网页"中搜索，与主题"湖南中小企业"匹配度较高的网站主要有"湘企网""湖南中小企业网"，搜索结果如图4-22所示。

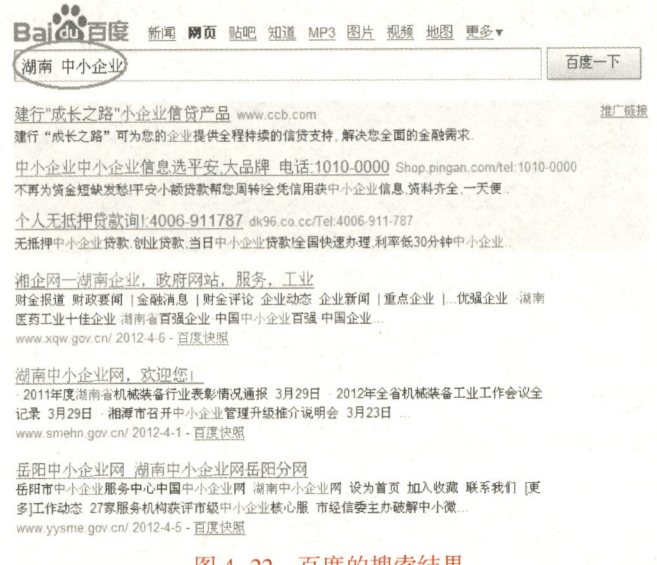

图4-22 百度的搜索结果

4. 站内标题文档的检索

（1）把搜索范围限定为特定站点——site

有时候，如果知道某个站点中有自己需要的信息，就可以把搜索范围限定在这个站点，以提高查询效率。具体操作步骤：在查询内容的后面加上"site：站点域名"。例如，在天空网下载软件，就可以这样输入"msn site：skycn.com"。注意，"site："后面的站点域名不要带"http：//"；另外，"site："与站点名之间不留空格。

第4章 毕业设计专题制作

（2）把搜索范围限定为网页标题——intitle

网页标题通常是对网页内容提纲挈领式的归纳。把查询内容范围限定在网页标题上，有时能获得良好的效果。具体操作步骤：把查询内容中特别关键的部分放在"intitle:"之后。例如，搜索林青霞的电影时，可以输入"电影 intitle:林青霞"进行查询。注意，"intitle:"与后面的关键词之间不留空格。

搜索结果中的几个网站定位为服务湖南本地的中小企业，通过将搜索范围限定到指定网站，再搜索指定网站内标题中包含"电子商务"的所有网页，就能迅速查到所需信息。

下面以"湘企网（www.xqw.gov.cn）"为例，搜索该网站中网页标题中包含"电子商务"的所有网页，搜索表达式为"intitle:电子商务 site:xqw.gov.cn"，或者在百度高级搜索中进行设置，如图4-23所示，搜索结果页面如图4-24所示。

图4-23　百度的高级搜索设置

图4-24　百度的搜索结果

59

通过对搜索结果的浏览和分析，可大致了解湖南省电子商务发展现状方面的有关资讯。当然，这里搜索到的信息并不全面，还可以到其他湖南中小企业相关网站、政府网站或行业网站去做进一步的调研，或者通过学术文档的搜索，了解他人在这方面的研究情况。

5. 第三方平台调研

中小企业电子商务的开展，大多从利用第三方电子商务平台开始，如阿里巴巴、慧聪网、中国制造网等。由于阿里巴巴在中国电子商务市场中占据重要地位，可尝试用阿里巴巴国内站的注册用户数、付费用户（诚信通用户）数、诚信通用户数占注册用户数量的百分比（转化率）等参数，来大体反映一个地区电子商务的成熟度和应用水平。当然，除了阿里巴巴，还可以对慧聪网等其他 B2B 电子商务平台，甚至 C2C 电子商务平台进行调研，以追踪中小型企业电子商务的发展动态。

利用阿里巴巴平台，以"湖南"为关键词进行搜索，对"湖南"地区的"诚信通"用户的搜索结果如图 4-25 所示。

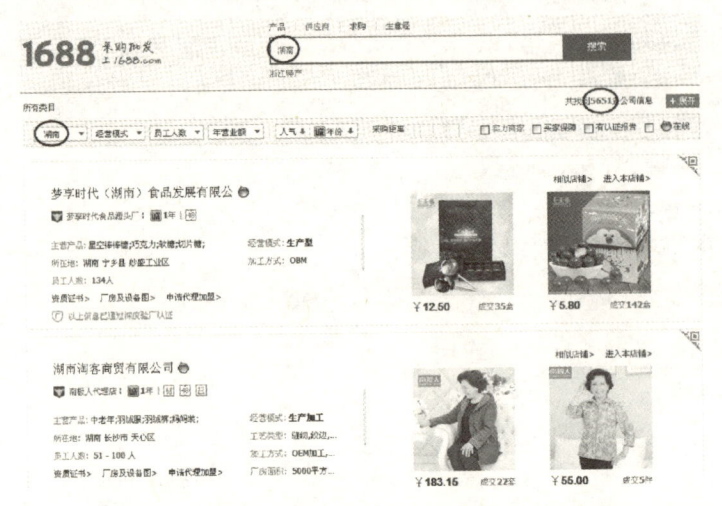

图 4-25　阿里巴巴国内站湖南诚信通用户的搜索结果

6. 企业网站调研

2016 年 4 月，通过对阿里巴巴网站的调研发现，位于湖南诚信通企业排名前三的企业分别是株洲市斯特实业有限责任公司、株洲美特优硬质合金有限公司和湖南华升洞庭麻业有限公司，如图 4-26 所示，它们使用诚信通服务的年限多达十几年。通过对这些企业站点的访问发现，这些企业不仅在阿里巴巴平台上建有自己的诚信通商铺，而且还建有自己的企业站点，以塑造自身的网络品牌，拓展企业的网络销售渠道，推广企业的产品或服务。通过对这些企业站点的调研发现，就中小型企业而言，电子商务给具有浓郁地方特色产品的生产厂家提供了良好的推广平台和广阔的市场空间。

第4章 毕业设计专题制作

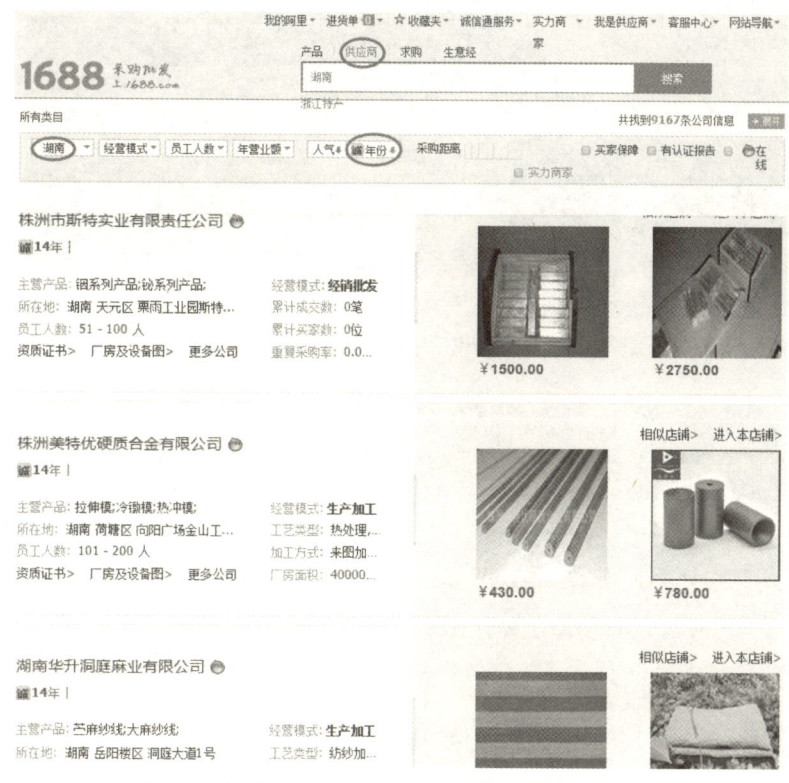

图4-26 阿里巴巴国内站湖南诚信通排名 TOP3 用户

以这些调研结果为线索，进一步搜索本地区比较成功的中小企业电子商务应用案例，为撰写调研报告收集更多有价值的一手资料。

7. 行业网站调研

权威行业门户网站，拥有庞大的行业数据，行业垂直网站专注于某一业务领域。因此，通过行业网站可以收集到特定主题的相关资料。下面介绍商科类专业常用的几个行业资讯网站。

（1）艾瑞网

国内最早进行网民行为研究和网络广告监测的市场研究机构，艾瑞咨询集团（iResearch）拥有国内数据累积时间最长、规模最大、最为稳定的各类数据库，通过对多种指标研究帮助行业建立评估和衡量的标准。其中网民行为研究涵盖家庭办公用户、网吧用户及无线手机网民用户等各种应用平台；广告投放监测涵盖网络品牌广告、无线品牌广告、搜索关键词广告等多种媒体类型和多种广告形式。艾瑞市场咨询目前的主要产品有 iUserTracker（网民行为连续研究系统）、iAdTracker（网络广告监测分析系统）、iUserSurvey（网络用户调研分析服务）、iDataCenter（网络行业研究数据中心）等。

通过艾瑞网可以找到最新的市场研究报告，如图4-27所示。

61

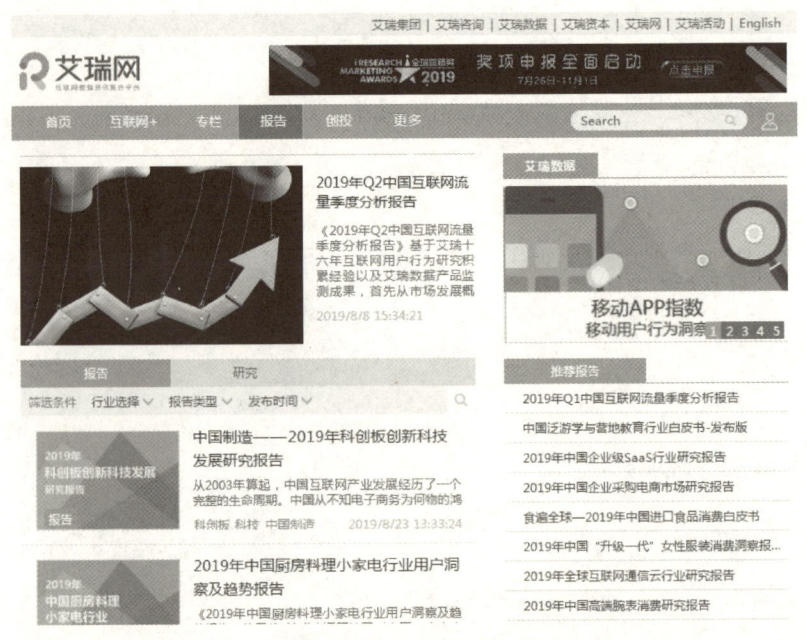

图 4-27　艾瑞网及其发布的市场研究报告

(2) 中国物流与采购网

中国物流与采购网由中国物流与采购联合会、中国物流学会主办，如图 4-28 所示。主要栏目有联合会快讯、行业资讯、物流专家、论文荟萃、政策法规、热点讨论、教育培训、物流会展、物流规划、采购园地、科技评奖、企业认证、企业黄页、会员注册、市场信息、人才招聘、商品超市、名词解释等。其中联合会快讯、行业资讯、物流专家、论文荟萃、政策法规等栏目，具有相当的知名度与影响力。

图 4-28　中国物流与采购网

第 4 章　毕业设计专题制作

（3）腾讯网

　　腾讯公司成立于 1998 年 11 月 11 日，把为用户提供"一站式在线生活服务"作为企业战略目标，提供互联网增值服务、移动及电信增值服务和网络广告服务。通过即时通信 QQ、腾讯网、腾讯游戏、QQ 空间、无线门户、搜搜、拍拍、财付通等中国领先的网络平台，腾讯打造了中国最大的网络社区，满足互联网用户沟通、资讯、娱乐和电子商务等方面的需求。

　　企鹅智酷（http：//re.qq.com）是腾讯科技频道的深度研究性栏目，是腾讯科技旗下互联网产业趋势研究、案例与数据分析专业机构，拥有"深度报告""数据调研""智酷分析" 3 挡原创子栏目，以及"开放平台"这一中国科技商业领域的智慧汇聚平台，如图 4-29 所示。企鹅智酷依托腾讯公司海量用户基础和大数据优势，不断优化分析模型和判断力，紧扣热点趋势，提供具备大数据支撑和专业洞察力的行业研究报告产品。目前发布的商业研究报告、深度调研分析，影响力触达互联网与传统行业的多个层面。如针对电子商务专业毕业设计选题"企业内部公众号运营策略分析"，内容涉及微信公众号运营，就可以在腾讯企鹅智酷查到最新的研究报告。

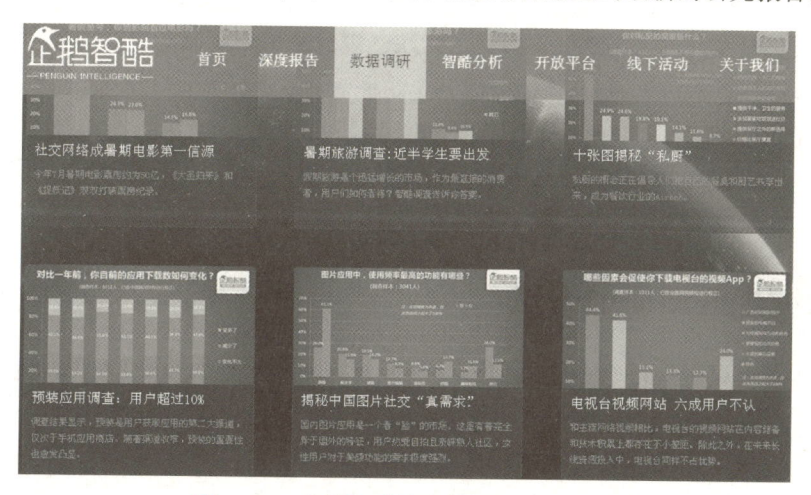

图 4-29　企鹅智酷的"数据调研"频道

4.3　企业现场考察与实践

　　毕业设计专题制作中一个非常重要的步骤就是企业实地考察。毕业设计专题的制作，要根据选题的需要选择若干企业，进行细致的调查研究。企业实地考察是获取一手资料的重要渠道。实践出真知！不能忽略实地调研，也不能为了节省时间缩短调研时间。在企业现场的所见所闻，在一线岗位的体验感悟，是最真实、最有价值的写作素材，其作用和价值是无可取代的。调研越充分、越深入，毕业设计写作就会越充实、越顺畅，毕业设计过程的获得感、成就感就会越强烈。

63

4.3.1 企业调研的途径

1. 深入实习单位和实习岗位进行调研

商科类专业毕业设计多偏重于实践,大部分选题都可以在实习单位和实习岗位进行设计并实施。例如,流程优化设计、活动促销方案设计、市场推广方案设计等。这些毕业设计选题都可以从实习单位和实习岗位获得一手的数据、一手的资料,这些都是毕业设计最有力的写作依据。

利用毕业顶岗实习,结合自己选题的方向,观察产品的开发流程、设计工艺、销售方式和市场需求状况,体验实践工作中解决问题的方法策略,再将发现问题、解决问题的经验和心得在毕业设计中进行总结和归纳,这样就有可能产生既有实践意义又具理论价值的优秀作品。

例如,在第三方物流公司实习的物流管理专业的学生,可在某个营业部观察不同时段的促销方案,在方案实施的过程中通过具体分析托运量数据的变化、客户的类型、货损货差等资料来判断促销方案的效果,以此来提出更好的解决方案。这些数据的来源可以通过公司的 OA 系统进行查询获得。

2. 访谈企业导师和企业管理人员进行调研

学生可以依据自己毕业设计选题的写作难点和重点,直接、快速地咨询相关专家、导师和一线工作人员,从中获得准确、有价值的重点信息和成功经验。

4.3.2 企业调研的方法

调查法是科学研究中常用的基本研究方法,也是毕业设计中必不可缺的研究方法。它综合运用历史法、观察法等方法,结合问卷、谈话、个案研究、测验等科学方式,对毕业设计中的问题进行周密的、系统的规划,并对调查搜集到的大量资料进行分析、综合、比较、归纳,从而得出有价值的科研结论,为我们提供毕业设计所需要的真实数据。

调查中要注意几个问题:
- 要明确目的。调查是为了获取资料还是发现问题,要有的放矢,不能乱抓一气,浪费时间。
- 确定调查对象,要有典型性和代表性,否则所得价值会比较小。
- 拟定调查提纲,可以少走弯路,节约时间。

常用的调查法有问卷调查法和访谈调查法。

1. 问卷调查法

问卷调查法实施步骤为问卷设计、问卷发放与回收、问卷结果统计,问卷结果统计值即为实验结果。因为问卷调查法较为便捷、节约时间,资料也较容易收集整理和统计分析,若采用不记名调查,对于隐私话题也较容易取得可靠资料,是社会科学调查常用的方法。

问卷调查法又可依据问卷问题设计方法，分为限制式问卷和开放式问卷。限制式问卷即受测者不可随意回答，必须在研究者预先编制的几个答案中选择一个；而开放式问卷则在问题范围内说出结果即可。若采用问卷调查法，还需注意以下几个问题：

- 问题类型是否适合使用问卷？
- 问题的项目是否含混不清，让受测者不容易回答？
- 问题是否涉及社会禁忌，令受测者隐瞒，不敢正面回答？
- 问题是否产生暗示作用，引导受测者选择某个答案？
- 问题是否超出受测人的知识能力？

设计问卷首先要设计标题（题目），标题应该与研究目的相呼应。再来，应清楚描述"填写问卷标语"，包括称谓、研究目的、回答问题的要求、对有关问题的解释等，并标明研究单位（或研究者）的联络讯息。

2. 访谈调查法

访谈调查法包括个别访谈和集体访谈两种方式，因为访谈的回答式、讨论式等特性，采用此种方法，调研人必须保持虚心求教的心态并详细记录，才能获得较真实、深入的资料。另外，访谈过程录音或影像，必须要先取得被访者的同意。

个别访谈是访谈对象是单个人情况下的访谈，也就是专访法。一般来说，选择这种方式的访谈，访谈对象要考虑其典型意义和特殊意义，即普遍性和特殊性。访谈者一般事先要做好比较充分的准备，如向被访者了解哪些问题？哪些需要核实？哪些可以引用等。个别访谈是限于访谈人与被访者之间的信息传递，回答者不会受到访谈外的第三人的影响。在使用这种方法收集资料时，要注意一次访问时间不宜太长，有时可能要反复若干次，访谈的内容可以宽泛些，不要局限在既定的主题上。在谈话过程中，要一边记、一边想、一边判断。谈一次、总结一次、分析一次，并指出新问题，这样就越谈越深，收集的资料也就越来越多，便于后期进行分析、提炼、概括。

集体访谈则是多人同时作为被访对象参与访谈，由访谈者收集资料的方法，即座谈会法，它是收集资料最简单易行又可靠的方法。实践证明，运用座谈会法收集资料时，参加的人数不宜太多，一般 7~10 人较合适。座谈前访谈者应事先将所有参加座谈的人员名单、座谈的具体内容、要求、举办时间、地点等通知参加座谈的所有对象。

由于座谈会法是访谈者与被访者间、被访者相互间的多层次互动，因此它所获得的资料较其他访谈方式获得的信息更广泛，而且由于相互启发、相互核对、相互修正，使获得的资料更完整、准确。

4.4 收集资料的处理

通过前面的文献资料收集、网络市场调查及企业现场考察，已经收集了大量的资料，有历史资料和现实资料、典型资料和一般资料，还有具体案例资料及综合性资

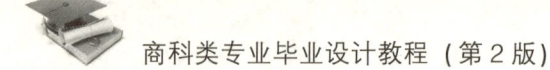

料等。

处理资料的过程，就是要将这些资料从无序变为有序，从零散变为系统，使之条理化、系统化，便于在写作中发挥作用。因此，资料的处理，不仅是分析研究问题的开端，也是撰写毕业专题必要的准备。

处理资料的过程，也是对资料"再加工"的过程，通过反复阅读、分析思考，准确判断资料的性质和价值，去粗取精、去伪存真，使之变为对自己有用的资料。资料处理一般可以分为鉴别与取舍、归纳与分类、形成论点和论据3个环节。

4.4.1 资料的鉴别与取舍

在收集资料的过程中，尽管遵循一定的原则，但是获得的资料可能还是零散的、驳杂的，甚至是过时的、谬误的。一些资料可能并不具有普适性，价值不大，应当予以剔除。而且，随着认识的深入，某些表面上看来似乎很好的资料可能会失去价值，而另一些资料的潜在价值又会被发掘出来。因此在阅读资料的过程中，要认真核实、分析、比较，从中选择有价值的资料。

1. 资料取舍的原则

（1）辨析资料的适用性

选择资料的依据，只能是符合毕业设计所要阐明的主题。什么资料可以用、什么资料不能用，都要根据毕业设计主题来确定。所选资料必须要符合主题，不能牵强附会，也不能将所有资料统统塞进文章。

（2）辨析资料的真实性

资料的真实性直接关系到毕业设计的成败，只有从真实可靠的资料中才能得出科学合理的结论。首先，要尊重客观实际，避免先入为主的思想，选择资料不能夹杂个人的好恶与偏见，不能破坏资料本来的客观性；其次，选择资料要有根有据，采集的第一手资料要有来历，选取的第二手资料要与原始文献认真核对，以求得最大的准确性；再次，要对资料的来源加以辨别，弄清原作者的背景及写作意图，并加以客观分析与评价。

（3）辨析资料的典型性

资料的典型性，是指这种资料对它所证实的观点具有充分的代表性。如某校2006级房地产专业的一篇题为《关于××市限价房问题的分析》的毕业论文，为了从投资类消费者的角度分析限价房对房地产的影响，该文用了一段资料：以购买某小区限价房为例，售价为每平方米5 068元，建筑面积80平方米的限价房售价40.544万元。5年后卖出。假设5年后该地段普通商品住房价格为每平方米8 000元，两者价格差为23.456万元（即8 000*80-5 068*80)，则需要缴纳的土地收益等价款为8.2096万元（即23.456*35%）。再加上购买住房的各种原始费用和成本，以及装修费用，对于投资类的消费者而言利润空间不会很大。而且，5年的时间，存在较大的投资风险，机会成本很难计算，所以有时可能得不偿失。这样就有效地抑制了限价房的投资需求。这段资料虽然不多，却具有不可辩驳的逻辑力量。

2. 资料鉴别的方法

分析法，就是对资料进行具体、细致的分析研究，以鉴别资料真伪的方法。分析法主要是分析资料的逻辑关系，看其中是否有矛盾或不合理的地方，考查其科学性，凡资料中出现矛盾或不合理的地方，即认定为不可用资料。

核查法，就是通过查证、核实，以确定资料是否真实、准确的方法。由于毕业设计所取得的资料，以间接资料居多，在判断是否具有普遍性、典型性这些问题上必须查证核实。核查法主要是从资料的来源、收集人员的条件、采用的方法、收集的时间和地点去考查资料的可靠性和准确性。

比较法，就是将多方面收集来的同一类资料进行比较、核对、复查，以确定资料的正误、优劣。在比较过程中，有时会发现相关资料存在出入或矛盾，就可以判定这部分资料是可疑的，应该继续跟踪搜索同类资料，资料充足后再做判断。

4.4.2 资料的归纳与分类

在对资料进行了鉴别并做出取舍后，所得的资料还是零乱的、无序的。这时就要进行全面的归纳与分类，使其系统化、条理化。当然，这种分类不必太严密，它主要由个人的主观需求而定，一般采用观点分类法和项目分类法。

观点分类法，就是以一个观点为统领，把与这个观点相关的论点、论据、论证方法与手段等资料汇总，形成一个观点资料系列。这个方法可以对各种资料的认识和理解条理化、系统化，激发写作者对问题的积极思考，同时把零散的客观资料人为地构成一个思想体系的轮廓，便于人们在资料的纵横比较分析中，探求事物间的差异和内在联系，易于从感性认识上升为理性认识。

项目分类法，就是按照资料内容的属性分项归类。整理资料时可按选题研究进程分成几个项目，也可按资料的种类进行分类，即纵向法和横向法。

总之，分类要从写作的实际出发，其目的是为了阅读和写作的方便。

4.4.3 初步形成论点和论据

对资料进行归纳和分类不只是为了使其系统化、条理化，更重要的是在此基础上，初步形成毕业设计的论点和论据。

毕业设计的论点不是凭空臆造、主观想象出来的。不能先定论点，再找适合自己论点的资料。论点来自丰富的资料，产生于对资料深入细致的分析和研究。因此，在为自己的毕业设计确立论点时，必须利用科学的立场观点，通过逻辑思维方法，按照自己选定的题目，对累积的大量相关资料进行分析和研究，经过从感性认识到理性认识、从具体到抽象、从个别到一般、从现象到本质的认识发展过程，发掘资料的本质意义，找出其中带有规律性的东西，在此基础上提出自己的论点。

毕业设计的论点可分为中心论点和分论点。中心论点是对毕业设计选题中所研究的问题提出的总的主张、总的观点，是统领全篇内容的基本观点。一篇毕业设计中只能有一个中心论点。分论点是为了阐明中心论点，围绕着中心论点在毕业设计各个部分所提出的论点，它可以有多个。

在确定毕业设计的论点后，还要通过讲道理、摆事实来阐明论点，使别人接受该主张和观点，承认该研究成果。讲道理、摆事实就离不开论据，论据是证明论点的理由和根据，也是说明观点的资料。在毕业设计的写作过程中，常用的论据，一类是事实论据，一类是理论论据。前者以历史或现实及统计数字作为证明观点的论据，后者以自然科学理论和社会科学理论等系统科学知识作为证明观点的论据。无论是哪一类论据，都应该对它进行深入分析和研究，在全面占有资料的基础上进行选择，而后确定论据，绝不可信手拈来。

从表面上看，论点、论据的形成似乎游离于资料的整理外，其实不然，两者之间有着必然、本质的联系。整理资料并不只是简单地对资料进行分类、取舍等，其实质是通过大量资料的分析和研究，逐步明确毕业设计的论点、论据。所以说，形成论点、论据，在资料整理过程中具有十分重要的意义，是整理资料的一个目的，它直接影响到毕业设计的写作进程。

在资料整理过程中初步形成的论点、论据，可能还存在一定的问题，仍需要反复的研究，需要不断深化认识。只有这样，才可能形成新颖、正确并有意义的论点，以及确定、真实、典型、充足的论据。

4.5　毕业设计专题写作

毕业设计篇幅较长，撰写时一般先拟定提纲，再撰写初稿，最后修改、定稿。

4.5.1　提纲的拟定

毕业设计提纲的编写一般要经过选题研究、构思提纲这两个步骤。

1. 选题研究

毕业设计的构思，要从研究选题入手。选题的研究要注意以下两个方面的问题。

（1）通过对毕业设计选题的研究，弄清楚选题的来龙去脉

一个毕业设计，总要对某个方面的问题进行较深入的探讨。要写这个问题，应当对它做一些研究，进而形成自己的体系和观点。经过认真研究，查阅有关文献、资料，翻阅相关期刊、专著，进行网络调研和实地考察后，对这一选题的历史和现状、理论和实践、发展和动态、观点和看法、建议和结论，都已经心中有数了，写作提纲也就逐步成形了。

（2）通过对毕业设计选题的研究，激发创造性思维

毕业设计专题制作，也是一种科学研究的实践和锻炼。科学研究特别关注创新思维和创造精神。人类总是在前人已经达到的水平上前进的。如果对一个选题的研究，没有任何创新和突破，只是别人劳动成果的简单重复，那就毫无意义。虽然毕业设计不可能奢求重大的理论建树或实践突破,但作为大学期间最重要的个人创作,毕业设计总该有一些个人的创造、个人的思想、个人的观点!创造精神从何而来?只能来源于对选题的深入研究。对选定的主题研究清楚了,见解和观点就会自然萌发出来了。

2. 构思提纲

写作提纲的构思,就是将零乱的思想梳理清楚、组织成篇。毕业设计提纲的梳理可以从以下两个方面入手。

(1) 根据客观事物变化发展规律来构思

要做到循序渐进、有条不紊。有些人之所以面对大量的资料理不出头绪、写不成提纲,就是因为没有理清资料间的内在联系和规律,一旦摸清楚了"条理""规律",就能理清思路。

如台湾健行科技大学的毕业设计专题"企业供应链安全认证个案探讨",根据对企业供应安全认证案例的分析研究的逻辑线索,从研究背景(绪论)入手,通过文献探讨、个案探讨等方面内容的客观阐述,最后提出个人的改善建议及分析结论,设计作品内容明晰、主题突出、结构严谨,同时也体现了一定的创新性和创造性,如图4-30所示。

```
《企业供应链安全认证个案探讨》写作提纲
第一章  绪论
    第一节  研究背景
    第二节  研究目的
    第三节  研究方法
    第四节  研究范围
第二章  文献探讨
    第一节  AEO 定义
    第二节  导入 AEO 过程
    第三节  台湾推动 AEO 的现况
第三章  个案探讨
    第一节  公司简介
    第二节  AEO 导入过程
        (一)  认证程序
        (二)  具备 AEO 四大要素
        (三)  四阶文件
        (四)  内部稽核
        (五)  海关申请流程
第四章  改善与建议
第五章  结论
```

图 4-30 毕业设计写作提纲示例

(2) 根据写作意图和要表达的选题主题来构思

展开思路、构建文章,要服从写作意图,要从表现主题出发。文章的布局、前后顺序、穿插分合、开头结尾,都要有助于主题的实现。

如某大学电子商务专业毕业设计选题"天猫店铺客户转化率提升方案设计与优化——以××专营店为例",作者的意图是要研究"客户转化率提升的方法、策略及路径",写作大纲就应当以此为主题来编写。而作者的大纲初稿明显没有突出这一主题，显得非常散乱，如图 4-31 所示，经过调整后，新的写作大纲进一步突出"客户转化率提升"这一主题，结构就比较严谨，如图 4-32 所示。

```
1. 了解客户需求的方式有哪些
    1.1 售后评价
    1.2 与客服、仓库等人员的有效沟通
    1.3 网络或实地问卷调查（换位思考）
2. 如何把握不同客户群体的需求差异
3. 如何合理选品
    3.1 选款产品质量、利润空间、潜在价值、现有动态评分的考量
    3.2 把握行业类目动态，选择合时机、符合趋势的产品
    3.3 选款产品的关联状况、包装价值、搭配价值
4. 产品线开发优化
    4.1 以点带线、以线带面，优化开发选款产品线
    4.2 调整补充不足，修补漏洞
    4.3 打造、采购特定的新品扩充产品线
5. 客户转化率提升实践
    5.1 选款——素描铅笔 8 件套
    5.2 了解客户需求，把握需求差异，引领客户需求
    5.3 新品上市，突出对比，做好内功
    5.4 直通车辅助推广引流，打造爆款
    5.5 淘宝专享，顺应平台趋势，提升 APP 流量转化占比
    5.6 有好货，达人购模块的合理推广
    5.7 成效对比
6. 总结
```

图 4-31　毕业设计写作大纲初稿

```
1. 网店现状分析
    1.1 远升办公专营店基本介绍
    1.2 接手初期所处行业排名层级
    1.3 店铺接手初期销售概况
2. 网店客户转化率提升策略分析
    2.1 了解客户需求并把握不同客户群体的需求差异
    2.2 根据客户需求与定位合理选品
    2.3 结合网店现有的营销工具拟定营销方案推款
    2.4 以点带线，以线带面优化开发产品线
3. 网店客户转化率提升方案实施及优化（以马利素描 8 件套为例）
    3.1 市场需求量分析及选品
    3.2 选品推广方案设计与实施
    3.3 选款产品线优化及开发
    3.4 效果评估与优化（店铺 3 月运营小结）
4. 总结
```

图 4-32　毕业设计写作大纲优化稿

4.5.2　初稿的撰写

在充分占有资料的基础上，经过对资料的整理、分析及加工创造，已经初步形成毕业设计的相关论点、论据。根据已经拟定的写作提纲，就可以开始初稿的写作了。毕业设计的写作方法，常用的有以下两种。

（1）按照提纲顺序撰写

一般情况下，在绪论部分提出问题，在本论部分分析问题，在结论部分解决问题。按照提纲撰写，可以一气呵成，写完初稿后，再检查、核实、补漏；也可以边写边做，边思考，边修改；遇到问题，解决后再继续写下去，随着写作的深入，发现对前面的内容不满意，也可以随时纠正和修改。这样写完的初稿，初步的修改也基本完成了。

（2）对每个模块各个击破

把毕业设计分成若干个相对独立的部分或章节，一个部分一个部分地起草，将各部分写完后，再考虑统筹和衔接，这样既能兼顾局部和细节，又可以总揽全局，让作品形成一个有机整体。

4.5.3　初稿的修改和定稿

"玉不琢，不成器"。好的作品，都是千锤百炼的结果。毕业设计的制作，是一件非常严肃的事情；毕业设计作品，是一篇具有一定学术价值的文章。一般情况下，初稿只能算是半成品，还需要反复修改、精雕细琢。

1. 修改的目的

① 提高作品质量。由于受思想认识水平和语言文字表达能力的限制，初稿在内容的结构、观点的表达、主题的突出、语言的流畅等方面，一般都存在较大的改善空间。初稿修改的主要目的，一是提炼标题，使主题更突出、观点更鲜明，二是精练文字，使语言更流畅、表述更准确。

② 提高写作能力。毕业设计专题的制作过程，是对写作能力的集中锻炼和综合训练。写作能力的提高，除了多写、勤改，别无他法。不少人思维敏捷、能说会道，由于不重视文章的写作及修改，一旦写作结构松散、语句啰唆，明显力不从心、词不达意，其成果和思想难以得到传播和推广，最终会极大地妨碍个人和事业的发展，非常可惜。毕业设计作品，集中体现了大学生的思想水平、见识格局及写作能力，应该成为大学生涯中最亮丽的一张名片。为此，一定要通过毕业设计作品的修改完善来锻炼自己、提升自己。

③ 对个人与社会负责。毕业设计作品，一般要在学校存档入库，经受时间的检验，成为后人的借鉴和模板。有些优秀的作品，还可能被公开发表或推广。这都会产生广泛而持久的社会影响。如果其中内容稍有差错，就可能对读者和在社会上产生不良影响，也会严重影响个人声誉和形象。从这种意义上来说，毕业设计作品的修改和加工，就是要最大限度地减少差错，打造个人良好品牌形象，对社会、对自己负责任。

2. 常见的问题

学生的毕业设计作品，常见的问题主要有以下几种。

① 题目不妥。有的题目过大，超出在校学生所能驾驭的范围；有的题目过小，不能准确概括作品的内容；有的题目过于陈旧，不能恰当体现作品的特色和创新，有的题目过长，不够精练。

② 观点不当。主要表现为观点平庸，缺乏创意；人云亦云，了无新意；面面俱到，空洞肤浅；主观片面，不够严谨；零星散乱，缺乏逻辑等。

③ 佐证乏力。主要表现为有理无据，缺少佐证；论据不足，牵强附会；资料失实，不能自圆其说；没有论据，妄下结论等。

④ 语言不精。主要表现为用词不当，不够准确；话语冗长，不够简练；语句空洞，缺乏内涵；语义含混，层次失当；逻辑混乱，缺乏条理等。

⑤ 格式失当。主要表现为标题的层次、序号及标点的使用不规范；引文和加注不规范等。

针对毕业设计作品中存在的问题的性质和多少，修改工作可以分为大改和小改。大改就是发现论文观点不够完善、行文结构不够严谨、资料证据不够充分或过于累赘，这些方面的修改涉及论文全局，需要"动大手术"。小改则是在初稿论点、框架结构基本不变的情况下，针对个别词句、个别资料、段落的起承转合及注释上进行修缮与更正。

3. 修改的范围

① 修正论点。论点是毕业设计作品的核心思想，是从资料的研究和剖析中提炼

出来的核心观点，是作者对所研究主题的重要判断。有些论点，在写作之初可能并不十分明确，在写作过程中随着对资料发掘的不断深入，一些以前在构思阶段不曾想过的新问题、新想法会不断涌现，可能会补充、完善、调整甚至冲击原有的写作构想。这些新见解、新观点，可能难以形成完整的总论点、总构想，那就有必要重新整理思路，从庞杂的观点中重新提炼出一个更具概括性的总论点，并对各个小论点、分论点进行调整、修改或删除。论点错误的，要更正；论点片面的，要补充；论点模糊的，要明确；论点芜杂的，要删减；论点肤浅的，要深化；论点陈旧的，要更新。最后实现论点的严谨、明确和统一。

② 调整结构。首先要看结构是否完整，标题、摘要、前言、绪论、本论、结论、注释及参考文献是否齐全。其次检查正文部分层次、段落是否围绕中心论点展开，层次间逻辑是否严密，各部分过渡、衔接是否得当等。总之，结构调整要从大处着眼，抓主要矛盾，使全篇结构严谨、完整统一、首尾呼应。

③ 增删资料。资料是论点的来源，也是论点成立的基础。资料与论点要力求和谐统一。修改资料，要先查阅资料是否真实、可信、准确；再根据论点的要求进行增删。资料单薄，要充实加强；资料杂乱，要删减序化；资料陈旧平淡，要更新替换。

④ 锤炼语句。毕业设计作为习作性的学术文章，要求用词准确、语法严密。在语句的修改上要斟字酌句、力求精准。首先对字词要选择推敲，杜绝错别字，选用更精心准备的词语。其次要重视对句段的修改，语法关系复杂的长句，要尽量修改得简短有力，长句与短句要搭配使用，句与句之间的逻辑关系一定要顺畅，做到表述清楚、语意明确、说服力强。

4. 作品定稿

定稿就是对毕业设计作品进行最后的修改，对内容、格式及文字表述进行最后定夺，将"半成品"加工成"成品"。当然，以后根据作品发表或成果推广的需要，还可以进行相应的调整。定稿的制作主要包括以下几个方面。

① 设计作品标题。

② 编制作品目录。使人粗略浏览就能了解到大致内容。目录要标明页码，以方便阅读。

③ 撰写内容摘要。摘要是将作品的主要观点提炼出来，要让作品的特色亮点、成果创新一目了然。

④ 敲定正文内容。

⑤ 列出参考文献。

⑥ 撰写致谢话语。

第 5 章

毕业设计写作规范

高职商科类专业毕业设计既是对学生专业技能的一次全面评价，也是对学生实务能力的一次综合训练，学生在撰写毕业设计时只有遵循行文规范，掌握科学的研究方法，才能为走上工作岗位后撰写类似方案或研究报告打下坚实的基础。

5.1 毕业设计作品的主要框架

毕业设计作品一般由前置部分、主体部分和后置部分三个部分组成。前置部分一般由封面、摘要、关键词和目录组成，主体部分由引言、正文和结论组成，后置部分由参考文献、致谢和附录组成，如图 5-1 所示。

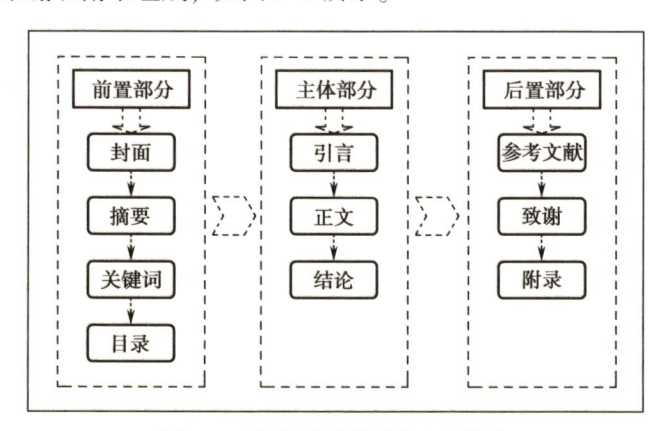

图 5-1 毕业设计作品的主要框架

5.1.1 毕业设计作品的前置部分

1. 封面

封面是毕业设计作品的门面，呈现毕业设计作品的关键信息，具体应体现四个方面的内容。

- 标题：标题又称题目，是以最恰当、最简明的词语反映毕业设计作品中最核心的内容，应简短明了、一目了然，以体现毕业设计的专业范畴和设计的内容，标题的字数一般不超过20个字。
- 类型：标明毕业设计的类别，高职层次的毕业设计一般分产品设计、工艺设计、方案设计等类别，商科类专业的毕业设计以方案设计类为主。
- 署名：标明完成毕业设计的学生姓名及其指导教师姓名。
- 专业：标明毕业设计作者主修专业名称。

毕业设计作品的封面一般由学校统一样式，学生应按学校具体要求，将封面上的有关信息填写准确、完整、清晰，如图5-2所示。

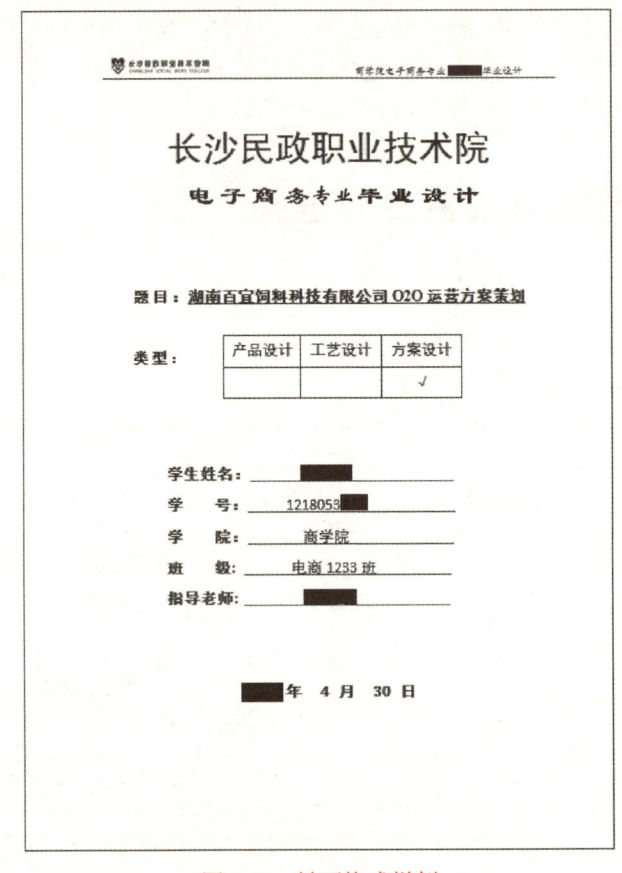

图5-2 封面格式样例

2. 摘要

摘要是对毕业设计不加注释和评论的简短陈述，是毕业设计基本思想的缩影，应以第三人称陈述。摘要具有短、精、完整、不加评论四个特点，其内容一般应说明毕业设计的工作目的、研究思路、设计过程和最终结论等，重点是结果和结论。

摘要虽短，内容却十分重要。阅读毕业设计作品的人，一般先看摘要，由此了解本篇毕业设计的范围，对所阐述的问题有明确的认知。好的摘要往往能引人入胜，激发读者阅读全文的欲望。同时，摘要也可以独立使用，当它被索引刊物或论文摘要收录后，读者即使不读正文也能知其大概。

摘要中一般没有图、表，也不使用非公用的符号、术语和非法定的计量单位。摘要页置于中文题目后，中文摘要一般300字左右，摘要应包括关键词，如图5-3所示。

```
                    摘  要
              （居中，4号，黑体）
         ××××××××××××××××××××××××
         ××××××××××××××××××××××××
         ××××××××××××××××××××××××
         ××××××××××××××××××（摘要正文：
         小四号，宋体，限1页）

         关键词：××××；××××；××××
         （3~5个，中间用"分号"分开，小四号，宋体加粗）
```

图5-3 摘要格式样例

摘要的写作应精练、扼要，一般在完成毕业设计后编写摘要，一篇几百字的摘要要反复修改，才能反映出毕业设计的核心内容及观点、结论。在写作摘要时需注意以下几点。

① 用简练、概括的书面语进行表达，具体内容不用展开说明。
② 客观陈述，不加主观评论。
③ 侧重成果概括及创新点提炼，以引发读者的兴趣，或加深读者的印象。
④ 避免与前言内容雷同。

如"酒店微信公众号运营现状及优化"毕业设计作品中的摘要表述如下。

在新型社交媒体日渐普及的今天，酒店如何契合大众新需求，采用专业的营销管理手段，在微信公众平台上，形成有特色的微信营销方式，推广其产品与服务，这是业界面临的一个重要问题。本毕业设计在查阅酒店营销模式与微信营销相关理论的基础上，就酒店微信公众号进行了抽样调查，选取了150多家酒店微信公众号作为样本，分析了酒店微信公众号运营现状，并就酒店微信营销中存在的问题进行了深入剖析，在此基础上提出酒店公众号运营优化的策略与建议。

3. 关键词

关键词是表述全文主题内容信息的单词或术语，一般选取3~6个词作为关键词，

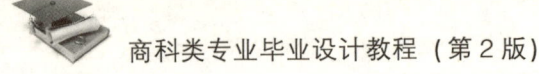

关键词位于摘要下方，另起一行，左对齐。关键词间用分号分隔，最后一个词后不用标点符号，如有可能，尽量用《汉语主题词表》等提供的规范词。

如"湖南百宜饲料科技有限公司O2O运营方案策划"毕业设计作品中摘要及关键词表述如下。

摘要：随着互联网的高歌猛进、随着物流行业的发展、随着年轻一代越来越多地参与到终端客户市场，"饲料"和"电商"这两个词被越来越多地提起来。湖南百宜饲料科技有限公司意识到电子商务的重要性，想通过互联网先线上展示后线下交易的方式来打造一种新型的营销模式。本方案依据饲料行业的发展特点、趋势及湖南百宜公司现状，创新营销模式，完整地设计出了湖南百宜饲料O2O电子商务发展策略。通过这种新型的营销模式实现降低成本、还利养殖户，最终实现提升公司业绩的目的。

关键词：饲料；O2O；运营；电子商务

4. 目录

目录作为毕业设计的提纲，是毕业设计各组成部分的标题，文字应简明、扼要。目录一般按一级标题、二级标题、三级标题提取，在排版时，目录需另起一页排在摘要后，由一级标题、二级标题、三级标题、参考文献、致谢、附录和页码组成，以"……"连接标题名称与页码。如"湖南百宜饲料科技有限公司O2O运营方案策划"毕业设计作品的目录，如图5-4所示。

```
                    目  录
              （标题居中，三号，黑体）

1. 设计背景及意义（一级标题顶格，小三号，黑体）……… 错误!未定义书签。
   1.1 设 计 背 景（二级标题顶格，四号，黑体）………1
   1.2 设 计 意 义（二级标题顶格，四号，黑体）………1
2. 设计思路（一级标题顶格，小三号，黑体）……………… 错误!未定义书签。
3. ××××××（一级标题顶格，小三号，黑体）………… 错误!未定义书签。
   3.1 ×××××××（二级标题顶格，四号，黑体）……… 错误!未定义书签。
      3.1.1 ×××××××（三级标题顶格，四号，楷体）…… 错误!未定义书签。
4. ××××××（一级标题顶格，小三，黑体）…………… 错误!未定义书签。
   4.1 ×××××××（二级标题顶格，四号，黑体）……… 错误!未定义书签。
5. 结论……………………………………………………… 错误!未定义书签。
参考文献…………………………………………………… 错误!未定义书签。
致谢………………………………………………………… 错误!未定义书签。
附录  ×××××××××（顶格，四号，黑体）………… 错误!未定义书签。

（以上字体标注均为正文部分要求；目录为自动生成，正文调为小四号宋体，尽量控制在1页，需要时可调整行距）
```

图5-4 目录格式样例

5.1.2　毕业设计作品的主体部分

毕业设计作品的主体部分即正文，撰写形式因毕业设计所针对的专业领域不同而有所不同，一般由引言、正文及结论等部分组成，正文字数应在3 000～10 000字。此外，有的毕业设计作品还有结束语。

1. 引言

引言又称绪论、前言或概述，是写在毕业设计作品前面起到序言或导言作用的作为毕业设计的概述，提出正文要研究的问题，引导读者阅读和理解全文。引言作为毕业设计作品的开端，以简短的篇幅，介绍毕业设计作品的写作背景、目的、缘起、提出研究要求的现实情况及相关领域前人所做工作和研究的概况，说明本人聚焦的领域与前人所做工作的关系、研究热点、存在的问题及探索的工作意义，从而引出主题。

引言是为毕业设计正文的写作立题，其目的是引出下文，在写作引言时，需要对以下四个方面加以注意。

① 说明毕业设计的主题、范围及目的。

② 说明毕业设计探究的起因、背景及相关领域理论基础或现有状况及未解决的问题。

③ 预期的结果或探索的意义。

④ 引言一般不分段，长短视毕业设计内容而定。

如"企业仓储管理问题与对策分析——以××快运公司××配件仓库为例"毕业设计的引言表述如下。

仓储管理是对仓库或仓库中储存的物资进行管理，是仓储单位为了充分利用仓储资源、提供高效的仓储服务所进行的计划、组织、控制和协调。仓储管理在物流管理中占据着核心的地位，是现代物流中不可缺少的重要环节，能对货物进入下一个环节前的质量起保证作用，是加快商品流通、节约流通费用的重要手段。合理的仓储管理将全方位地提升企业竞争力，降低生产成本，提高资源效率，推动企业发展。物流企业应如何加强仓储管理？本毕业设计以××快运公司××配件仓库为例进行阐述，通过找准××快运公司××配件仓库仓储管理中暴露的问题，有针对性地提出改进方案，以适应物流行业的高效率、低成本的要求，优化配置仓储资源，有效提高××快运公司××配件仓库竞争实力。

2. 正文

正文是毕业设计作品的主体，是毕业设计作品的核心部分，占了主要篇幅。在正文部分，设计者要运用各种实证探究方法，分析问题、论证观点，反映自己的专业学识、技术技能，以及分析问题、解决问题的能力。

正文部分的写作应条理清晰、层次分明、推导正确、结论可靠；毕业设计方案必须实事求是、客观真切、准确完备、合乎逻辑、层次分明、简练可读。该部分一般包括问题的提出、解决方案的论证、核心设计与论述等内容。

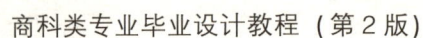

（1）问题的提出

任何一项研究或开发都有其专业基础，问题的提出主要阐述该研究的专业背景及在相应专业领域中的发展进程和未来可能发生的变化，尤其是近年来的发展趋势和最新成果。通过与国内外本专业领域研究成果的比较和分析，说明自己所聚焦的选题符合当前研究方向并有所创新，能解决行业、企业在某一领域或特定岗位、业务环节中的问题，并提出流程优化或技术更新等解决方案，目的是使读者进一步了解研究该选题的意义。

（2）解决方案的论证

在明确所需解决的问题，并对相关资料进行评述后，自然要提出解决问题的思路和方案，在写作时应把握好两个关键点：一要通过比较，显示自己方案的价值所在，二要让读者了解方案的创新之处。

（3）核心设计与论述

前面两个部分的篇幅一般较短，而接下来的核心设计与论述的篇幅相对较长。在这个部分，要对毕业设计的研究内容，包括理论分析、总体设计、核心观点、实现手段等进行详细论述，要做到脉络清晰、有理有据，为毕业设计的结论奠定基础。

3. 结论

结论是对毕业设计的总结，是毕业设计作品思想精髓和价值的体现，表达设计者对所探究选题的见解和主张。设计者可以对自己的工作做出客观评价，也可以对毕业设计过程中涉及的重要问题做出讨论或进行展望。在阐述时要实事求是、简单明了，篇幅不宜过长。

结论的撰写一般应注意以下三个方面。

① 高度概括说明解决了什么问题、使用了什么方法、发现了什么规律、有何创新等。

② 指出毕业设计作品的实用价值或应用前景，对本方案的创新性、创造性做出简要的评价。

③ 指明设计方案的不足之处或未予解决的问题，以及解决这些问题的可能关键点和方向。

5.1.3 毕业设计作品的后置部分

毕业设计作品的后置部分包括参考文献、致谢和附录三个部分。一份完整的毕业设计作品，不仅离不开这三个部分，而且必须符合学术文体的撰写规范，此处特别考验设计者能否严格遵守规范性、严谨性的原则。

1. 参考文献

参考文献是毕业设计作品不可缺少的组成部分，它反映毕业设计的取材来源、资料的广博程度及资料的可靠程度。在毕业设计作品文案中所引用的观点、方法，应在文中进行标注，参考文献另起一页，各篇文献按正文中标注的序号依次列出。所列出的文献，应当是设计者亲自阅读或引用的正式发表的文献资料，不能转录他人论文后面列出的参考文献。一般要参阅10篇及以上的文献资料，设计者才能创作一篇有一定质量保障的毕业设计作品。

（1）参考文献的类型及标志

根据《中华人民共和国国家标准 GB/T 7714-2005》的规定，参考文献著录格式以单字母方式标志各类文献类型，如表5-1所示。

表5-1 参考文献类型标志

类型	论文集会议录	学位论文	期刊	汇编	专著教材	报纸	报告	标准	专利	参考工具
文献标志	C	D	J	G	M	N	R	S	P	K

信息资源越来越丰富的互联网时代，很多直接从网上引用的电子公告、数据库、计算机程序等电子类文献的参考文献，一般以双字母作为文献类型标志，如表5-2所示。

表5-2 电子参考文献类型标志

类型	电子公告	计算机程序	数据库
电子文献标志	EB/OL	CP	DB

（2）参考文献的格式及书写规则

① 期刊文献

[序号] 著者.篇名[J].刊名，出版年，卷（期）：页码.

例：[1] 高曙明.自动特征识别技术综述[J]．计算机学报，1988，21（3）：281-288.

② 专著（教材）文献

[序号] 著者.书名[M].版次（初版除外）.出版地：出版者，出版年：页码.

例：[4] 方玲玉.客户服务与管理——项目教程[M].2版.北京：电子工业出版社，2014：102-110.

③ 学位论文文献

[序号] 著者.篇名[D].保存地：保存单位，年份.

例：[3] 张和生.地质力学系统理论[D].太原：太原理工大学，1998.

④ 新闻报纸文献

[序号] 著者.文章题名[N].报名，出版年-月-日（版次）.

例：[6] 谢希德.创造学习的新思路[N].人民日报，1998-12-25（10）.

⑤ 报告类文献

[序号] 作者.报告题名[R].报告地：报告会主办单位，年份：起始页码-终止页码.

例：[10] 冯西桥.高等教育管理的决策分析[R].长沙：中南大学高等教育研究所，2002：8-11.

⑥ 国际、国家标准文献

[序号] 标准代号.标准名称［S］.出版地：出版者,出版年：页码.

例：［1］GB/T 16159—1996.汉语拼音正词法基本规则［S］.北京：中国标准出版社, 1996：41-45.

⑦ 电子文献

[序号] 主要责任.题名［EB/OL］：其他题名信息 ［文献类型标志/文献载体标志］.出版地：出版者.出版年（更新或修改日期）［引用日期］.获取和访问途径.更新日期.

例：［21］萧钰.出版业信息化迈入快车道［EB/OL］.（2001-12-19）［2002-04-15］.http: //www.creader.com/nwes/20111219.

⑧ 各种未定类型的文献

[序号] 主要责任者.文献题名［Z］.出版地：出版者,出版年：20111219009.html.

例：［12］张永禄.唐代长安词典［Z］.西安：陕西人民出版社, 1980：10-15.

以上各类参考文献，如果作者有多位的，只写到第三位，其后作者写"等"，英文作者超过3人写"et al"（正体）。

2. 致谢

毕业设计是在指导教师及企业导师的指导下完成的，在毕业设计的撰写过程中可能同其他人有合作关系，或者在资料搜集、调查统计、实证探究中得到有关单位专家、老师、朋友、同学的帮助，在毕业设计结束时应表达感谢之情。用词应平实诚恳，切忌溢美浮夸。这不仅是一种礼貌，也是对他人劳动成果的尊重，更能体现诚信实务的专业品质。

下面是一位学生作品的致谢，仅供参考。

致 谢

历时4个月的毕业设计成为我大学生涯最难忘、最有价值的一段时光。首先我要感谢×××老师，我的毕业设计作品离不开他的精心指导，从选题指导、执行方案的拟订、毕业设计的架构、修改，一直到最终定稿，倾注了×××老师的大量心血。在顶岗实习期间，我要感谢我的企业导师×××先生，在设计方案的日趋完善过程中给我很多启发，在他的指点下，我的毕业设计作品质量更高。我还要感谢×××老师……

毕业设计的顺利完成，离不开各位老师的关心和同学们的协助，在此表示诚挚的感谢！

---

3. 附录

对于一些不宜放入正文又不可缺少的组成部分或有主要参考价值的内容，可编入毕业设计的附录中，例如，所设计的调查问卷、自编的网页源代码、相关附表（图纸）及其他与毕业设计相关的有关资料等。

附录依次排列顺序为附录A、附录B等。附录中的图表公式另行编排序号，与正文分开。

5.2 毕业设计的文本格式

为了使毕业设计规范统一，几乎所有学校对毕业设计文本都做了明确、具体的要求，设计者应按照具体要求和模板进行格式的调整，使毕业设计作品规范、得体、美观。

5.2.1 页面设置

毕业设计采用 A4 纸张（21cm×29.7cm），页边距上下均为 2cm，左为 3cm，右为 2cm，如图 5-5 所示。毕业设计文案一般采用单面打印。

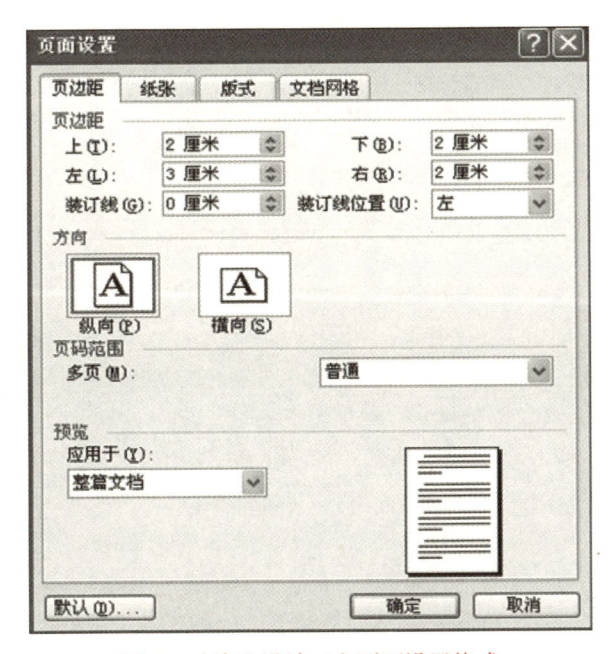

图 5-5 毕业设计正文页面设置格式

5.2.2 间距设置

段前、段后均设为 0 行，行距为 21 磅，一级标题上下均空 1 行，二、三级标题上空 1 行。中文摘要及关键词、毕业设计主体部分均需另页起。

5.2.3 页眉及页码设置

毕业设计各页均设置页眉，采用宋体五号，内容为"××学院××专业××届毕业设计"，为了简约、美观，可以在页眉中设置学校标志、标准字。

页码从绪论（引言）开始按阿拉伯数字连续编排，摘要、目录等前置部分单独编排无须页码。页码设置在正文页底，居中，一般使用第×页，共×页的格式，如图5-6所示。

长沙民政职业技术学院　　　　　　　商学院电子商务专业2019届毕业设计

一、湖南百宜饲料科技有限公司简介

（一）公司概况

1、公司概况

湖南百宜集团成立于2001年，是以饲料研发与产销服务、农牧电子商务服务、种猪养殖等为主要业务的农业产业化集团，2018年产值达到6亿元。湖南百宜饲料科技有限公司是国家级高新技术企业、湖南省农业产业化龙头企业，公司总部位于湖南省浏阳市永安镇制造产业园，紧邻黄花机场，距长沙星沙城区20千米。

图1 湖南百宜饲料科技有限公司全景

2、主营业务

湖南百宜饲料科技有限公司旗下法人独资公司，百宜公司以生产、供应、销售猪饲料为主营业务，致力于农村电子商务的推广与发展。2014年成立的湖南百宜云商科技有限公司为湖南百宜饲料科技有限公司旗下法人独资公司，以百宜云系列猪饲料产品的互联网推广销售为主营业务。目前湖南百宜云商科技已建设好了百宜饲料阿里巴巴批发商城（http://baiyifeed.1688.com）、百宜饲料淘宝商城（http://baiyifeed.taobao.com）、百宜饲料天猫旗舰店（http://baiyicwyp.tmall.com）及百宜饲料微信商城（微信公众号：百宜饲料）等多家网络店铺，是国内首批运用互联网推广销售饲料产品的企业，在全国饲料电商界享有盛誉，百宜云系列产品得到广大消费者的赞誉，是网络知名产品。

第 1 页 共 26 页

图5-6　毕业设计页眉及页码设置

5.2.4 字体设置

在毕业设计文案中不同的结构部分,对字体的设置不同。

1. 中文摘要格式设置

中文摘要及关键词在前置部分中应单起一页,具体格式要求如下。

摘要标题:"摘　　要"两个字中间空两个字符,四号黑体、居中。

摘要正文:段落首行缩进两个字符,小四号宋体,内容在300字左右。

关键词:3~6个,中间用分号分开,小四号宋体,加粗。

2. 目录格式设置

（1）目录的基本格式

目录标题:"目　　录"两字中间空两个字符,三号黑体、居中。

目录内容:内容包含正文的一、二、三级标题；参考文献；致谢；附录,第一级标题小三号黑体,第二级标题四号黑体,第三级标题四号楷体,要求页码正确无误并对齐,目录一般控制在1页为宜,为了排版美观起见,建议适当调整行距。

（2）目录的生成办法

第一步,设置标题格式。选中文章中的所有一级标题,在格式菜单"样式与格式"列表中单击"标题1",仿此步骤将二、三级标题的格式设置为"标题2""标题3"。

第二步,自动生成目录。把光标定位到"目录"二字下的第二行左侧（目录二字下空一行）,执行菜单命令"插入——引用——索引和目录",打开"索引和目录"对话框,在对话框中单击"目录"选项卡,进行相关设置后,单击"确定"按钮,自动生成文章的目录。

第三步,目录格式调整。在目录区域单击鼠标左键,此时出现灰色标记,再单击鼠标右键,选择"段落"选项,在选项卡中可对目录行距进行调整。

（3）目录的更新办法

当因修改毕业设计正文导致标题内容或页码有变化时,在目录页中单击鼠标右键,选择"更新域..."选项,在弹出窗口中选择"更新整个目录",确定后即可自动生成新目录。更新后如不符合行间距格式,可按照上述目录生成办法的第三步操作,进行手动设置。如果只需更新页码,在目录区域单击鼠标右键,选择"更新域"中的"只更新页码",执行操作后将自动更新页码。

3. 正文格式设置

正文中标题字体设置如表5-3所示。

表5-3　标题设置

标题级别	层次代号	字　　体
一级标题	1.	顶格,小三号,黑体
二级标题	1.1	顶格,四号,黑体
三级标题	1.1.1	顶格,四号,楷体

正文首行缩进两个字符，内容均为小四号宋体，一级标题上下均空 1 行，二、三级标题上空 1 行。

4. 参考文献格式设置

参考文献需另页，参考文献标题为四号黑体、居中设置；参考文献按正文中标注的序号依次列出，一般顶格书写，字体设置为五号宋体。文献的书写格式严格参照前面的范式，此处不再赘述。

5. 致谢格式设置

"致　　谢"中间空 2 个字符，四号黑体、居中。致谢正文首行缩进 2 个字符，小四号宋体，内容可参照前面的范式书写。

5.2.5 图表设置

1. 图的格式

① 图的标题包括图序和图名，正文中所有图必须列明标题，并通篇统一编号，如图 1、图 2；如果全文篇幅较长可按章编制，如图 1-1、图 1-2 或图 1.1、图 1.2。

② 图序应在正文中先引出，以先见文字说明后见图为原则布置图在文中的位置，如正文中提及"见图 1"或"如图 1 所示"，随后配置该图，图文要相符。

③ 图序、图名位于图的正下方位置，标题与图要放在同一页内，不能跨接两页。

④ 图序、图名常用小五号宋体，图注常用六号宋体。

2. 表的格式

① 表的标题包括表序和表名，正文中所有表必须列明标题，并通篇统一编号，如表 1、表 2；如果全文篇幅较长可按章编制，如表 1-1、表 1-2 或表 1.1、表 1.2。

② 表序应在正文中先引出，以先见文字说明后见表为原则布置表在文中的位置，如正文中提及"见表 1"或"如表 1 所示"，随后配置该表，表文要相符。

③ 表序、表名通常位于表的正上方位置，如果表格较长出现跨页，跨页的表格要保留表头，并在右上角注明"续表"。

④ 表内数字，有单位的须注明单位。

⑤ 表序、表名常用小五号宋体，表内文字常用六号宋体，表注常用小五号宋体。

常用表格主要有两种形式，三线表和密封表，如表 5-4 和表 5-5 所示。

表 5-4　三线表

x/cm	I/mA	v/ (m·s^{-1})	h/m	p/MPa
10	30	2.5	4	110
12	34	3.0	5	111

表 5-5　密封表

x/cm	I/mA	v/(m·s^{-1})	h/m	p/MPa
10	30	2.5	4	110
12	34	3.0	5	111

5.3　毕业设计装订要求

5.3.1　毕业设计的装订顺序

封面：采用学校统一格式，注意封面各项信息要填写完整，注意对齐，定稿后的毕业设计封面一般使用白色铜版纸打印。

摘要：中文摘要和关键词单独 1 页。

目录：单独成页，建议 1 页为宜，可根据页面饱满度自行调整行距，力求美观、得体。

毕业设计正文：按前面有关毕业设计文本格式要求进行排版。

参考文献：单独 1 页。

致谢：单独 1 页。

附录(可选)。

5.3.2　毕业设计的打印规范

毕业设计文本一律采用 A4 纸张输出，文稿审核无误后进行胶装。

第 6 章
毕业设计成果总结

耗时数月才完成毕业设计定稿,接下来的成果总结也十分关键。成果总结,就是要对毕业设计全过程进行及时、深刻、系统而全面的总结,具体包括成果报告书的撰写、答辩PPT的展示、毕业设计成果空间展示及与答辩相关的所有工作。

6.1 毕业设计答辩流程

毕业设计答辩流程通常由学生提交纸质资料、复制和调试答辩PPT、上台汇报、教师提问与学生解答、成绩评定等环节构成。

6.1.1 学院组建答辩小组

毕业答辩时间、地点及答辩小组的人员由二级学院(系部)统一安排,专业教研室负责,以专业为单位分开答辩。根据参与毕业答辩人数的多少,学院安排3~5名专业教师组成答辩评审小组(最少3人),指定组长1名。答辩小组的职责是:提早调试计算机及投影设备、设计答辩流程、安排答辩顺序、签署答辩意见、评定答辩分数等。

6.1.2 学生提交纸质资料

在答辩前,学生需要按照学校的要求,提交的纸质资料包括:毕业设计作品、成果报告书、毕业实习鉴定表(要求实习单位盖章)、就业协议(已就业的同学,由就业单位盖章)、毕业生信息反馈表(各学校不完全相同,主要是针对本专业开设的课程体系、毕业生在实习单位的表现、人才需求情况填写的意见、建议和跟踪反馈信息,以促进专业的改进为目的)、毕业答辩评定表中由学生填写的部分等。

6.1.3　复制和调试答辩 PPT

答辩 PPT 是重要的专业资料,需要长期保存,因此在答辩前要将答辩 PPT 复制到指定计算机规定的文件夹中,并确认可以正常播放。

在学生复制 PPT 时,答辩小组应翻看学生提交的纸质资料,特别是毕业设计作品,初步了解选题内容,做到心中有数,以便提问时能够有的放矢。

6.1.4　上台汇报

以学生个人或项目团队为单位,根据 PPT 汇报提纲,学生上台逐项讲解毕业设计作品的基本内容,陈述汇报时长一般为 5~10 分钟。如果是团队完成的项目,则成员都要上台,由小组长介绍成员及其分工情况,然后各个成员向答辩小组汇报自己所做的工作和主要收获。也可由小组长代表全体成员讲解毕业设计过程,但回答老师的提问时,可以由其他成员负责解释。

由于时间有限,汇报过程不必面面俱到,而应该分配好时间,按照提出问题——分析问题——设计方案——解决问题的逻辑顺序,重点讲清楚"要解决一个什么问题""是怎么做的""结果怎么样"三个问题,这是毕业设计过程的关键,也是老师最关心的问题,还是评定成绩的重要依据。

6.1.5　教师提问与学生解答

学生汇报完,答辩小组的老师会根据学生提交的毕业设计作品、成果总结报告、汇报 PPT 内容陈述等进行提问,通常是 2~5 个问题,让学生回答。一般老师会指定最合适的人来解答。回答问题时,语言要精练,解释要清楚,不宜过分展开。常见的问题有以下几种:

你们为什么要选择做这个项目?
这个项目的难点是什么?你是怎么解决的?
你做的方案跟别人相比,有什么不同?
你觉得这个项目还存在什么不足?
你们的项目实际应用效果怎么样?
项目做完后,你有什么收获?
……

6.1.6 成绩评定

学生答辩完成后，答辩小组根据作品质量、汇报过程、答辩情况、实习情况及网络展示情况，经集体讨论后综合评定每名学生的成绩，书写答辩意见，并全体签名确认。

目前大部分学校都是采用等级制进行成绩评定的，一般有优秀（有比率限制）、良好、合格、不合格四个等级，同一个项目小组的成员成绩可以不一样。未参加答辩者、未实习者、资料不全者、一无所知者、违反实习单位纪律造成不良后果者，可以评定为不合格。

6.2 毕业设计评价标准

在撰写成果报告书前，有必要了解毕业设计的评价标准。毕业设计，是牵涉到学校、专业及学生多方面主体的全局性、系统性工作，这里主要从对学生的评价出发，探讨商科类专业毕业设计作品的评价标准。对学生作品的评价，一般从设计任务、设计实施、作品质量三个方面来开展。

6.2.1 设计任务的评价

对设计任务的评价，主要从专业性、实践性、工作量三个方面进行。

1. 专业性

毕业设计选题必须符合本专业培养目标；设计任务能够集中体现商科类专业学生进行市场分析、信息检索、方案设计、资源利用、专题制作、创新创意及团队协作等专业素养及能力培养要求，有助于培养学生综合运用所学专业知识和专业技能，创造性解决专业领域实际问题的能力。

2. 实践性

毕业设计选题应贴近行业、企业、市场实际，或是来源于业务现场的真实项目；项目的选取具有一定的综合性和典型性，代表行业领域的主流需求。

3. 工作量

毕业设计，毕竟是在校学生的作品，设计项目难易程度要适当，完成设计作品的时长应符合本专业特点。另外，同一选题，每年最多不超过3名学生同时使用，每位学生尽量独立完成1个设计项目。

6.2.2 设计实施的评价

对毕业设计实施的评价，主要从可行性、完整性、可靠性三个方面进行。

1. 可行性

毕业设计方案完整、规范，科学规划设计任务的实施，能确保项目顺利完成；毕业设计的技术原理、理论依据和技术规范选择合理。

2. 完整性

设计项目启动、设计任务规划、资料查阅、设计方案拟定、设计方案修订、设计成果成型等基本过程及其过程性结论记录完整。

3. 可靠性

毕业设计的技术标准运用正确，分析、推导逻辑性强；有关参数计算准确，中间数据翔实、充分、明确、合理；引用的参考资料、参考方案等来源可靠。

6.2.3 作品质量的评价

对毕业设计作品质量的评价，主要从科学性、规范性和完整性、实用性三个方面进行。

1. 科学性

毕业设计作品充分应用了本专业新知识、新技术、新理念、新方法，是对三年所学专业知识的综合运用，符合人才培养方案中就业岗位的技能要求，同时要素完备，表达准确。

2. 规范性和完整性

毕业设计作品完整体现任务书的规定要求。毕业设计作品相关表述符合行业标准的要求，成果报告书全面总结毕业设计的过程、收获、作品特点等。

3. 实用性

毕业设计作品是在大量阅读前人文献的基础上，针对具体问题而设计的创造性解决方案，因此作品要有一定的创意，有创新、有突破，可以有效解决企业市场或现实生活中的实际问题，具有较强的社会价值和实践价值。

明确了毕业设计的评价标准后，对成果报告书的撰写就可以做到有的放矢。

6.3 成果报告书的撰写

毕业设计成果报告书属于科技成果报告的一种。科技成果报告格式有行文式和表格式两种，它们均有统一规范，报告者可按一定格式逐项填写。

毕业设计成果的总结，要根据毕业设计评价标准，抓住关键环节来进行。毕业设计成果报告书一般采用表格形式，其目的是帮助除作品完成人外的读者能更好地了解毕业设计的主要内容及特点，这也是评价毕业设计作品质量的重要依据。

一份完整的成果总结报告，除作者及作品基本信息外，一般还包括毕业设计实施

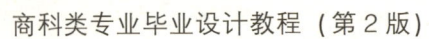

过程、作品特色与亮点、作品社会价值及主要用途、作者的收获及体会等总结性内容，如图6-1所示。

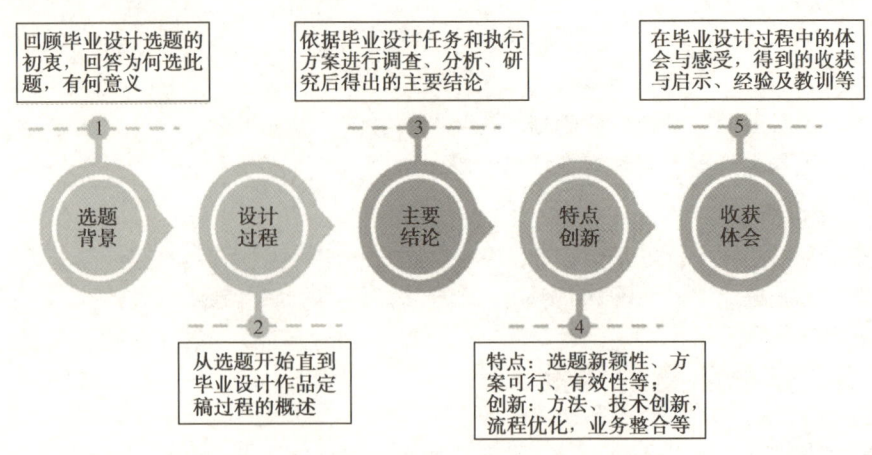

图6-1 毕业设计成果报告书内容框架

6.3.1 设计过程总结

在对毕业设计过程进行文字描述时，依据毕业设计执行方案中拟解决的关键问题与毕业设计的技术路线，对从查阅文献资料、开展调查研究，处理数据及统计分析到运用专业技能解决问题，形成阶段性的成果，得出初步结论，直至完成毕业设计定稿的全过程进行简要介绍，篇幅控制在300字左右。对设计过程的总结要有一定的概括性，力求文字简练、语言平实、逻辑清晰，特别是文献搜集、资料查阅、实证调研、信息筛选、方案研讨与修改次数等进行如实描述，并尽可能用具体数据说明，以增强毕业设计过程性工作的真实性和说服力。如"湖南百宜饲料科技有限公司O2O运营方案策划"选题，对毕业设计实施过程总结如下：

本项目在××老师指导下，前期在学校与百宜公司罗总等负责人进行了两次洽谈，然后对公司总部及分销网点进行了两轮现场考察，之后本人在百宜公司顶岗实习半年。在此期间，本人进一步对饲料行业现况及公司实际需求进行了深入剖析。在公司各方的协助下，初步制定并实施了公司的O2O电子商务运营方案，经过半年的在线推广及持续优化，取得了显著的经营成效，得到了公司各方的高度评价。本人也由此正式入职，并担任公司O2O运营主管一职。

6.3.2 作品特点总结

毕业设计作品的特色及创新是毕业设计成果总结的核心部分，是衡量毕业设计质量高低的关键点。因此，对作品特色和亮点的提炼要画龙点睛、直击核心，能让人印象深刻、过目难忘，也便于他人对该毕业设计工作有一个公正客观的评价。如"湖南百宜饲料科技有限公司O2O运营方案策划"选题，对毕业设计方案特色亮点总结如下：

本方案通过对竞争对手及目标客户的深入剖析，结合农牧电商现状及特定目标客户互联网使用习惯，在实地调查与现场考察的基础上，创新地设计了"线上产品展示推广+线下各地设立农村信息服务站"的农牧电商O2O模式。该方案较好地把目前新兴的O2O电商策略运用到饲料加工经销企业的经营管理实践，取得了显著成效，推动了行业发展。

6.3.3　价值及用途总结

总结毕业设计任务和执行方案，进行调查、分析、研究后得出主要结论，或者对毕业设计方案运行实施产生的成效，带来的社会价值及主要用途等方面进行总结。如"湖南百宜饲料科技有限公司O2O运营方案策划"毕业设计选题，对项目成果成效总结如下：

本方案创新性地设计出了湖南百宜饲料科技有限公司O2O电子商务发展方案。在该O2O模式中，湖南百宜公司通过阿里巴巴、淘宝、微店等网络平台，在线上展示其网上销售的饲料，在全国各地线下设立农村信息服务站，由农村信息服务站引导周围的养殖户进行代购，这种模式较好地把目前新兴的O2O电商策略运用到具体的农牧行业中，适应了农牧电商现阶段的特点。目前，湖南百宜饲料已在全国建设好了上百家农村信息服务站，通过网络电商平台结合线下服务站，年销售饲料近千万吨。

6.3.4　收获及体会总结

主要从毕业设计过程的体会与感受、得到的收获与启示、产生的经验及教训等方面进行概括性总结。如毕业设计过程中运用到哪些方面的专业理论和专业技能？在哪些方面加深了认识和理解？使自己感触最深的是哪些课程和专业技能？在完成毕业设计过程中，又遇到哪些难题和困难？收获了哪些经验和教训？明白了哪些做人、做事的道理等。以"湖南百宜饲料科技有限公司O2O运营方案策划"选题为例，对收获与体会的总结如下：

在毕业设计的完成过程中，得到了××老师和××董事长的精心指导，从选题确定到资料查找，从方案设计到运营实施，他们都一直耐心地给予我指导和帮助，让我在对电子商务专业知识的理解、O2O实战运营能力的提升，以及专业文档的写作等方面，都有了极大的提高。同时，他们的敬业精神和责任感，也给我留下了深刻的印象。

6.3.5　成果报告书实例

以下是"湖南百宜饲料科技有限公司O2O运营方案策划"毕业设计选题的成果

报告书实例，如表 6-1 所示。

表 6-1　毕业设计成果报告书实例

学　院	商学院	专业	电子商务	班　级	电商 123 班
学生姓名	×××	学号	22 号	指导教师	×××
毕业设计题目	湖南百宜饲料科技有限公司 O2O 运营方案策划			毕业设计类型	方案设计

1. 毕业设计过程的简要说明

本项目在×××老师指导下，前期在学校与湖南百宜饲料科技有限公司×××董事长及公司负责人进行了两次洽谈，然后对公司总部及分销网点进行了两轮现场考察，之后本人在百宜公司顶岗实习半年。在此期间，本人进一步对饲料行业现况及公司实际需求进行了深入剖析。在公司各方的协助下，初步制定并实施了公司的 O2O 电子商务运营方案，经过半年的在线推广及持续优化，取得了显著的经营成效，得到了公司各方的高度评价。本人也由此正式入职，并担任公司 O2O 运营主管一职。

2. 作品的特色与亮点

本方案通过对竞争对手及目标客户的深入剖析，结合农牧电商现状及特定目标客户互联网使用习惯，在实地调查与现场考察的基础上，创新性地设计了"线上产品展示推广+线下各地设立农村信息服务站"的农牧电商 O2O 模式。该方案较好地把目前新兴的 O2O 电商策略运用到饲料加工经销企业的经营管理实践中，取得了显著成效，推动了行业发展。

3. 作品的社会价值及主要用途

本方案创新性地设计出了湖南百宜饲料科技有限公司 O2O 电子商务发展方案。在该 O2O 模式中，百宜公司通过阿里巴巴、淘宝、微店等网络平台，在线上展示其网上销售的饲料，在全国各地线下设立农村信息服务站，由农村信息服务站引导周围的养殖户进行代购，这种模式较好地把目前新兴的 O2O 电商策略运用到具体的农牧行业中，适应了农牧电商现阶段的特点。

目前，湖南百宜饲料已在全国建设好了上百家农村信息服务站，通过网络电商平台结合线下服务站，年销售饲料近千万吨。

4. 毕业设计的体会与收获

在毕业设计的完成过程中，我得到了×××老师和×××董事长的精心指导，从选题确定到资料查找，从方案设计到运营实施，他们都一直耐心地给予我指导和帮助，让我在对电子商务专业知识的理解、O2O 实战运营能力的提升，以及专业文档的写作等方面，都有了极大的提高。同时，他们的敬业精神和责任感，也给我留下了深刻的印象。

注：本表一式两份，一份院部留存，一份存学生档案。　　　　　　　　　　　教务处制

6.4　答辩汇报 PPT 制作

毕业设计答辩汇报 PPT 的制作以成果报告书内容为线索，主要从选题背景、设计过程、主要结论、特色创新、体会收获等方面进行设计，并以此为汇报陈述的依据。

在答辩阶段，每位学生陈述和答辩时间一般在 10~15 分钟。在短短的几分钟内，要对几个月的毕业设计工作进行充分展现，让参加答辩的老师及学生对毕业设计有一个全面的了解，并让他们留下深刻印象，前提是要进行充分的准备，确保总结到位、观点鲜明、思路清晰、逻辑严谨、图文并茂、引人入胜。

6.4.1 答辩汇报 PPT 封面制作

毕业设计答辩汇报 PPT 的设计，既可以在网络上选择下载合适的模板，也可以自行设计个性化 PPT 版式。无论选择何种方式，都需要考虑答辩汇报 PPT 的展示效果，切忌使用单调的白底黑字，而应进行必要的艺术设计，如使用模式图、流程图，或在标题和正文中增加下画线，在适当的位置插入学校、院系的 LOGO 等，让 PPT 版式不再单调、乏味等。

PPT 封面就像店铺门面一样，给人关键的第一印象。好的 PPT 封面，能吸引观众眼球，并激发他们了解下面内容的兴趣，带领观众顺利进入汇报主题及演讲节奏。毕业设计答辩汇报 PPT 的背景和版式应做到简约、得体、庄重，内容展示应包括毕业设计标题、毕业设计团队或作者名称、专业年级、指导教师姓名及职称、答辩时间等，如图 6-2 所示。

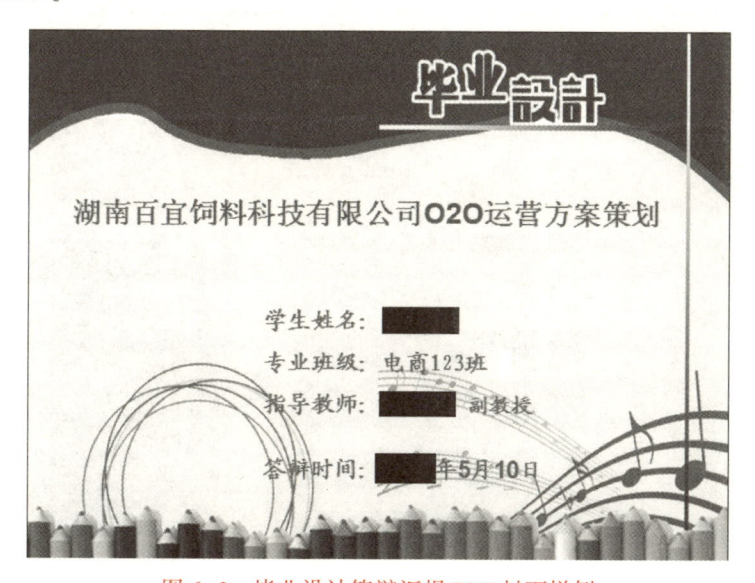

图 6-2　毕业设计答辩汇报 PPT 封面样例

6.4.2 答辩汇报 PPT 提纲制作

毕业设计答辩汇报提纲，要起到提纲挈领的作用。汇报提纲不是毕业设计作品的目录摘录，两者之间有联系，但区别也很大。毕业设计作品目录是毕业设计作品各级标题的索引，而 PPT 提纲是答辩汇报的一个纲要，应按照汇报的思路，对汇报内容进行逻辑化编排及序化。

汇报 PPT 的提纲常用的形式有图表式、条目式及阶梯式，如图 6-3～图 6-5 所示。

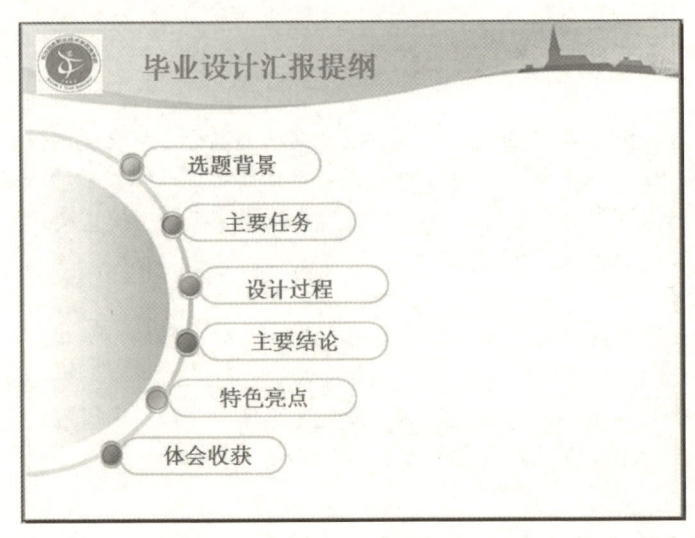

图 6-3　答辩汇报 PPT 提纲样例（1）

图 6-4　答辩汇报 PPT 提纲样例（2）

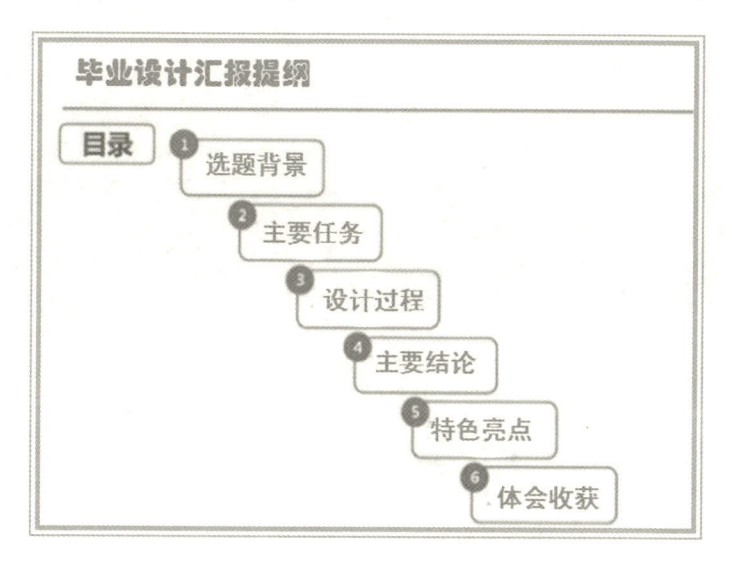

图 6-5　答辩汇报 PPT 提纲样例（3）

6.4.3　答辩汇报 PPT 内容组织

答辩汇报 PPT 内容无须照搬毕业设计文本，在样式美观、风格统一的前提下，可进行内容的合理设计，以突出要表达的主题，给受众留下深刻印象。

1. 选题及研究背景的 PPT 制作

在选题及研究背景方面的介绍，应尽量简练，一般 2~3 张 PPT 为宜，但信息量要充足，其目的是介绍选题的意义、研究背景、现状，总结当前存在的不足，最终目的是引出自己聚焦的问题。

2. 主要任务、设计过程、主要结论的 PPT 制作

毕业设计的主要任务、设计过程、主要结论是汇报陈述的主体内容，应细致梳理和重点讲述，务必让听众了解你究竟"要做什么""如何做""做得怎样"。考虑到陈述时间只有 5~10 分钟，这部分内容以设计 4~5 张 PPT 为宜。

3. 特色创新、体会收获的 PPT 制作

商科类专业毕业设计的最终目标，是让学生面对真实的商务市场环境，针对专业领域内有价值、有挑战性的选题，合理设计解决问题的技术路线，创造性地提出问题解决方案，并卓有成效地展示毕业设计成果，从而全面提升学生综合运用所学基础理论和基本技能分析并解决本专业范围内的一般商务问题的能力。

所以，最后对毕业设计"特色创新""体会收获"的总结非常关键，应起到画龙点睛的作用。通过"特色创新""体会收获"的总结汇报，要让教师清楚无误地判定毕业设计的教学目标是否实现，学生是否具备综合运用所学知识技能，创造性地解决一般商务问题的能力。这部分内容应言简意赅，2~3 张 PPT 即可。

4. 致谢 PPT 制作

在毕业设计答辩汇报结束前，可用 1 张 PPT 专门致谢，这是作为学生应有的礼貌。致谢的内容可以与毕业设计文本的致谢内容相同，如果致谢内容较多，则尽量精简。用短短的几句话，表达对指导教师、所在专业及院校、企业相关人士的感激之情。致谢应发自内心，切忌矫揉造作，如图 6-6 所示。

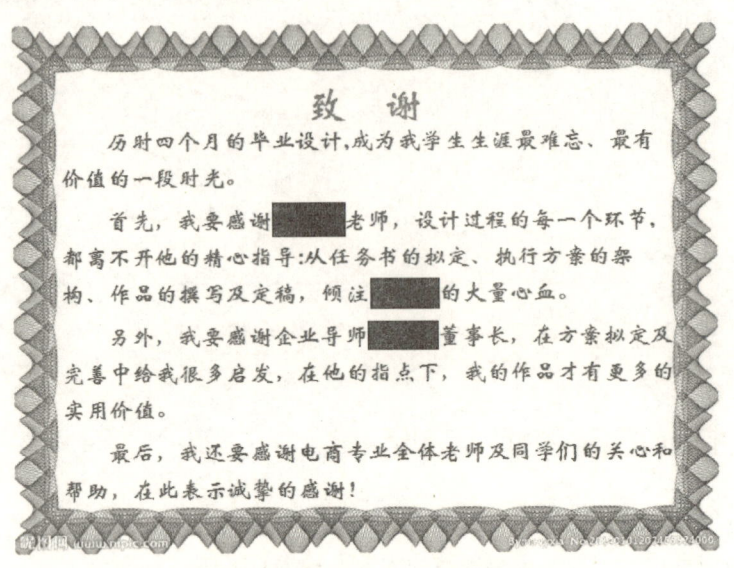

图 6-6　答辩汇报 PPT 致谢页样例

6.4.4　PPT 制作注意事项

在完成 PPT 内容制作后，一份完整的毕业设计展示文案即将呈现，但在最终的展示上还需进行风格的统一与细节的润饰，以突出展示的效果。

① 在毕业设计答辩展示中，应考虑陈述时间的限制，毕业设计成果汇报 PPT 控制在 10~15 张为宜，过多和过少皆不合适。

② 答辩 PPT 的模板，除封面及目录外，主体内容应尽可能地统一风格，注意字体颜色要与背景形成鲜明的反差，确保投影清晰。

③ PPT 上切忌使用大段文字，内容要简明扼要，尽量做到图文并茂，采用合适的字体及行距。行距不可太密，字体尽量控制在两种左右，字号控制在 20~30 磅，字体颜色不超过 3 种。

④ 为了突出答辩汇报 PPT 的展示效果，可优先使用图表来展示毕业设计内容，做到能用图表的地方尽量用图表。在答辩汇报 PPT 的空白处可以插入与主题或内容相关的插图或小动画进行美化，以突出视觉效果。

6.5 毕业设计网络展示

近年来，随着互联网在教育教学领域的深入应用，各级教育行政主管部门也在着力构建网络化的毕业设计质量监管体系。如湖南省教育行政部门要求各高职院校建立毕业设计网络展示专栏，并对各学校毕业设计工作及学生作品质量进行一定比例的抽查。下面以世界大学城平台为例，简单介绍毕业设计的网络展示。

6.5.1 学生专栏的制作

目前，湖南省等地高职院校均为在校学生配发实名制的大学城网络空间账号，师生利用大学城空间平台实现及时交互，使课堂教学得到有效延伸。通过毕业设计空间专栏的建设，方便设计过程及作品成果的展示，让教师指导与学生制作的全过程得到有效的展示，呈现清晰的脉络，为确保毕业设计质量提供有效支持。

毕业设计与顶岗实习是毕业实践教学的两个重要环节，也是学生必修的两门综合性课程。在大学城学生空间栏目设计中，建议设立"××届毕业实践专栏"，为便于浏览和检查，一般将此专栏置于左侧菜单顶部。栏目下设"毕业设计专栏""顶岗实习专栏"两个子栏目，如图6-7所示。

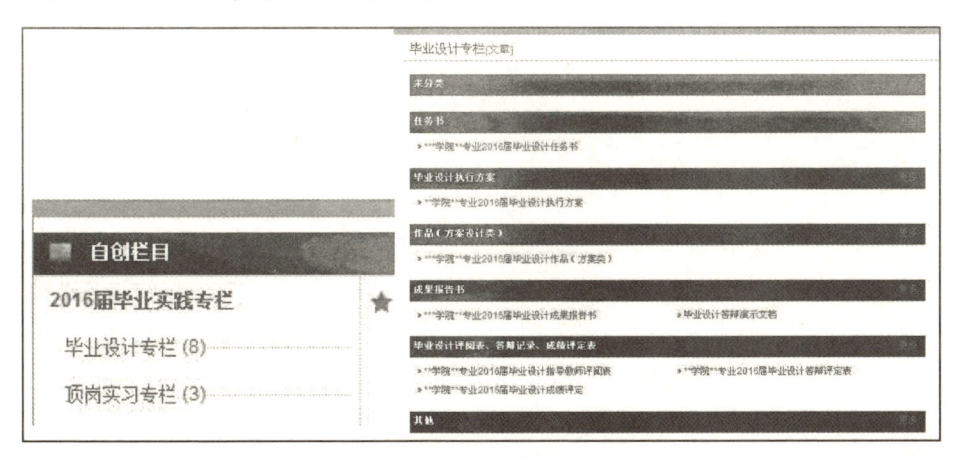

图6-7 学生毕业实践专栏样例

1. 建立学生毕业设计专栏

毕业设计过程主要包括毕业设计任务书的下达、制作毕业设计的执行方案（说明书）、撰写毕业设计方案（作品）、完成毕业设计成果总结报告、制作答辩PPT等关键环节。因此，在空间展示中，在毕业设计专栏下，要进一步设立"毕业设计任务书""毕业设计执行方案""毕业设计作品""毕业设计成果报告书""毕业设计评阅、答辩记录、成绩评定"等子栏目。然后，根据毕业设计的实际进程，把握好每项工作的时间节点，如期上传相应资料，全面展示毕业设计的过程及成果。

2. 建立学生顶岗实习专栏

一份好的毕业设计作品，离不开真实的商务市场环境及业务岗位实际工作体验。很多学校的毕业设计是要求学生在毕业顶岗实习中完成的。

顶岗实习专栏可下设"顶岗实习过程"和"顶岗实习总结"两个子栏目。顶岗实习过程可以将顶岗实习的工作经历和体会以周志形式撰写、发布，供指导老师查阅点评；顶岗实习总结可以将实习总结、实习鉴定等相关资料上传到专栏。顶岗实习专栏样例如图6-8所示。

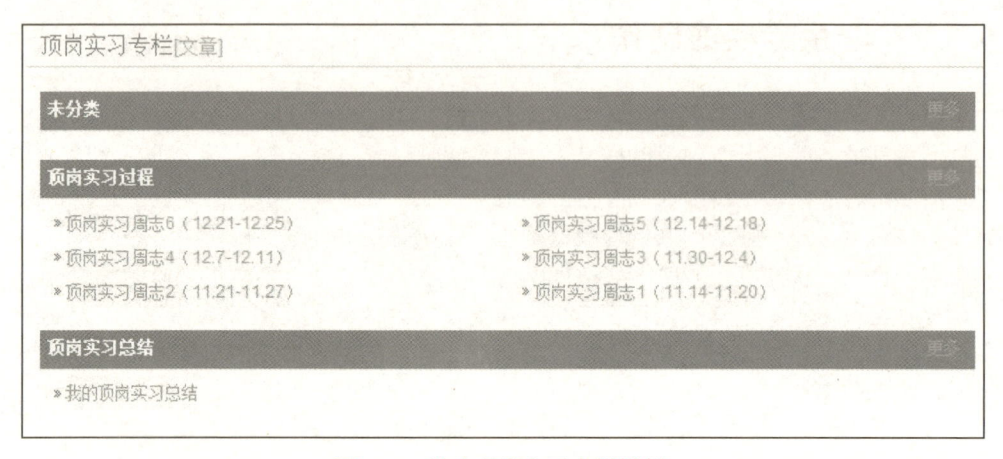

图6-8 学生顶岗实习专栏样例

6.5.2 教师专栏的制作

在学生进行毕业设计网络展示的同时，指导教师也应开设相应专栏，在大学城空间建立"××届毕业实践指导教师专栏"，下设"毕业设计专栏"和"顶岗实习专栏"两个子栏目，如图6-9所示。

1. 建立指导教师毕业设计专栏

在"毕业设计专栏"下，可设立"指导过程""成果列表"两个子栏目，主要展示毕业设计的指导进程及内容，包含毕业设计工作计划、指导过程记录、答辩记录与成绩评定、指导工作总结等内容，如图6-9所示。

在指导教师的毕业设计专栏中，应特别建立所带学生的毕业设计成果列表，按专业、班级、学号、姓名、毕业设计题目等项目列表，并在毕业设计作品名称上建立超链接，该链接指向该学生的毕业设计专栏。可用表格化方式呈现作品列表，以方便他人浏览和访问，如表6-2所示。

第 6 章　毕业设计成果总结

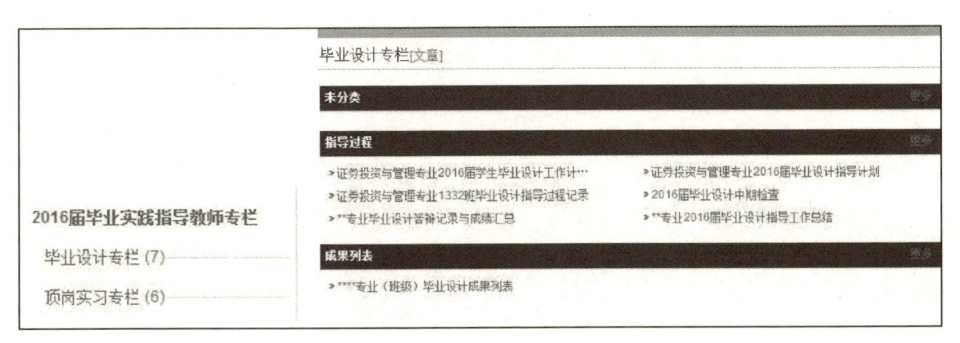

图 6-9　指导教师专栏设计样例

表 6-2　电子商务专业毕业设计成果列表

专业	班级	学号	姓名	毕业设计题目	指导教师
* * * *	* * * *	* * * *	* * * *	毕业设计作品名称 （链接到学生毕业设计专栏）	* * * * （链接到指导教师毕业设计专栏）

2. 建立指导教师顶岗实习专栏

在指导教师的顶岗实习专栏下，可以开设"顶岗实习管理""顶岗实习指导""顶岗实习总结"等子栏目，如图 6-10 所示。

在"顶岗实习管理"栏目，可上传学院、专业有关顶岗实习的管理制度文件及任务安排等内容，以便于学生查阅。

在"顶岗实习指导"栏目，可上传指导学生的有关记录及过程性信息。

在"顶岗实习总结"栏目，可上传教师对年度毕业实习工作的分析报告及工作总结等内容文本。

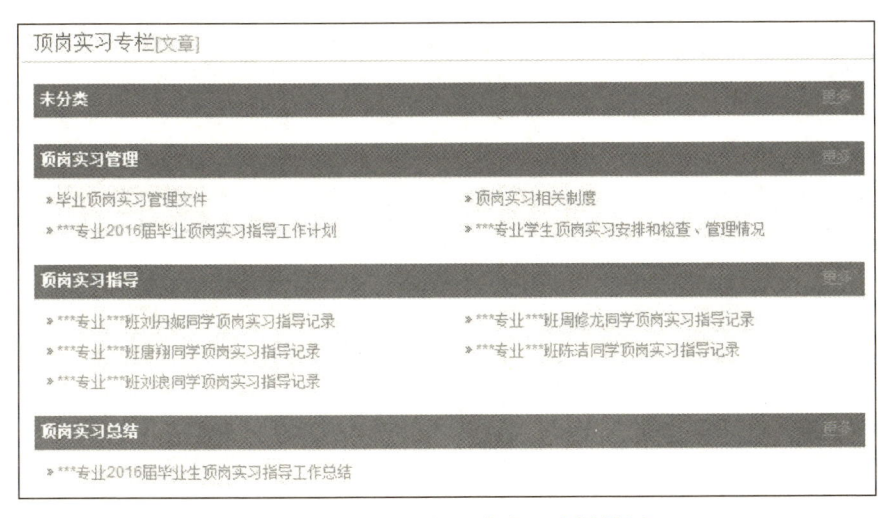

图 6-10　指导教师顶岗实习专栏样例

附录 A

电子商务专业毕业设计实例

实例一：双十二活动方案策划与实施——以唐人神官方旗舰店为例

Part 1　毕业设计任务书

×××学院毕业设计任务书

学院	商学院	专业	电子商务	班级	电商1633
学生姓名	×××	学号	1618053×××	指导教师	×××
				企业导师	×××
毕业设计题目	双十二活动方案策划与实施——以唐人神官方旗舰店为例			毕业设计类型	方案设计

一、设计目标
1. 分析唐人神官方旗舰店运营现状，调研竞争对手的店铺概况，追踪其动态与变化。
2. 深入探究流量获取、客单价及转化率提升的方法与路径。
3. 根据目标客户的需求及痛点、客户消费习惯、客户关注点，以及平台发展趋势，制定适宜的活动策划方案，以实现销售额及利润的最大化。

二、主要任务及成果要求
（一）主要任务
1. 资料收集：了解天猫平台发展趋势、运营规则及相关文献资料。
2. 前期准备：分析唐人神官方旗舰店现状，调研竞争对手的店铺概况，追踪其动态与变化。
3. 方案撰写：研究如何获取流量，提高店铺的客单价与转化率，研究如何发掘目标客户的需求及痛点，创新并引领客户需求，撰写促销方案。

续表

4. 方案实施：按照既定计划执行促销方案。
5. 成果形成：对本次促销活动进行总结分析，完成毕业设计撰写。
（二）成果要求
1. 毕业设计内容必须文题相符、概念清楚、思路清晰、层次分明。
2. 设计方案科学合理、结论可靠。设计方案要可操作、可实施；设计成果有较大的参考价值和借鉴意义。
3. 毕业设计作品字数要求在 5 000 字以上。
4. 毕业设计如实反映个人学习心得及探索成果，真实展现个人专业能力和实践水平。
5. 尊重他人的学术成果，养成严谨、求实、诚信的学术作风。文献引用须给出标注，在设计作品末尾按引用顺序列出文献资料的出处详情（作者、资料名称、发表场所、时间、页码等）。

三、实现步骤和方法
（一）实现步骤
1. 资料整理分析：收集天猫平台现状，以及未来发展方向。
2. 前期市场调研：收集唐人神官方旗舰店现状，分析存在的主要问题，调研竞争对手的店铺概况，追踪其动态与变化。
3. 撰写促销方案并执行促销方案：针对主要问题设计方案并按计划执行。
4. 数据收集及整理：在促销方案实施过程中，及时收集整理数据，及时分析总结。
5. 撰写毕业设计：根据收集的资料，完成毕业设计撰写。
（二）所用到的主要方法
1. 统计法：在撰写促销方案之前，对唐人神店铺现状进行统计。
2. 电话访谈法：在撰写促销方案之前，对唐人神店铺的老顾客进行电话回访。
3. 问卷调查法：通过在线问卷调查等方式收集顾客的反馈，及时进行总结分析。

四、时间安排

序号	任务	开始时间	结束时间	阶段成果
1	毕业设计选题	2018.11	2018.11	确定选题
2	毕业设计任务书	2018.11	2018.11	毕业设计任务书
3	毕业设计执行方案	2018.11	2018.12	毕业执行方案
4	毕业设计作品初稿	2019.01	2019.03	作品初稿
5	毕业设计作品终稿	2019.04	2019.05	作品终稿
6	毕业设计答辩	2019.06	2019.06	完成答辩

指导教师签名（学校/企业）	×××、××× 2018 年 11 月 20 日	系室审核	同意 ××× 2018 年 11 月 23 日

注：本表一式两份，一份院部留存，一份发学生。

教务处制

Part 2　毕业设计执行方案

×××学院毕业设计执行方案

学院	商学院	专业	电子商务	班级	1633 班
学生姓名	×××	学号	1618053×××	指导教师	×××
				企业导师	×××
毕业设计题目	双十二活动方案策划与实施——以唐人神官方旗舰店为例					

1. 选题的依据和意义

随着新零售、新场景的不断发展与拓展，电子商务模式转型升级加快，中国网民的生活习惯和消费模式正在进行解构与重构，以腊制品为例，其网络销售额逐年攀升。如今，消费者越来越注重个性化、差异化和体验感，要想快速占领市场，打造类目 top 店，营销方案的策划及实施将成为成功的关键。

通过对本选题的探究，了解平台的现状和发展趋势，确定店铺的运营方向；根据不同客户群体需求的差异，制定出针对不同层级客户的运营方案；通过对天猫行业腊制品客户的调研分析，挖掘客户的真正需求，通过提高流量、转化率、客单价，最终提高店铺整体销售额。

2. 拟解决的关键问题

（1）通过分析目标市场，了解腊制品市场行情和竞争对手的情况，从而找出自身优势。
（2）合理选品及优化产品，挑选出活动主推款。
（3）挖掘目标客户潜在的真正需求，把握不同客户群体的需求差异。
（4）根据客户需求打造具有独特创意的营销活动。

3. 毕业设计的技术路线

步骤一　文献调研：上网查阅产品（店铺）运营相关资料，阅读最新书籍资料，归集相关文档资料，撰写内容摘要及读书笔记。

步骤二　产品调研：通过对天猫腊制品市场的调研，观察剖析目标市场和竞争对手，根据调研结果对自身产品进行分析和产品定位并挖掘客户潜在的需求。

步骤三　拟定策划方案：根据前期调研结果，拟定天猫唐人神官方旗舰店运营方案。

步骤四　方案运营实践：实施唐人神官方旗舰店运营方案，记录相关数据，保存过程资料。

步骤五　方案总结优化：对运行成效进行总结，对运营方案进行优化。

步骤六　撰写毕业设计方案：双十二活动方案策划与实施——以唐人神官方旗舰店为例。

步骤七　毕业设计成果总结：拟定成果报告书、答辩汇报 PPT 等。

4. 毕业设计的日程安排

任务	开始时间	结束时间	阶段成果
确定选题	2018.11	2018.11	毕业设计任务书
制定方案	2018.12	2018.12	毕业设计执行方案
完成设计	2019.01	2019.05	毕业设计作品
成果总结	2019.06	2019.06	答辩 PPT

5. 指导教师的意见及建议

方案可行，同意执行。

指导教师签名（学校/企业）：×××、×××

2018 年 12 月 29 日

注：本表一式两份，一份院部留存，一份存学生档案。　　　　　　　　教务处

Part 3　毕业设计作品

×××学院
毕业设计

答辩视频参考

题目：双十二活动方案策划与实施
　　　——以唐人神官方旗舰店为例

类型：	产品设计	工艺设计	方案设计
			√

学生姓名：×××
学　　号：16180533×××
学　　院：商学院
专　　业：电子商务
班　　级：电商1633
指导教师：×××
企业导师：×××

2019年6月1日

摘　要

随着电子商务的高速发展，网络销售平台日渐成熟，竞争加剧、流量受限、客户分散等问题日益突出。唐人神官方旗舰店主营粮油速食，类目排名处于行业中上水平，提升空间较大。本方案围绕流量、转化率、客单价三个影响销售额的主要因素，进行2018年双十二活动方案设计，基本达到了提高唐人神官方旗舰店整体销售额的预期目标。

关键词： 双十二；唐人神；活动方案；粮油速食

目　录

1. 引言
2. 公司品牌概况
　　2.1　唐人神品牌简介
　　2.2　唐人神官方旗舰店简介
3. 行业大盘分析
　　3.1　电商平台分析
　　3.2　行业背景分析
　　3.3　阿里指数分析
　　3.4　生意参谋分析
4. 唐人神官方旗舰店现状分析
　　4.1　目标市场定位
　　4.2　目标消费群体分析
　　　　4.2.1　店铺人群画像分析
　　　　4.2.2　买家需求点分析

    4.3　店铺数据分析
    4.4　主要竞争对手分析
        4.4.1　皇上皇旗舰店
        4.4.2　松桂坊旗舰店
5. 双十二活动方案策划与实施
    5.1　活动准备
        5.1.1　目标制定
        5.1.2　宝贝优化
        5.1.3　官方活动报名
        5.1.4　预热促销方案
        5.1.5　人员安排
        5.1.6　页面设计
        5.1.7　会员营销
    5.2　活动实施
        5.2.1　货品流转
        5.2.2　客服营销
        5.2.3　售中发货
        5.2.4　售中页面
        5.2.5　其他注意事项
    5.3　活动延续
        5.3.1　客服支持
        5.3.2　页面设置
        5.3.3　后台发货
6. 活动总结
    6.1　店铺整体数据
    6.2　流量分析
    6.3　促销活动分析
7. 结论
参考文献
致谢

1. 引言

目前，淘宝平台内容化运营日渐成为主流，如直播、微淘等。在此背景下，本方案以唐人神官方旗舰店为例，围绕流量、转化率、客单价三个方面，对店铺2018年双十二活动进行方案设计。

2. 公司品牌概况

2.1　唐人神品牌简介

湖南唐人神集团股份有限公司，成立于1988年。2011年3月25日，公司在深交所成功上市，股票简称为"唐人神"，证券代码为"002567"，成为中国生猪全产业链经营第一股，并且是首批农业产业化国家重点龙头企业。集团致力于生猪产业链一体化经营，经过三十多年的创业发展，已经形成了"品种改良、饲料营养、健康养殖、肉品加工、价值服务"五大产业发展格局。集团旗下的"唐人神""骆驼"商标都是中国驰名商标，"唐人神"肉品和"骆驼"

牌饲料都是中国名牌产品。公司奉行"敬业、自责、自信、创新"的企业精神（骆驼精神），致力于帮助农民养殖致富，为市民提供安全放心食品。唐人神官网如图 2.1 所示。

图 2.1　唐人神官网

2.2　唐人神官方旗舰店简介

唐人神官方旗舰店注册于 2012 年，主营类目为粮油米面/南北干货/调味品、南北干货/肉类干货、熏腊/香肠/火腿制品、香肠/腊肠。店铺产品有香肠类、腊肉类、零食类、礼盒类四大类，共 72 个 SKU（Stock Keeping Unit）产品链接。

3. 行业大盘分析

3.1　电商平台分析

由于电商平台林立、客户分散、渠道众多，现在天猫店铺流量进入瓶颈期，总体销售呈下降趋势。除了传统的自然搜索、钻展、直通车等流量入口，直播、短视频、抖音、微博等内容化营销备受关注。与此同时，消费者群体收入水平向中高端发展，网络消费被越来越多消费者认可，网络销售额逐年增加。对企业而言，要扩大消费者群体，提高客户满意度，还需要在商品质量、服务体验等方面进行不断改进和完善。

3.2　行业背景分析

2018 年非洲猪瘟事件，猪肉制品受到前所未有的挑战，猪肉类货物流通受市场严格把控，消费者对猪瘟事件恐慌不已。在此挑战下，唐人神更能发挥其"全闭环生产"的优势特点，从猪崽到产品，都可溯源，在每一款猪肉制品详情页顶部添加溯源体系介绍，如图 3.1 所示，减少消费者对产品质量的顾虑。

3.3　阿里指数分析

从阿里指数平台查询香肠、腊肉一年内的淘宝采购指数，如图 3.2 所示。从图 3.2 中可以看出淘宝采购指数有 3 个峰值，分别是天猫双十一、天猫双十二、天猫年货节，最低值是春节年假期间。可见，对腊肉、腊肠类目来说，2~10 月属于淡季，10~12 月属于旺季，这一结论也符合腊肉、腊肠产品本身的季节特征。双十二活动是腊制品全年第二波峰，也是竞争加剧的关键时期，因此应多维度进行活动方案策划，才能使店铺脱颖而出。

图 3.1　唐人神溯源体系介绍

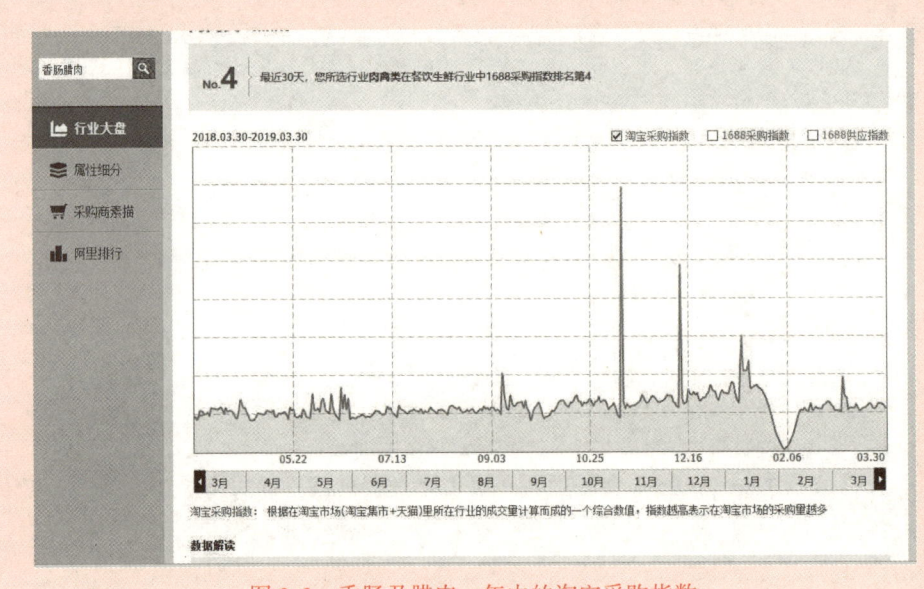

图 3.2　香肠及腊肉一年内的淘宝采购指数

根据阿里指数腌腊类的属性细分，如图 3.3 所示，可以清楚地看出腌腊类价格带分布属性为 26.8~34.7 元占比 29.17%，17.1~26.8 元占比 29.17%。根据买家浏览情况，选定店铺最优化推广产品的价格区间。根据腌腊类热门营销属性统计表格可发现产地货源、厂家直销的占比最大，如图 3.4 所示。

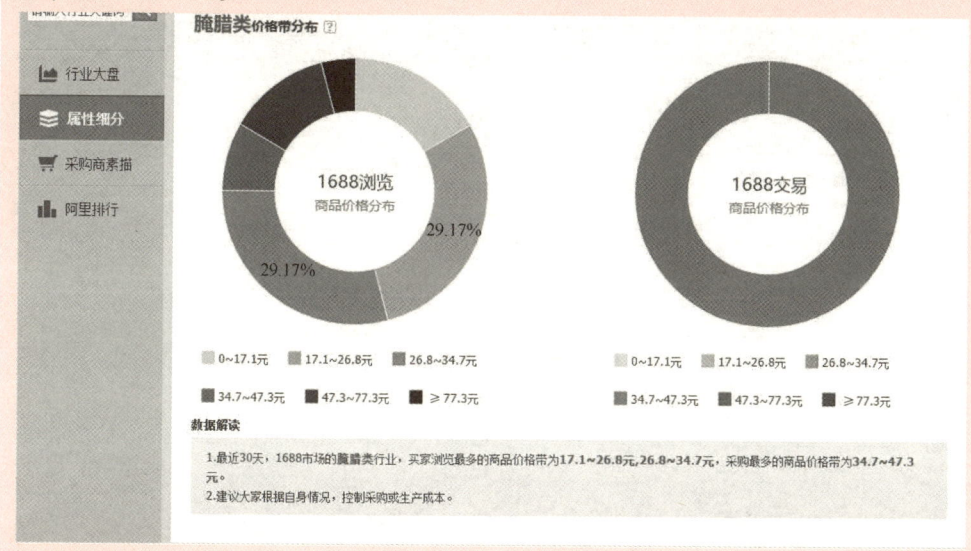

图 3.3　腌腊类价格带分布

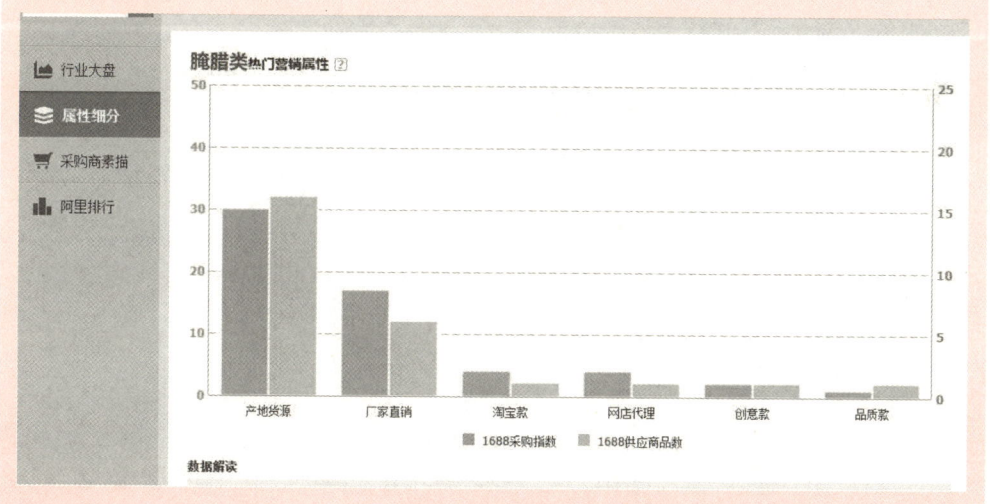

图 3.4　腌腊类热门营销属性

阿里指数数据显示，香肠、腊肉产品的未来需求量较大，还有较大的发展空间。结合腌腊类产品客单价、人群画像、消费者习惯，需及时对店铺进行相应调整，特别针对年轻群体，从产品到服务做出相应调整及优化。

3.4　生意参谋分析

腊制品商家主要集中在四川、湖南、广东、湖北、浙江等地区，如图 3.5 所示。全国不同地域，消费者习惯截然不同，如四川麻辣香肠、广东微甜香肠、湖南咸味香肠等，因此需结合所在地区消费者习惯进行产品调整和推广。根据图3.6腊制品行业趋势图可发现，腊制品行业在全网的各项指数较上月都有明显的提升，推断此类目具有较大的发展空间。结合市场需求量、竞争环境等外部因素，做出短中期店铺规划。

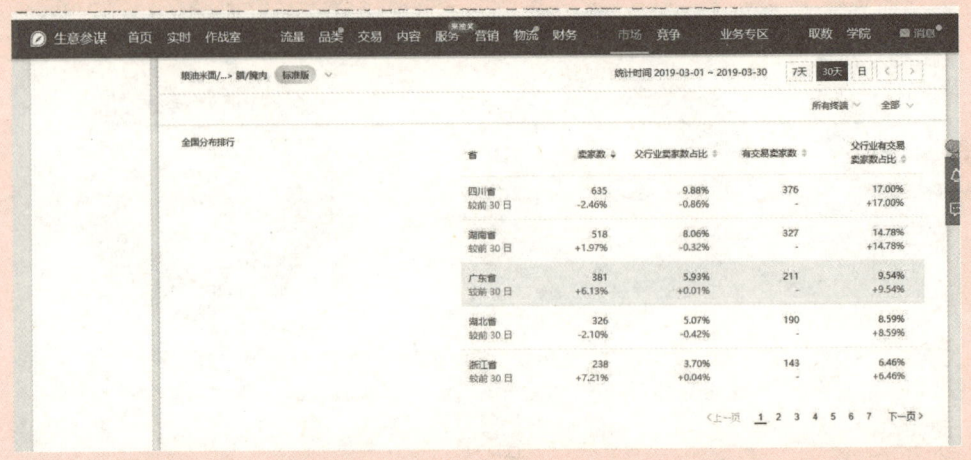

图3.5　腊制品卖家数分布

图3.6　腊制品行业趋势

4. 唐人神官方旗舰店现状分析

4.1　目标市场定位

从消费群体来看，腊制品市场网络消费者的数量不断扩大，消费者年龄层次逐渐提高，消费者受教育程度、收入结构向中高端方向发展。在消费方式方面，伴随着移动消费的日渐成熟，网络购物与传统的线下购物相比，得了越来越多消费者的认可。在竞争激烈的环境下，消费者对购物过程的满意度就显得格外重要。

如今天猫平台的多样化、客户的分散性、购物渠道的多样化，使得抢占更多流量入口变得格外重要。根据行业大盘数据及结合产品本身特点，唐人神将主要目标定位于中端产品，也需要结合低端产品引流，高端产品增加盈利。

4.2　目标消费群体分析

4.2.1　店铺人群画像分析

通过买家人群画像，可以对消费进行精确分析。结合不同活动形式的结果反馈，选出消费

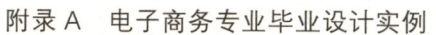

者最满意的商品及活动形式。通过图 4.1 可以看出，消费者主要特征为：性别女占比 68.06%，年龄 26~30 岁占比 25.43%，地域主要是广东、浙江、江苏，其接受价格在 12~30 元占比 42.2%。

图 4.1　腊制品买家人群画像

通过图 4.2 可以看出，店铺访客数地域主要分布在广东、湖南、浙江、江苏，其访客的地域数据基本与行业大盘一致。湖南省排名第二，是因为唐人神是湖南地域品牌，因此在湖南的访客数较多，也从侧面反映出腊制品的主要消费人群分布在中部和沿海地区，可以根据其地域特点，进行差异化活动策划。通过图 4.3 可以看出，店铺访客女性占比 58.17%，比该行业访客女性占比 68.06% 少近 10%。店铺消费层级 0~25 元占比 49%，行业消费层级 15~30 元占比 42.01%。根据行业数据及店铺实际情况，可以设定爆款最适合的价格区间为 25~35 元，重点推广人群为女性。

图 4.2　店铺访客数地域占比排行

图4.3　店铺访客数淘气值、消费层级、性别及新老顾客占比

4.2.2　买家需求点分析

通过客服，了解买家的购买动机、购买疑点、购买场景，从而分析消费者需求点，策划出相对应的处理方案。

购买动机：产品目前有活动，便宜，囤货；中国传统文化，吃腊制品习惯；朋友推荐；送礼品（上司、同事、朋友、公司团购），湖南特产；唐人神老品牌，值得信任；外出工作学习，想念家乡味道；置办年货；餐馆进货等。

购买疑点：发货时效，快递时效，指定快递，快递费用；是否是正品，味道是否正宗，跟线下超市是否一样；是否有赠品赠送；香肠、腊肉的肥瘦比例及味道；是否可以开发票，发票是电子发票还是纸质发票等。

购买场景：家用（自己吃、送亲人）；送礼（朋友、同事、老师）；置办年货等。

4.3　店铺数据分析

天猫店铺层级共有七级，影响层级的因素是近30天支付金额排名情况，层级越高，平台匹配的流量资源会越多。唐人神店铺11月处在粮油米面类目下的第四层级，如图4.4所示，根据阿里指数分析可知，冬季是腊制品的热销季节，可以结合各种营销方式，快速提高销量，从而提高店铺层级，抢占更多免费的官方流量资源。

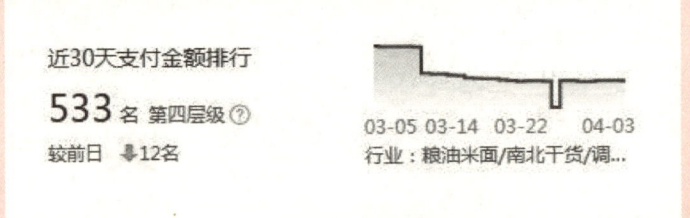

图4.4　唐人神店铺层级

围绕流量、转化率、客单价三个方面，统计十一月份的数据。根据反馈的数据并结合双十一活动总结，分析11月份的访客数、支付买家数、支付金额及客单价。根据双十一活动数据及去年整体销售情况，进行同比与环比分析，从而制订双十二的活动计划，延续双十一的优势，修正双十一的不足。

4.4 主要竞争对手分析

4.4.1 皇上皇旗舰店

广州皇上皇集团股份有限公司以中华老字号"皇上皇"为核心品牌，是腊制品行业的龙头企业，目前已形成"生猪采购→屠宰加工→预冷分割加工→冷冻储备→肉制品深加工→终端销售配送"紧密型一体化的肉类产业链。皇上皇旗舰店主打产品为广式香肠，其借助广东省的地域优势，打响广式微甜口味的香肠品牌。这给唐人神广式香肠的发展带来挑战，并且与皇上皇同类型产品相比，唐人神的价格相对更高。

4.4.2 松桂坊旗舰店

松桂坊为湖南品牌，主打产品为湘西腊肉。该企业得到政府大力扶持，成为湖南省民营科技企业、湖南省创业计划企业，并得到新华社、中国新闻社、中央电视台、湖南日报、湖南卫视、湖南经视、腾讯网、新浪网、凤凰网等各媒体的广泛关注。松桂坊与唐人神同样身为湖南地方品牌，抢先占用了"湘西腊肉"品牌，并且具有低价优势，成为唐人神腊肉最直接、最强大的竞争对手，但其劣势是没有自己的养殖基地，原材料以采购为主。

5. 双十二活动方案策划与实施

5.1 活动准备

5.1.1 目标制定

(1) 了解活动规则：熟悉本年度天猫双十二活动规则及注意事项，如双十二活动预热时间、上线时间、官方活动为满300减30元购物津贴（津贴可叠加、跨店铺使用）等基础活动信息，避免出现严重过失。

(2) 制定目标：2017年双十一、双十二总销售额分别为72万元、30万元，2018年双十一总销售额为110万元。根据同比与环比数据，确定本次双十二活动总销售目标额为45万元，当日7元每千次UV（Unique Visitor），转化率20%，客单价120元。

(3) 制定产品策略：根据行业大盘数据并结合店铺实际情况，挑选价格区间为28.8~39元，具有良好的基础销量、产品地域性广的产品为本次活动的主推产品。最终选定广式五福、广式如意、风味熏肉为主推产品，如图5.1所示。通过活动动员大会，确定岗位相关工作流程，同时在活动总目标的基础上进行细分，明确公司目标、部门目标和个人目标，将责任和指标逐层分解落实。

主推	广式五福500g
主推	广式如意200g*2
主推	风味熏肉500g
次推	常德酱板鸭280g
次推	农家风味200g*2
次推	广式玫瑰
次推	新广式玫瑰王200
利润	五香腊牛肉500g
新品	麻辣香肠400g
新品	儿童香肠芝士味24
礼盒	腊些年礼盒2.55kg

图5.1 双十二活动香肠报名产品

(4) 制定营销策略：营销策略主要分为官方推广和店铺推广。官方推广渠道主要包括聚划算、淘抢购、天天特价，根据产品策略，选出广式五福香肠、风味熏肉、农家风味香肠、风味熏肉等产品参加淘抢购活动。店铺推广主要是店铺利益点，如全场满300立减40元，广式如意香肠第二件1元、广式五福香肠第二件半价等活动促销方案。

5.1.2 宝贝优化

(1) 标题优化：好的标题能给产品带来更多自然搜索流量，从而增加产品曝光度。根据产品卖点、买家搜索习惯、搜索词热度、竞争对手标题等数据，对宝贝标题进行关键词拆分和重组。根据原宝贝标题关键词搜索热度及转化率，保留良好关键词，添加实时高转化、高热度的关键词，如礼盒标题的优化，如图5.2所示。

选词助手		下拉框		竞争对手词	
礼盒	礼盒	礼盒	腊味	湖南特产	水果礼盒
糖果礼盒装	糖果礼盒装	过年礼盒	礼盒包装盒	腊味礼盒	伴手礼盒	节日
圣诞节礼盒	圣诞节礼盒	喜糖礼盒	礼盒装食品	腊味大礼包	伴手礼盒	伴手礼盒
伴手礼盒	伴手礼盒	礼盒	礼盒装送礼	腊味香肠	节日送礼	水果礼盒
喜糖礼盒	喜糖礼盒	新年礼盒	礼盒包装纸	腊味包装礼	送礼	喜糖礼盒
生日礼盒	生日礼盒	包装礼盒	礼盒装	腊味干货	节日	生日礼盒
包装礼盒	包装礼盒	水果礼盒	礼盒套装	腊味含蒸	腊味礼品	包装礼盒
满月礼盒	过年礼盒	结婚礼盒	礼盒袋	礼盒定制	腊味	糖果礼盒装
过年礼盒	水果礼盒	礼盒定制	礼盒圣诞	喜糖礼盒	礼品	圣诞节礼盒

ID	品名	日常售价/元	原标题	增添词	修改后标题
57537194002	腊里乡（电商	118	唐人神腊肠	节日，礼品，包	唐人神腊里乡礼品800g湖南特产香肠腊肠腊味节日伴手礼盒送人礼
55283487334	喜洋洋礼盒	268	唐人神喜洋洋	圣诞节礼盒，包	唐人神喜洋洋腊味合珍节日礼盒1.6kg湖南特产香肠腊肠年货伴手礼
55277027209	喜庆礼盒	388	唐人神喜庆腊	伴手礼盒，特产	唐人神喜庆腊味合珍伴手礼盒2.3kg湖南特产香肠腊肉节日大礼包
54378671679	腊么的味礼盒	188	唐人神腊么的	节日，伴手，过	唐人神腊么的味腊味礼盒1.85kg湖南特产香肠腊肠节日过年大礼包
55286884690	大团圆礼盒	498	唐人神大团圆	送礼，节日，佳	唐人神大团圆腊味大礼盒3kg湖南特产香肠腊肉节日年货佳品伴手礼
54381971800	腊些年礼盒（	268	唐人神腊些年礼	节日，伴手，包	唐人神腊些年节日伴手礼盒2.55kg湖南美食香肠腊肠腊味包装
54378581296	腊确实香礼盒	168	唐人神腊确实	节日，伴手礼盒	唐人神腊确实香礼盒1.15kg湖南特产美食香肠腊肠包装节日伴手礼

图 5.2　礼盒标题的优化

（2）详情页优化：根据买家需求点，调整详情页介绍内容。优质详情页可以减少客服工作量，并使买家有更愉快的购物体验。详情页包括海报、卖点、产品参数、对比、证书、承诺等模块。结合每款产品自身特点进行设计，以广式五福香肠为例，增加了资深吃货美味菜谱推荐模块，如图5.3所示，图5.4是详情页展示。

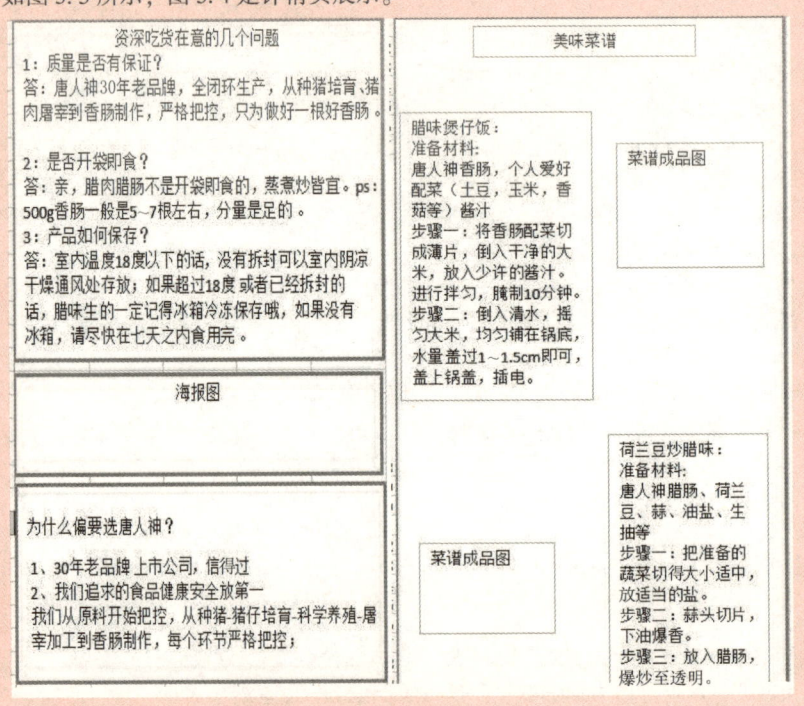

图 5.3　五福香肠详情页设计

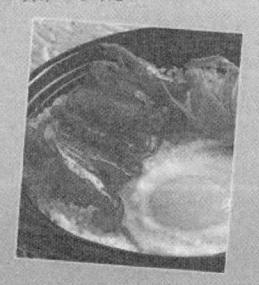

图 5.4　五福香肠详情页展示

5.1.3 官方活动报名

跟进官方活动报名：官方活动可分为不同的小活动，申报时间、申报规则、审核时间都不同。运营人员要及时关注新增活动。制作详细的活动报名登记表格，掌握活动申报节奏，及时反馈给其他同事。结合产品的目标客户，选择最适合该产品的活动促销形式。

5.1.4 预热促销方案

（1）钻展：活动预热时进行一次投放，增加流量、收藏量、加购量等，确定计划后，进行钻展图片的制作，对其操作模块所耗费用提前做好预算，并根据钻展反馈的数据及时进行调整。使其投入产出比达到最大值。

（2）直通车：直通车首图三个阶段均需更换，预估直通车的投入产出比、点击率、平均单次点击费用等数据，每天进行数据统计，做好及时调整处理准备。同时做好直通车长尾关键词优化，以及加大品牌关键词的投放。配合钻展和使用中心的收藏效果进行加大定向推广计划。

（3）试用中心：尽量控制在天猫双十二活动预热时进行活动上新，增加收藏量、加购量。

（4）淘宝客：淘宝客主要分为定向计划和通用计划，定向计划主要包括淘宝直播，在活动前期准备中，找到适合本店产品的淘宝直播博主进行直播，增加店铺浏览量、产品收藏量和加购量。通用计划主要通过阿里妈妈站内外推广，结合大V淘客的活动资源，进行站外活动引流推广，在一定程度上解决电商平台多样化、客户分散、购物渠道多样化的问题。

（5）微博、微信、微淘、短信活动推广：通过唐人神官方微博和微信公众号进行活动宣传，以及产品代言人的微博进行宣传。通过淘宝站内微淘内容和短信营销的持续输出，吸引新顾客，唤醒老顾客。

5.1.5 人员安排

（1）客服安排：活动期间客服人员24小时轮班。制作客服轮班安排表格；客服人员统一添加活动话术和快捷短语设置、自动回复、旺旺签名及活动的注意事项。催付人员主要通过电话、旺旺两种方式进行催付，安排固定人员、固定时间进行催付，制作催付人员及催付时间段安排表格。

（2）仓储人员安排：进行仓库备货库存清点，关注发货平台情况，保证活动高峰发货无误。

（3）运营人员安排：观察活动动态，及时发现并处理突发事件，确保活动正常进行。

5.1.6 页面设计

店铺首页制作3~5个模板，进行轮流切换，避免出现访问深度不足、没有销量及访客数的情况。设计与活动相符合的促销专题页面，突出店内需要推广的爆款，趁大促的契机提升商品销量。突出店铺活动，需要在醒目的位置进行提醒，同时增加关联销售，提高客单价。设计出活动版面后，反馈给其他人员，进行意见收集，最后优化出最高质量的版面。店铺双十二活动首页及部分主图展示，如图5.5和图5.6所示。

5.1.7 会员营销

活动预热前，4~6号给老顾客发信息，或以站内信形式第一次通知老顾客，9号进行第二次通知。不建议直接在首页进行大活动预告，因为这时顾客还不能按优惠购买产品，只能等活动开始才能享受优惠，会增加沟通成本。为了疏解双十二当天发货的压力，可以采用套餐形式提前给予顾客相应的优惠，但不建议主动提出，套餐由店长负责组建并通知到每一位客服。

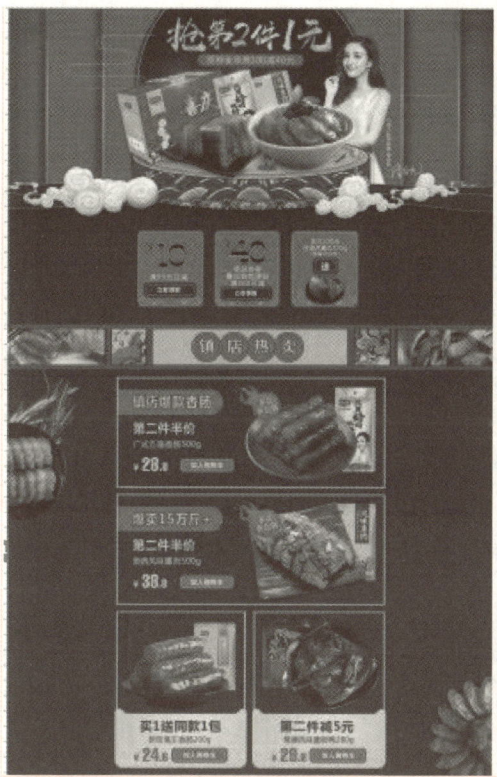

图 5.5　店铺双十二首页展示

图 5.6　部分主图展示

115

5.2 活动实施

5.2.1 货品流转

在活动进行时，仓库部随时检查，核对库存数量，时时监控后台单品库存，不允许超卖现象出现。

5.2.2 客服营销

活动过程中"拍下未付款"的订单，专门安排客服在线提醒；提醒后仍未付款的，1小时后可以采用电话的方式提醒。凌晨零点为第一波销售高峰期，早上九点、下午三点、晚上九点为白班三波销售高峰期，催付人员可错开高峰期进行催付，一般为下单后未付款一小时后，但零点到早上九点前不催付。根据实际流量的大小，配备足量的候补客服人数，做好准备。

5.2.3 售中发货

按照付款时间顺序发货，梳理好发货流程，提高审单效率，降低错发率。发货时间尽量控制在买家付款后的24小时内；争取当日早九点前审完凌晨付款的订单，以便仓库即时出货。

5.2.4 售中页面

售中页面不能出现无效购买链接；绝对不允许出现超卖产品下架现象。同时在版面要做如下说明。

（1）不接受指定物流。
（2）不接受指定发货时间，只承诺七天之内完成发货。
（3）不接受拍下的订单修改收货地址。

5.2.5 其他注意事项

（1）尽量统一快递，避免用户在选择物流时有多重选择，增加前台问询量和后期退货量；从而保证物品在运输过程中的安全和快速到达。
（2）双十二活动商品全部上架时间：11月31号全部上架。
（3）活动可以进行累计的前提是要有盈利，既要抛库存，也要保证新款销售额的相应增加。
（4）当日流量涌入，需要店铺做好"收藏"营销，譬如收藏店铺即可送5元店铺红包，以便留住用户二次消费；建议此链接放于第二屏类目上方位置。
（5）内部激励，如大促前几次激励会；人员配备要恰当合理，要有针对性地鼓励团队活动期间的有效合作；每突破一个目标点予以公布，当天接单冠军客服及最大消费订单接单客服重奖，可重复享受奖励。

5.3 活动延续

5.3.1 客服支持

（1）客服继续支持。活动后第一天的问询量也会比较高，需及时处理买家问题，确保服务质量。
（2）活动刚开始时，因货还在途中，买家不会有太多疑问，但是到活动的第三、四天，来询问为什么还未收到货物的人会相对增多，需要适量安排人手，以免买家投诉卖家未及时回复。
（3）发货问询量提高，需要增添人手；随时核实货源情况，如果遇到突发情况，需及时联系买家致歉，协商解决。

5.3.2 页面设置

每场官方活动结束后都会产生大促余热流量，要及时设置促销活动，提高转化率。比如设置套餐促销活动，虽然产品恢复日常价格，但套餐仍然可享受双十二折扣，美工做好关联的套餐版块，在首页及详情页显示套餐优惠活动。

5.3.3 后台发货

每日发单量需要进行流程管理，提高发单速度和质量。另外，包装打包需要体现一致性和品牌优越性。

6. 活动总结

6.1 店铺整体数据

2018年双十二当天，唐人神店铺销售额425 821元，访客数22 485，转化率19.16%，客单价98.84元，老顾客支付金额186 693元。12月8日~12月12日加购数量为10 597，双十二店铺当天加购数量为3 748，同行优质加购数量为5 950，比同行优质加购数量少2 202，12月8日~12月12日商品收藏人数为1 858，双十二店铺当天收藏人数为376，同行优质收藏人数为982，比同行优质收藏人数少606。目前店铺老客户基数太少，在活动期间爆发量不够，虽然品牌影响力大、认知度高，但是网上曝光度远远不够，很多线下老顾客不知道唐人神在天猫有店铺。品牌客户的年龄画像偏大，要培养年轻人对品牌的认知度，其包装、口味、产品等方面需要进行一些调整。

6.2 流量分析

统计店铺流量显示，主要流量来源于手机端app。免费流量带来总访客数18 474，手机端app访客数18 068，手机端访客数的占比为97.8%。付费流量带来总访客数1 566，手机端app访客数111，手机端访客数的占比为92.9%。自主访问数据主要反馈活动预热商品的加购和收藏情况，手机端自主访问访客数5 626，下单买家数2 326，下单转化率41.34%。针对加购数与商品收藏数偏低的情况，可下次活动加大预热力度，如通过加购赠送优惠券或者优先安排发货等措施，增加加购数与收藏数。

6.3 促销活动分析

（1）店铺10元无门槛秒杀券500张，使用张数372张，使用率74%。店铺全场199-40元购物券累计被领取2 374张，使用张数136张，使用率30%。天猫199-20元品类券和购物津贴300-30为官方平台优惠，无法查询具体使用情况。以双十二活动客单价98.84元为参考，下次活动可设置99-10元优惠券，刺激买家购买2~3款主推款产品，即可享受到满减活动。巧妙设置优惠活动，可以提高产品连带率和客单价，最终提高销售额。

（2）营销平台数据：淘抢购总成交额334 185元，商品页面总访客数17 671，购买顾客数3 955，成交件数13 870，转化率22.42%，客单价84.5元。淘抢购营销平台活动配合官方活动增加产品曝光度，后期需积累唐人神品牌的大众认知度，特别是增加新媒体渠道的广告投入，增强年轻顾客对该品牌的认知，因此新品研发成为重中之重。

（3）单品数据分析：主推款五福香肠访客数2 789、加购数量2 215、支付转化率34.96%，促销活动是淘抢购第二件半价。如意香肠访客数3 693、加购数量5 007、支付转化率33.52%，促销活动是淘抢购第二件1元。五福香肠与如意香肠产品类别都为广式微甜香肠，肥瘦五五比例，彼此对流量有一定稀释。制定产品策略时，应进行多维度分析，避免产品之间的流量稀释。

（4）会员营销数据：双十二当天老顾客成交额186 693.35元，占总销售额43.85%，投入产出比1∶174.84，客服响应率3.13%。可见维护老顾客就显得十分重要。后期可进行分层次管理，添加个性化服务，如通过专属客服、会员等级、会员权益等方式，提高顾客忠诚度。

7. 结论

总结唐人神官方旗舰店2018年双十二活动方案的策划及运营的得失成败，未来在企业旗舰店的运营实践中，必须抓住以下关键要素。

（1）洞悉平台趋势。目前天猫等电商平台趋内容化运营正在崛起，如直播、短视频、抖音等，企业应关注瞬息万变的市场动态，紧跟时代发展趋势，在内容营销方面应尽快占据一席之地。

（2）精准市场定位。腊制品网络消费群体数量不断扩大，消费者年龄层次逐渐提高，人们消费观念正在转型升级，网络购物渠道多样化态势明显，这都要求企业应进一步确定精准目标市场，丰富产品结构，满足多样化需求。

（3）加大品牌推广。提高唐人神品牌认知度，加大新媒体渠道的广告投入。

（4）培育忠诚客户。了解消费者购买动机、购买疑点、购买场景，从而分析消费者需求，策划出相应的个性化服务，提高买家忠诚度。

参考文献

[1] 千里鹿. 鹿人说淘宝天猫运营实战技巧精粹［M］. 北京：人民邮电出版社，2018：58-99.

[2] 仲小建. 转化率——淘宝天猫运营100招［M］. 广州：电子工业出版社，2018：142-156.

[3] 周有贵. 淘宝天猫运营一本通［M］. 杭州：浙江工商大学出版社，2019：211-245.

[4] 方玲玉. 商科专业毕业设计教程［M］. 北京：电子工业出版社，2016.

致谢

这几个月的实习是我学生生涯中最难忘、最有价值的青春时光。首先要感谢我的指导老师——×××老师，能完成这份满意的答卷，离不开她的悉心指导，从设计选题、方案构架、到内容修改，她倾注了大量的心血。她不仅仅是我的老师，更像是我的家人、朋友。我还要特别感谢我的企业导师——×××老师，他是我初入职场的启蒙老师，让我迅速从学生菜鸟蜕变为一名合格的职场人。随着专业技能及职业素养的不断提升，我对未来人生的信心和底气，也节节攀升。

毕业设计的圆满完成，还离不开×××电商专业全体老师及同学们的帮助。专业学习、实习顶岗、毕业设计，一路走来，多亏有你们相伴、相助。我谨在这里向大家献上最诚挚的感谢和祝福！

附录 B

物流管理专业毕业设计实例

Part 1　毕业设计任务书

×××职业技术学院毕业设计任务书

学院	商学院	专业	物流管理	班级	物流 1631
学生姓名	×××	学号	1618063×××	指导教师	×××
				企业导师	×××
毕业设计题目	德邦长沙转运中心投诉处理方案优化			毕业设计类型	方案设计

一、设计目标

1. 针对德邦长沙转运中心投诉量居高不下、客户重复投诉率较高等突出问题,设计有针对性的投诉处理方案。

2. 通过对投诉处理方案的实施,及时收集、整理投诉监控数据,总结、分析投诉解决效果,为减少投诉数量和降低重复投诉率、提升投诉完结率等做出一定的成效。

二、主要任务及成果要求

(一)主要任务

1. 资料收集:收集德邦长沙转运中心现有客户投诉工单处理相关信息。

2. 前期准备:对德邦投诉处理办法进行考察,分析投诉影响因素。

3. 方案撰写:针对德邦长沙转运中心投诉量居高不下、客户重复投诉率较高等问题,撰写投诉处理方案。

4. 方案实施:按照既定计划执行投诉处理方案。

5. 成果形成:对本次投诉处理方案进行总结分析,完成毕业设计撰写。

(二)成果要求

1. 毕业设计内容必须文题相符、概念清楚、思路清晰、层次分明。

119

续表

2. 毕业设计方案设计合理、依据可靠，具有一定的社会价值、市场价值或商业价值。
3. 毕业设计作品字数要求在 5 000 字以上。
4. 毕业设计必须清楚反映自己的学习心得及探索成果，体现自己的专业能力和实践水平，严禁抄袭。
5. 尊重他人的学术成果，养成严谨、求实、诚信的学术作风。在应用文献资料时，必须在引用处给出标注，在设计作品末尾按引用顺序列出文献资料的出处详情（作者、资料名称、发表场所、时间、页码等）。

三、实现步骤和方法
（一）实现步骤
1. 资料整理分析：收集整理德邦长沙转运中心现有客户投诉工单处理相关信息，分析存在的主要问题。
2. 前期市场调研：了解德邦投诉顾客对长沙转运中心物流服务的需求，以及投诉处理的潜在优化方法。
3. 撰写投诉处理方案并执行投诉处理方案：针对主要问题设计处理方案并按计划执行。
4. 数据收集及整理：在实施投诉处理方案过程中，及时收集整理数据、分析总结。
5. 撰写毕业设计：根据收集的资料，完成毕业设计撰写。
（二）所用到的主要方法
1. 内部集思法：通过同事间交流及调查等方式，收集内部同事投诉处理意见，及时总结分析，吸取有益信息。
2. 数据分析法：在撰写投诉处理方案前，对德邦长沙转运中心投诉数量、重复率等数据进行统计分析，并做好相关信息记录，挖掘潜在可实行的优化方法。

四、时间安排

序号	任务	开始时间	结束时间	阶段成果
1	毕业设计选题	2018.11	2018.11	确定选题
2	毕业设计任务书	2018.11	2018.12	毕业设计任务书
3	毕业设计执行方案	2018.12	2018.12	毕业设计执行方案
4	毕业设计作品初稿	2019.01	2019.03	作品初稿
5	毕业设计作品终稿	2019.04	2019.05	作品终稿
6	毕业设计答辩	2019.06	2019.06	完成答辩

指导教师签名 （学校/企业）	×××、××× 2018 年 12 月 1 日	系室 审核	同意 ××× 2018 年 12 月 3 日

注：本表一式两份，一份院部留存，一份发学生。　　　　　　　　　　　教务处制

Part 2　毕业设计执行方案

×××职业技术学院毕业设计执行方案

学院	商学院	专业	物流管理	班级	物流1631
学生姓名	×××	学号	1618063×××	指导教师（学校/企业）	××× ×××
毕业设计题目	德邦长沙转运中心投诉处理方案优化					

1. 选题的依据和意义

（1）客户投诉是指客户对企业产品质量或服务不满意，从而提出书面或口头上的异议、抗议、索赔和要求解决问题等行为。以铜为镜，可以正衣冠，客户投诉也是物流企业检视自身的一面镜子，是企业持续发展需要重点关注的。

（2）针对德邦长沙转运中心投诉量居高不下、客户重复投诉率较高等问题，设计有针对性的解决方案，从而提高客户满意度和提升企业形象，增强企业的市场竞争力。

2. 拟解决的关键问题

（1）通过客户投诉回访，总结现有物流产品及服务存在的不足之处。
（2）对转运场投诉现状进行一定程度剖析，分析投诉影响因素。
（3）找出投诉处理中存在的主要问题，并制定出相应优化方案。

3. 毕业设计的技术路线

步骤一　资料整理：收集、整理德邦长沙转运中心现有客户投诉工单处理相关信息，分析存在的主要问题。

步骤二　市场调研：了解德邦投诉顾客对转运中心的物流服务需求，以及投诉工单处理办法潜在优化方法。

步骤三　方案策划：针对德邦长沙转运中心投诉量居高不下、客户重复投诉率较高等问题，设计有针对性的投诉处理方案。

步骤四　运营实践：执行投诉处理方案，记录相关数据，保存过程资料。

步骤五　总结分析：及时对处理方案的执行情况进行全面总结、分析，特别是对客户投诉数量和重复投诉率等关键数据进行对比分析。

步骤六　方案撰写：完成毕业设计撰写。

步骤七　成果提炼：拟定成果报告书、制作答辩汇报PPT等。

4. 毕业设计的日程安排

任务	开始时间	结束时间	阶段成果
确定选题	2018.11	2018.11	毕业设计任务书
制定方案	2018.12	2018.12	毕业设计执行方案
完成设计	2019.01	2019.05	毕业设计作品
成果总结	2019.06	2019.06	答辩PPT

5. 指导教师的意见及建议

方案可行，同意执行。

指导教师签名（学校/企业）：×××、×××

2018年12月29日

注：本表一式两份，一份院部留存，一份存学生档案。　　　　　　　　　教务处制

Part 3　毕业设计作品

×××职业技术学院

毕业设计

答辩视频

题目：德邦长沙转运中心投诉处理方案优化

类型：

产品设计	工艺设计	方案设计
		√

学　生　姓　名：　×××
学　　　　号：　1618063×××
学　　　　院：　商学院
专　　　　业：　物流管理
班　　　　级：　物流 1631
学校指导教师：　×××
企业指导教师：　×××

2019 年 5 月 20 日

摘　要

对一个物流转运中心来说，客户投诉量的多少最能反映其货物中转质量水平的高低。要满足客户的服务需求，就必须对客户投诉进行合理分析，找出问题所在，进而进行相应的处理并加以改善，满足客户服务需求，以维护良好的客户关系，提升物流企业形象。本方案以德邦长沙转运中心投诉量日破千条为背景，对转运中心投诉问题现状及影响因素进行了分析，找出了投诉量居高不下的原因，并提出了合理的投诉处理方案，采取明确走货责任制、投诉工单分类、跟进重点工单、相关责任部门有效衔接、管理部门加强管控等措施进行投诉防控。方案实施后，客户投诉工单在总工单的占比呈现明显的下降趋势，由原近 50% 的占比下降到 25% 左右。有责票数呈明显下降趋势，由原来日均 390 票减少至日均 13 票，重复投诉率下降了 23%，投诉完结率上升了 57%，取得了较好的效果。

关键词：回访跟进；重复投诉；投诉完结；投诉防控

目　录

1. 引言
2. 德邦长沙转运中心概况
　　2.1　德邦快递简介
　　2.2　长沙转运中心简介
3. 长沙转运中心投诉问题现状分析
　　3.1　长沙转运中心投诉问题基本情况
　　　　3.1.1　投诉数据来源——投诉接入
　　　　3.1.2　投诉诊断方法——划责
　　　　3.1.3　投诉处理与解决
　　3.2　长沙转运中心投诉问题原因分析

  3.2.1 转货时效
  3.2.2 丢货
  3.2.3 操作质量
  3.2.4 派送部派送零担货物
  3.2.5 合伙网点异常及外发货物
4. 长沙转运中心投诉处理过程中存在的主要问题
  4.1 工单走货率低
  4.2 回访跟进无重点
  4.3 划责（工单责任诊断）不及时
  4.4 客户重复投诉率高，回访不及时
  4.5 组织架构不合理，处理效率低
  4.6 合伙网点经营不善，外发货量大
  4.7 上级不重视，投诉处理阻力大
5. 长沙转运中心投诉处理方案设计
  5.1 完善工单走货登记，明确走货责任
  5.2 细分投诉工单，跟进重点工单
  5.3 实时责任汇报，提高责任部门及经理重视度
  5.4 重复投诉工单派专人跟进并及时回访
  5.5 调整组织架构，明确责任分工，提高协调处理效率
  5.6 稳定合伙人，寻求高质量外发代理
  5.7 加强枢纽管控，引起上级领导重视
6. 优化效果分析
7. 结论
参考文献
致谢

1. 引言

  客户投诉是指客户因对企业产品质量或服务的不满意，从而提出书面或者口头上的异议、抗议、索赔和要求解决问题等行为。以铜为镜，可以正衣冠，客户投诉也是一个物流企业检视自身的一面镜子，是一个物流企业得以持续发展需要重点关注的。加强投诉管理是企业检视自身的最直观有效的途径。通过探索影响客户投诉的主要因素，我们可以发现企业自身的不足之处。在德邦长沙转运中心投诉量居高不下、客户重复投诉率较高且投诉完结率在全国的排名十分落后等背景下，如何找出客户投诉关键问题点所在，并设计有针对性的投诉处理方案，已经成为提升德邦整体客户满意度、优化企业形象和增强企业市场竞争力的迫切需求。

2. 德邦长沙转运中心概况

2.1 德邦快递简介

  1996年，德邦快递前身——崔氏货运公司成立。

  德邦物流多年以来始终坚持物畅其流、人尽其才的企业使命，秉承"以客户为中心、以进取者为本、以团队创高效、坚持自我反思"的企业核心价值观，致力成为以客户为中心，覆盖快递、快运、整车、仓储与供应链、跨境等多元业务的综合性物流供应商。凭借坚实的网络基础、强大的人才储备、深刻的市场观察力，为跨行业的客户提供多元、灵活、高效的物流选择，让物流赋予企业更大的商业价值，赋予消费者更好的服务体验。

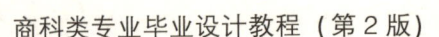

德邦物流于 2018 年 1 月 16 日，在上海证券交易所挂牌上市，正式登陆 A 股资本市场，简称"德邦股份"，股票代码 603056。

2018 年 7 月，德邦物流正式宣布更名为德邦快递，并重磅推出大件快递产品——大件快递 3 千克至 60 千克。将目前行业内普遍的 30 千克段快递服务提升至 60 千克段。对快递业务的升级，将为电商带来前所未有的活跃度，为商家的"承诺力"赋能。

截至 2018 年 8 月，公司网点 10 000 余家，服务网络覆盖全国 34 个省级行政区，全国转运中心总面积 130 万余平方米。目前正切入我国港澳台及国际市场，已开通我国港澳台及欧美、日韩、东南亚、非洲等地区线路。全球员工人数超过 13 万名。

2.2 长沙转运中心简介

转运中心收到的投诉，通常随着转货时效、货物安全和货物操作等一系列问题的发生。物流是一个相互衔接的系统，货物从出发地到目的地，会经过多个环节，转运中心就是其中至关重要的一环。对长沙转运中心来说，一方面，投诉产生后需要积极联系客户，了解真实情况，聆听客户真正诉求，并跟进处理；同时还要安抚客户情绪，积极解决客户提出的问题，避免重复投诉或产生潜在的不满。另一方面，要积极探究客户投诉产生的根本原因，将外部问题转到内部操作上来，才能透过现象看本质，从而找到高质量的投诉解决和控制方案。

长沙转运中心隶属郑州枢纽中心，是一级到达型转运外场。货物到达量大、发出量少，多数为货物快件的转运末端环节。自 2018 年 6 月底搬迁至黄花国际机场旁边以来，新场地操作规划、部门内部搬迁、货物量超预期等一系列因素，导致客户投诉量呈现暴增趋势。2018 年 9 月后进入行业旺季，客户投诉更是只增不减。双十一后，客户投诉单剧增，投诉量居高不下，客户物流服务体验较差，一定程度上暴露了该新搬迁的转运中心的现场操作存在较多问题与隐患，在管理层加强现场监控、规范操作的同时，也急需改进投诉处理方式，以维护企业形象。

3. 长沙转运中心投诉问题现状分析

为积极探索转运中心在投诉处理方面存在的问题，以下将分别从转运中心的投诉基本情况和投诉影响因素进行分析。

3.1 长沙转运中心投诉问题基本情况

要解决长沙转运中心投诉问题，首先我们应该了解其投诉问题基本情况。下面将从现有的投诉数据来源、投诉诊断方法和投诉处理与解决三个方面，对转运中心的投诉问题基本情况进行阐述。

3.1.1 投诉数据来源——投诉接入

长沙转运中心投诉数据来源有以下几种。

① Uap. deppon 业务门户系统投诉工单。

所谓工单，即需要通知部门处理的、包括但不限于客户通过客服中心 95353（合肥电话）电话反映不满情况或者在德邦官网进行投诉的快件和物流单号的处理安排，其中包括异常工单和投诉工单，投诉工单即为重要投诉来源，同一单号每多上报一次，工单就升级一次。来源口径为呼叫中心，包括菜鸟投诉、内部投诉及邮政投诉等多个方面。工单页面数据以转运中心绑定投诉责任部门经理系统为准，每日从部门工单处理界面可以看到。一般工单有效处理及反馈时间为 24 小时。超时未处理工单只能反馈不能在系统录入处理数据。

② Uap. deppon 业务门户系统责任划分明细报表。

责任划分明细报表，即客户投诉后，由枢纽质量管理划责小组根据划责文件和具体情况，对经手快件的物流部门进行考核，对客户的每条投诉进行责任划分后，具体到责任部门的工单明细。来源口径为呼叫中心（95353），包括淘宝客户对应的菜鸟责任投诉、客户邮政投诉后转办企业的责任投诉和内部责任投诉等。此项仅统计有责部门的数据，按照投诉上报时间统计数据，根据处理编号和责任部门对应统计。此页面一般以枢纽质量管理组的高级经理账号系统为准，可导出全国责任明细表，也可通过筛选部门和业务模式进行导出，最长时间跨度为一天，如图 3.1 所示，导出格式为 excel 表格，生成机制为准时制。

图 3.1　责任划分明细报表页面

③ 转运中心自主接收的投诉。

此项主要为客户直接拨打转运中心工单投诉处理部门电话，或者相关内部员工手机进行的投诉。一般客户并不知晓部门及内部员工的电话，只会在极少数的情况下出现，如投诉处理人员回访后未能及时满足客户需求，客户会再次进行投诉。异常工单也可能升级为投诉，但基本不会被纳入投诉系统，只需和客户协调解决，避免客户重复投诉至呼叫中心而产生实时责任即可。

④ 客服中心下发任务工单。

客户通过呼叫中心投诉后，客服会根据客户问题分类跟进处理，重要客户、大客户、菜鸟投诉、邮政投诉等对公司影响较大的投诉，除工单系统下发至任务部门外，客服也会跟进投诉处理进度，当需要相关部门协助处理时，客服会与相关部门处理人员联系并下发投诉处理任务短信，任务责任人必须在客服规定的时间内进行处理，超时未处理有可能会被反计为有责，将按照公司相关投诉处理文件进行罚款，一般一次反计为 10 元/票。客服联系处理人可能有多个选择，但下发任务短信及处理人工号一般绑定至责任区域经理。

3.1.2　投诉诊断方法——划责

对于引发客户投诉的责任部门，枢纽质量管理组划责至相关部门后，部门内部一般也会再次划责，具体到责任人、责任经理和责任高层。客户每投诉一次，都需要进行责任划分，依照这一点，投诉单号可以重复多次，但处理编号是唯一的。

需要对客户投诉单号进行责任诊断，明确到转运中心具体责任部门。要发现其投诉的具体原因，就要了解转运中心物流及快递中转模式，才能发现哪些操作节点不规范而引发客户投诉。图 3.2 和图 3.3 是转运中心两类货物中转基本流程。

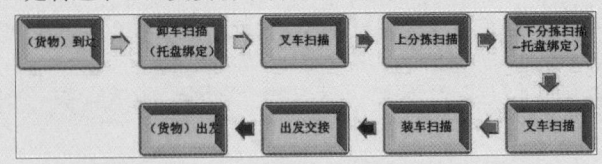

图 3.2　快递货物中转基本流程

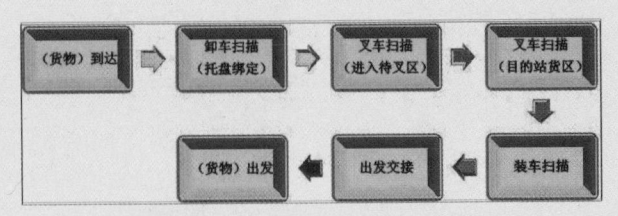

图 3.3　零担货物中转基本流程

看似简单的中转流程，在实际操作过程中，会出现各种各样的问题，导致投诉产生。在实际中转时，很多转运货物会因货物目的站、货物体积重量、货物特定性质等而有不同的中转流程。例如，很多省内物流集散地货物还需去运作部再次中转，这种地区的货量会比较集中，货量比较多，对时间转运节点的考核也有相对较严格的要求，所以这种货物一般会即到即卸，货物从车上卸下来会直接上皮带机，卸车扫描的同时会有上分拣扫描，且很多时候它们不需要下分拣绑托盘，在分拣线终端直接通向其相关货区进行装车操作。

长沙转运中心投诉划责数据从郑州枢纽质量管理组高级经理系统导出后，会对客户投诉单号进行调查，调查方式以现有系统为主（比如 FOSS、UAP、OA 等系统），电话、（企业）微信为辅。在 FOSS 系统里查看物流轨迹，明确具体问题环节，根据内部划责文件对相关部门进行责任区分。将关键数据录入设计好的 excel 表格中，及时汇报数据，会对相关责任人进行投诉指标考核。若为邮政投诉还将涉及激励问题。图 3.4 为长沙转运中心零担货物投诉划责标准部分内容。

图 3.4　长沙转运中心零担货物投诉划责标准（部分）

3.1.3 投诉处理与解决

无论客户通过何种方式表达不满（转运中心内部电话除外），呼叫中心都会将客户诉求以工单形式上报，并选择相应的工单处理部门，客服根据投诉人身份、货物序存状态，在发出部门、货物当前库存部门、到达部门等，选择适当的部门作为投诉任务部门。

任务部门在接到任务工单后，需在投诉处理标准规定的时限内，在 FOSS/WK/CRM 系统中录入解决处理情况（有单号则在 FOSS/WK 系统中录入）。

任务部门投诉处理职责：负责客户的投诉处理、解决和处理结果的反馈，协助客服人员及时解决客户问题，不得推诿或延迟解决。

涉及转运中心的投诉类别，有时效类、操作类和安全类。时效类包括催中转、催派送；操作类主要为打木架、分批配载、走货路径等问题；安全类主要为丢货、破损、内短、串货等问题。另外，还可能出现异常情况和服务等问题。不同投诉对应不同处理方式，处理转运中心的库存货物，一般需登记并跟进走货情况，非库存货物需联系相关部门协助解决。

一般来说，投诉处理的正常流程如下：

① 查询客户货物状况，核实在库情况，寻求初步处理方案。
② 回访投诉客户，进行沟通，明确其需求及落实处理解决方案。
③ 在 CRM 系统中录入处理信息；在 FOSS 系统中备注处理进展，以便后期跟进可看到其最新处理状态。
④ 根据库存状态分类处理。对在库工单进行走货登记（见图 3.5）；对丢货工单进行联系找货，核实货物位置，并进行登记反馈（见图 3.6）；对未在库货物联系相关部门协助处理。

12月必走货明细								
日期	单号	业务模式	目的站	投诉类别	客户需求	责任经理	责任高级	是否完结
2018年12月16日	436482***	零担	益阳鹤山区龙岭工业园营业部	时效	必走货	虞克洲	谢亚军	
2018年12月16日	606627***	零担	长沙椰梨镇营业部	时效	必走货	虞克洲	谢亚军	
2018年12月16日	8290319***	快递	【H】益阳安化县营业部	时效	必走货	罗浩磊	陈宏	
2018年12月16日	7075869***	快递	长沙天心区雀园路营业部	时效	必走货	赵博兵	谢亚军	
2018年12月16日	9817323***	快递	长沙岳麓区桐梓坡营业部	时效	必走货	赵迎磊	陈宏	
2018年12月16日	7717271***	快递	长沙开福区中青路营业部	时效	必走货	罗浩磊	陈宏	
2018年12月16日	5437506**	零担	常德运作部	时效	必走货	罗浩磊	陈宏	
2018年12月16日								
2018年12月16日								

图 3.5　走货登记表

12月工单找货进展								
序号	日期	对接人	单号	目的站	业务模式	需求	进展	是否完结	备注
1	12月18日	朱泰	7710886***	衡阳石鼓区华源大道营业部	快递	尽快找货	已找到，在货区	是	
2	12月18日	朱泰	7986628***	济南转运场	快递	尽快找货	已夹带济南	是	
3	12月18日	朱泰	7453071**	长沙雨花区东塘营业部	快递	子件002			
5	12月18日	朱泰	7655344**	衡阳朱晖区营业部	快递		已找到	是	
6	12月18日	朱泰	77758964**	长沙椰梨营业部	快递	尽快找货			
总计：领导好，长转今日下发需找货工单5票，已找到3票，剩余2票，找回率60%，重复投诉风险较高。								

图 3.6　找货进展登记表

⑤ 及时在企业微信群内汇报工单完结统计数据（见图 3.7）。
⑥ 第二天工单走货完结，复盘汇报。

责任高级	责任经理	必走票数	走货票数	当日走货率	经理排名	高级排名	月累计走货率	经理排名	高级排名
陈宏	谭智艺	1	1	100%	1	1	100%	1	1
陈宏	赵迎磊	6	3	50%	2	1	50%	2	1
陈宏	罗浩磊	21	10	48%	3	1	48%	3	1
谢亚军	王波	7	2	29%	4	2	29%	4	2
刘根志	曹雪坤	6	1	17%	5	3	17%	5	3

图 3.7 工单完结统计表

3.2 长沙转运中心投诉问题原因分析

3.2.1 转货时效

转货时效是导致投诉的关键因素，也是客户投诉最常见的问题。作为省内快递转运中心，最重要的无疑是及时中转货物。虽然每个目的地的发车时间不一致，但一般货物当日到达转运中心，最迟第二天早上九点前装车发车转出。

货物未及时转走，从转运中心自身角度来看可能有内外两方面原因，一是受外部因素影响，如天气、交通事故、车辆运行超时等，导致货物到达后无法正常分拣或赶不上发车节点；二是受内部因素影响，即转运中心内部转运环节的原因，如货物错放至其他货区，卸车等待时间过长，装车配载等原因拉货等。

从实际情况来看，导致货物未及时转出的原因多数为卸车超时、上分拣超时、叉车超时、装车拉货或建包超时、发车晚点等，未达到承诺给客户的预期时效，就会引发客户不满，从而导致投诉发生。

3.2.2 丢货

货物安全是客户对物流公司最基本的托付要求，也是引发客户投诉的最重要的因素。从转运中心内部来看，丢货是由于货物物流信息长时间未更新，有客户投诉丢货、内部员工人工上报丢货（包括营业部、各运作部门、客服中心等）、系统自动上报丢货这三种情况。货物丢失后，客户无疑会对公司的物流服务产生质疑，如果处理不好很有可能造成客户的流失。所以，保证转运货物安全是对转运中心操作的基本要求。减少丢货发生可有效降低投诉量。自 2018 年双十一以来，长沙转运中心就已成为风险外场，该中心平均月丢货量高达数千票，由此引发了客户系列投诉，让企业形象大打折扣。

3.2.3 操作质量

由于不同的客户具有不同的物流需求，转运中心对不同货物也需采取相应处理措施。例如，需要打木架的货物，一般收货网点没有相关材料与工具完成包装，货物到达第一个转运中心后，需要对其完成此项包装要求，如有遗漏，可能会导致货物损坏，引发客户不满，从而增加投诉风险。

3.2.4 派送部派送零担货物

派送是影响转运中心投诉量的直接因素。派送部即驻地零担派送部门，主要负责长沙区域内的零担货物派送。零担货物由于体积、质量都较大，无论是在仓储还是运输方面，所耗费成本都较高。货物从上一部门发出时，派送部的客服人员就会通过电话向客户说明货物到达时间，并和客户预约好送货时间，再统一交至长沙车队调度统计组进行排单，安排车辆和司机为客户及时派送。

由于组织架构原因，多数需派送部自行处理的货物，其投诉工单任务会发至转运中心。派送部和转运中心实际不属于同一大区，投诉管控上具有一定难度，部门之间实际联系不大，但投诉处理又必须衔接配合。如果交接不到位，那么零担货也是长沙转运中心被投诉的主要方面。

3.2.5 合伙网点异常及外发货物

长沙转运中心为到达型转运外场，合伙人的经营状况直接影响着客户体验。德邦的网点按站点运营性质来说总体分两类，一种是自有网点，就是直接由德邦公司内部管控的，另外一种是合伙人网点。合伙人网点具有较大的自我管理权限，受德邦公司控制较少。若合伙人经营不善，出现大量退网，势必会影响货物转运质量与时效。如到达网点关闭，就需要从长沙转运中心重新贴单交接至其他物流公司走货，也就是外发。德邦物流的货物一般为大件，一般快递公司难以承受这类大件货物。

4. 长沙转运中心投诉处理过程中存在的主要问题

4.1 工单走货率低

处理投诉，必须重点关注在库货物。在库货物一般登记必走货工单交接至装车经理走货。在库货物的内部处理灵活性较大，可以直接跟踪转运，不需要外部联系协调，如果内部处理时交接到位，除疑难丢货外，比未在库货物的处理更容易。良好的工单走货率为防控投诉作保障，确保大多数投诉的正常解决。转运中心货物一般都是晚上进行装车走货，当天登记需走货工单，并交接相关线路经理处理。但多数时候，由于缺乏有力管控，而且相关人员和部门不重视工单处理，经常未履行走货职责，这类投诉处理鲜有跟进，导致工单解决率十分低下。图4.1是转运中心一天的走货完成情况，可见下发票数114票，完结票数41票，完结率仅为35.9%。

责任部门	责任人	下发票数	完结票数	完结率	排名	1月12日	1月13日	1月14日
长沙转运场	李	114	41	35.96%	-	37.34%	34.08%	35.96%
长沙转运场装车部	谢	52	30	57.69%	1	47.62%	50.00%	57.69%
长沙快递中转场	曹	7	0	0.00%	3	78.57%	56.25%	0.00%
长沙转运场后勤部	龚	35	0	0.00%	3	0.00%	0.00%	0.00%
长沙转运场卸车部	陈	20	11	55.00%	2	56.25%	45.45%	55.00%
长沙转运场卸车五组	赵	20	15	75.00%	1	56.00%	50.00%	75.00%
长沙转运场卸车二组	罗	14	8	57.14%	2	61.11%	43.75%	57.14%
长沙转运场卸车三组	赵	6	3	50.00%	3	53.85%	46.67%	50.00%
长沙转运场卸车四组	袁	20	10	50.00%	3	36.84%	46.43%	50.00%
长沙转运场装车一组	王	12	5	41.67%	6	47.37%	53.57%	41.67%
长沙快递中转场理货二组	杨	3	0	0.00%	7	66.67%	63.64%	0.00%
长沙转运场卸车一组	李	0	0	-	-	-	50.00%	-
长沙快递中转场理货三组	陈	4	0	0.00%	7	100.00%	40.00%	0.00%
长沙转运场统计组	张	35	15	42.86%	5	14.29%	19.64%	42.86%

图 4.1 转运中心一天的走货完成情况

4.2 回访跟进无重点

工单回访任务量大、处理人员精力有限是长沙转运中心投诉处理中急需解决的首要问题。表4.1为工单日明细表，表4.2为投诉工单统计，由表可见，长沙转运中心工单数量自2018年10月起工单总量每月明显增多，到11月工单总量到达峰值，同时投诉工单总量在11月份也到达峰值。转运中心现场操作问题被暴露出来，物流服务水平大打折扣，客户满意度急剧下降，投诉量激增。作为一个新搬迁外场，除了改善现场操作，从根源上保证物流质量水平外，投诉产生后的跟进解决也是维护客户的关键。而投诉量过多，处理人员精力有限，无法给客户一一回访，导致很多时候，工单都是直接被录入系统，并没有进行实际处理。例如，长沙转运中心工 2018 年 11 月投诉工单数量日均 370 票左右，且集中在双十一后，货量增多，问题也相应增多。如果处理不当，就很有可能导致大量的客户流失，进而影响企业品牌形象。

表 4.1　工单日明细表

单位：票

日期	工单数量统计							
	10 月		11 月		12 月		1 月	
	工单总量	投诉工单	工单总量	投诉工单	工单总量	投诉工单	工单总量	投诉工单
1 日	95	43	124	46	482	324	248	92
2 日	112	54	113	50	383	261	443	176
3 日	131	73	106	40	418	304	410	185
4 日	177	95	85	27	350	242	391	189
5 日	156	82	111	51	271	190	391	191
6 日	123	54	77	22	327	201	397	165
7 日	196	66	69	28	295	149	421	170
8 日	163	81	90	29	251	110	336	155
9 日	286	138	106	35	212	106	316	157
10 日	192	96	83	12	376	175	325	128
11 日	301	144	67	23	320	134	372	149
12 日	251	139	130	40	241	128	377	149
13 日	233	95	186	38	263	119	356	128
14 日	137	86	419	60	386	137	395	152
15 日	155	99	708	138	425	141	408	181
16 日	186	79	1 089	181	523	177	400	143
17 日	173	79	1 463	275	676	263	480	150
18 日	305	104	1 393	319	659	370	591	194
19 日	652	213	1 624	391	517	307	706	216
20 日	224	97	2 258	702	484	322	639	250
21 日	159	72	2 321	900	368	279	680	260
22 日	225	108	1 755	1 040	394	214	555	274
23 日	211	85	1 605	1 063	253	191	480	251
24 日	208	96	1 408	882	261	243	446	217
25 日	273	101	1 097	886	326	231	534	212
26 日	230	83	1 114	1 055	357	198	432	154
27 日	155	52	902	959	457	228	304	124
28 日	83	51	727	784	475	256	262	97
29 日	150	66	717	615	441	193	166	53
30 日	147	59	551	482	317	134	77	39
31 日	130	62			319	124	58	41
总计	6 219	2 752	22 498	11 173	11 508	6 327	12 338	5 001

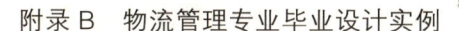

表 4.2　投诉工单统计

单位：票

月份	月工单总量	投诉工单	投诉工单占比
10 月	6 219	2 752	44.25%
11 月	22 498	11 173	49.66%
12 月	11 508	6 327	54.98%
1 月	12 338	5 001	40.53%

4.3　划责（工单责任诊断）不及时

责任诊断主要分为投诉划责和投诉统计两部分。由于责任票数过多、投诉未责任到人、责任反馈不及时、投诉无人重视及处理跟进，长沙转运中心现场操作问题难以从根本上得到改善。工单数量多，意味着划责工单也多。投诉意味着发生的问题需要及时处理，更重要的还是要预防问题的发生。责任投诉工单常常由于内部划责不及时或者不够细致所致。对现有的投诉归类整理，只是初步判断投诉问题所在。如果缺乏有效责任诊断和防控措施，只会让相关人员在高风险条件下"破罐子破摔"，不能从根本上进行风险管控和操作改善。图 4.2 是转运中心 2018 年 12 月 8 日的投诉诊断分析，只初步对各类投诉状况进行了粗略诊断。

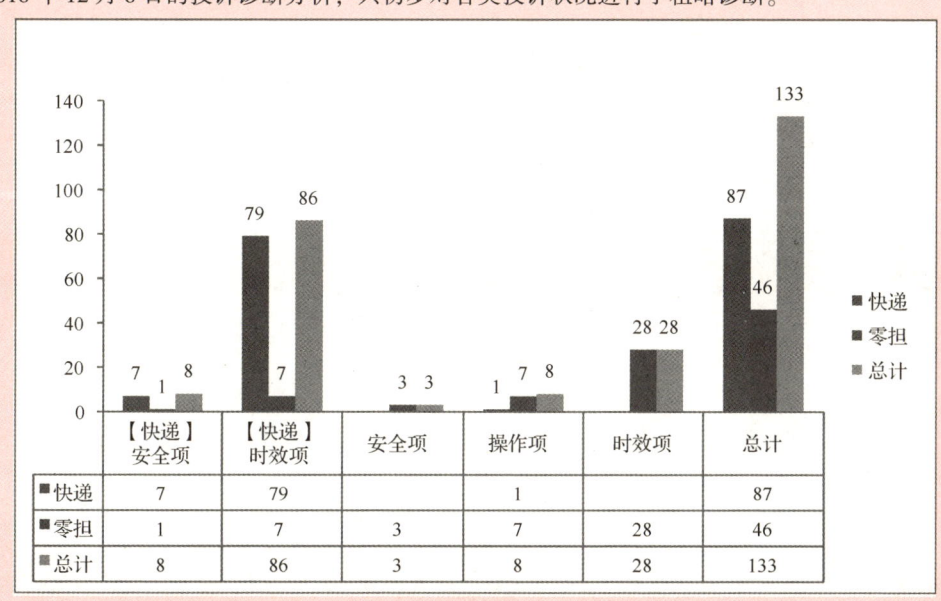

	【快递】安全项	【快递】时效项	安全项	操作项	时效项	总计
快递	7	79		1		87
零担	1	7	3	7	28	46
总计	8	86	3	8	28	133

图 4.2　投诉诊断分析（例）

4.4　客户重复投诉率高，回访不及时

重复投诉为客户对同一物流单号进行多次客服申诉。重复投诉是企业应重点关注的对象，但长沙转运中心投诉划责票数过多，回访人员精力有限，无法一一回访，且没有明确找出重点回访对象，令相关客户问题未及时解决且无人跟进，导致重复投诉的概率增加。一般当日同一单号被投诉超过 3 次的才会引起重视，但解决效率低，客户投诉只增不减，使长沙转运中心一度被公司评定为全国风险外场。以 2019 年 1 月为例，长沙转运中心总计有责投诉 4462 票，其中重复投诉 726 票，占比高达 16%。

4.5 组织架构不合理，处理效率低

从管理学的角度看，在设计组织架构时要坚持分工协作原则，就是要做到分工合理、协作明确。长沙转运中心投诉居高不下的一个重要原因就是组织架构不合理、部门之间缺乏协作。

（一）派送部、转运中心组织架构不合理。派送部和转运中心在同一场地，货区相邻。虽然在同一枢纽架构，但派送部实际并非转运中心内部部门，部门之间联系不强。由于组织架构原因，多数需派送部自行处理的货物、工单处理任务和投诉经常划责至转运中心。实际上派送货物在转运中心只需经过叉车扫描进入派送货区，就直接归派送部处理。派送部有专门人员进行找货、装车、派送等工作。派送部和转运中心并不存在从属关系，在投诉管控上具有一定难度，处理跨部门投诉效率较低，而且数据统计和找货工作对接都较为困难。

（二）工单处理部门划分不合理。工单处理部门划分至查询统计组，但统计组工作更多倾向于数据分析与处理，工单找货只能对接其他部门。工单处理因它的特殊性，需要工单处理人员及时对接客户，并告知客户进展，避免客户重复投诉。一般找货无疑是直接对接找货组，然而找货组鲜有专门人员对接工单找货。或是找货组人员经常以处理其他丢货事宜、找货人手短缺等原因导致工单找货进展缓慢，且常出现找出货物，又由于放错货区、拉货等情况未能及时走货。且长沙转运中心又是全国风险外场，各部门任务都较为繁重，协调难度较大，甚至出现一天的工单都没有人协助找货的情况。

4.6 合伙网点经营不善，外发货量大

合伙人引发的投诉，通常是因为相关合伙人的网点突然关闭，货物到转运中心后无法继续转货，大量货物滞留在转运中心，占用了大量仓储空间，增加了处理成本。2018年末，自张家界永定合伙人退网后湖南省内出现了一股"退网潮流"，永州江华、祁阳、宁乡、张家界桑植、慈利等网点纷纷停业整顿或者直接退网，让到达长沙转运中心的货物只能借助其他物流公司来派送。

德邦货物以大件为主，2018年公司推出的大件快递较受市场欢迎，但也难以找到承运能力相当的代理合作公司，外发代理稀缺，货量庞大，且代理公司运营和德邦不尽相同，客户对代理的物流服务体验较为抗拒，引发较多客户投诉，不管是送货上楼问题、虚假签收问题还是货物破损问题等，这些都是公司较难以管控的外部环境。

4.7 上级不重视，投诉处理阻力大

投诉是否能跟进处理好，很大程度上取决于管理者的态度。长沙转运中心在这种高风险、高投诉的外场环境下，部分管理人员望而却步或干脆"放任自由"。工单处理人员能力有限，权限不足，而转运中心是一个整体，工单的解决需要各部门积极协助，而且处理工单过程中会涉及转运中心运营成本，如果处理人员不能很好地跟各部门沟通，在处理过程中遇到的阻力会比较大。如转运中心拉货，在未能按照约定时间给客户转货的情况下，客户又急需收货，这时只能请专车送货，专车送货会涉及费用划分问题，如果管理者不从中协调，很有可能请不到送货车，导致客户重复投诉。

5. 长沙转运中心投诉处理优化方案设计

5.1 完善工单走货登记，明确走货责任

由于原工单走货责任表责任人只划分到线路经理，多数丢货、外发等货物走货责任未落实到位，现重新设计表格样式，新增最新货物状态，明晰货物状况，"必走货"更名为"工单走货表"，新增中转场经理及外发经理责任划分等，完结盘点同时新增走货责任部门，责任落实到人，以有效处理各类投诉。完善后的工单走货登记表如图5.1所示。

附录 B　物流管理专业毕业设计实例

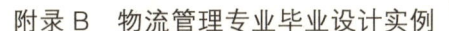

货物最新状态　　　　　　　　　　　　　　责任部门盘点

单号	货物最新状态	目的站	客户要求	责任线	责任部门	责任高	是否完结（复查）
7980221	2019/1/22 19:47:13上分拣扫描	株洲河西快递分部	尽快找货	罗○	长沙转运场卸车二组	陈宏	建包货快递中转场未建包
8393669	2019/1/21 23:53:42建立卸车任务	【H】娄底冷水江市营业部	尽快找货	罗○	长沙转运场卸车二组	陈宏	
6031633	2019/1/16 19:46:06卸车扫描	【H】常德津市市营业部	尽快找货	罗○	长沙转运场卸车二组	陈宏	

图 5.1　完善后的工单走货登记表

同时，将投诉工单走货率纳入经理绩效考核中。图 5.2 为投诉完结率反思及处理对策，监督现场必走货的走货意识，已经粘贴标识的货物必须次日转出，纳入组长执行力考核。

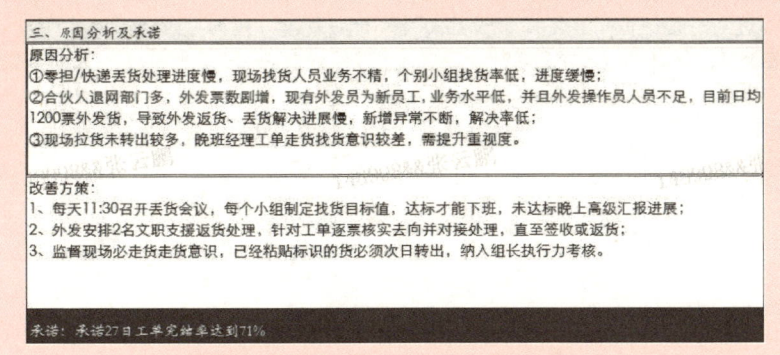

```
三、原因分析及承诺
原因分析：
①零担/快递丢货处理进度慢，现场找货人员业务不精，个别小组找货率低，进度缓慢；
②合伙人退网部门多，外发票剧增，现有外发员为新员工，业务水平低，并且外发操作人员不足，目前日均1200票外发货，导致外发返货、丢货解决进度慢，新增异常不断，解决率低；
③现场拉货未转出较多，晚班经理工单走货找货意识较差，需提升重视度。

改善方案：
1、每天11:30召开丢货会议，每个小组制定找货目标值，达标才能下班，未达标晚上高级汇报进展；
2、外发安排2名文职支援返货处理，针对工单逐票核实去向并对接业务，直至签收或返货；
3、监督现场必走货走货意识，已经粘贴标识的货必须次日转出，纳入组长执行力考核。

承诺：承诺27日工单完结率达到71%
```

图 5.2　投诉完结率反思及处理对策

另外，形成责任晋升机制，若当日投诉遗留至次日仍未解决，便上报相关责任高级经理进行协调处理，同时汇报本部门经理处理情况，多方加强跟进。持续未解决的上报至更高级，一级一级往上升，直至投诉完结。

5.2　细分投诉工单，跟进重点工单

工单数量庞大，就必须要进行分类处理。如工单处理系统里的投诉和异常工单，每一工单都有等级之分。图 5.3 为重要投诉跟进表，我们可以将邮政类、400 电话工单及系统五级的投诉工单优先跟进处理，并及时对客户回访，以表格形式单独登记跟进处理情况。通过 FOSS 系统在线登记跟进情况，以免不必要的客服反记罚款，其他在库工单可以只登记走货，提高处理效率。

性质	单号	下发责任人	需求	备注需求	备注进展	需求	找货结果	是否解决
零担	601769319		烦请在12月22日下午4点之前核实货物所在库区位置，在线备注foss，	4点之前		找货		
零担	603702676		要求12月22号下午2点前找到货物		已备注			是
零担	540997123		12月22日早5点前交接必走货，烦请在12月22日早5点之前处理，	1800613142下午回电		04、15凌点正常签收		是
快递	7986470488		上报丢货		已备注			
快递	539972063		安排必走货		已备注	找货		
快递	7660045588		此货子件0002一直未走货，烦请12月23日8:00装车发走。			找货		
快递	7721884901		在2018年12月22日下午18点之前在FOSS/CRM线备注找货结果			找货		
快递	8375769321		，在2018年12月22日下午18点之前在FOSS/CRM系统备注找货结果			必走货		
快递	7668792714		在明天11点之前foss显示走货轨迹			必走货		
快递	9814208400		烦请在12月23日下午8点之前务必做必走货发车处理	异常在线备注		必走货		
快递	7831838259	重复投诉	时效延误，客户要现金理赔		已回访		核实是否装过来	
快递	7769622925	我部卸车少货	烦请在12月23日上午8点之前找出货物		已回访	必走货		
快递	5772421048	重复投诉	无标签已找到		已回访	必走货	派送部找到	是
快递	437347019	重复投诉	烦请在12月23日上午11点之前系统显示找货轨迹，f异常在线备注			必走货		
快递	9821889546		营业部空接			必走货		
快递	9818649473	重复投诉	烦请在12月23日上午11点前显示出发。					
快递	9819477528		在12月23日下午3点前出发。					
快递	9818649473	重复投诉	丢货，客户催理赔款，已发在线堆埋小组		已备注	找货		
零担	453768882		烦请在12月23日7点之前显示出发轨迹，					

图 5.3　重要投诉跟进表

133

5.3 实时责任汇报，提高责任部门及经理重视度

关于责任投诉工单，可以从 3 个方面进行优化改进。

（一）划责方案改进。除 11 月份外，实际每日责任投诉工单大多在 100～200 票，如对划责流程熟悉，当日责任可明确到人。

（二）实时出责任。统计分析组人员从业务门户系统导出投诉责任后，明确投诉问题所在，责任划分至部门经理，实时出责任，实时汇报，提高相关人员及管理者的重视度。

（三）工单处理部门人员在群内实时播报投诉回访情况，了解客户需求并积极跟进，避免多次投诉产生（划责的一条原理就是不论客户投诉何种问题，只要某环节有差错便会产生相应责任）。当投诉工单较多时可以挑选重复投诉工单进行实时回访。图 5.4 是改善后的责任划分明细表。通过实时责任汇报，提高责任部门及经理重视度，投诉处理效果非常明显。

图 5.4　改善后的责任划分明细表

5.4 重复投诉工单派专人跟进并及时回访

重复投诉对企业有着重大影响，如若是大客户，更会影响企业形象。对重复投诉，安排专门人员跟进，并从以下两个方面寻求高效的、有针对性的解决方案。

（一）制定重复投诉处理表，备注好客户需求，实时跟进并更新处理进度。记录解决情况，当日未完结的第二日及时跟进，直至解决客户问题，图 5.5 为重点及重复投诉登记跟进表。

图 5.5　重点及重复投诉登记跟进表

(二) 及时回访。重复投诉说明客户对首次投诉处理结果不满意，为避免客户再次投诉，应及时回访客户，告知货物处理进度，让其感受到被重视及公司帮助其解决问题的诚意，从而降低重投率。

5.5 调整组织架构，明确责任分工，提高协调处理效率

之前的组织架构，部门之间协调困难，也未明确部门各事宜处理界限，不利于工作开展。现重新划分部门组织架构，派送部纳入车队（管辖长沙区域车队运营）小区部门管辖，派送部货物经转运中心叉车扫描后，直接对接派送部管辖，明确派送部经理职责，包括装车送货、找货归位、投诉处理等，以提高工作效率。

改进后的组织架构如图 5.6 所示，工单处理部门划分，由之前的"白班查询统计组"划分至"查询找货组"，"查询统计组"更名"统计分析组"，专注于数据统计与分析。原投诉处理单部门改为双部门处理，一部门专注投诉解决跟进，二部门做好投诉责任划分并实时播报数据，更高效地对接投诉工单。

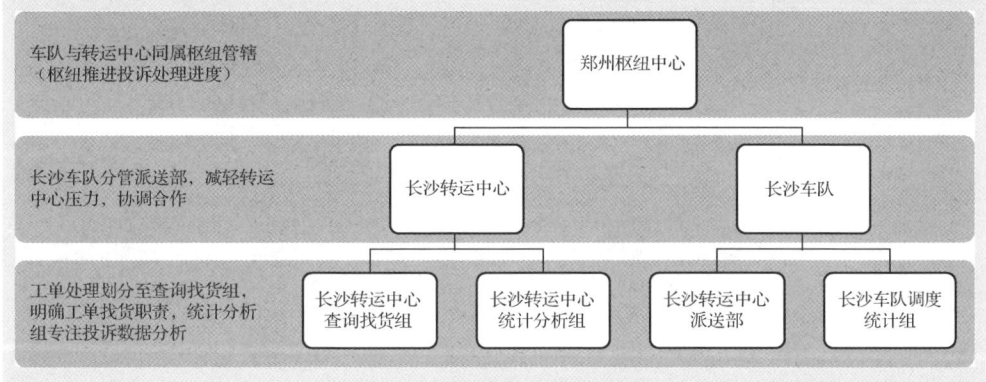

图 5.6 调整后的组织架构

5.6 稳定合伙人，寻求高质量外发代理

合伙人网点问题一直是投诉的重灾区。一方面，合伙人网点需要积极维护；另一方面，也需要寻找优质代理公司。转运中心先后合作过多个代理商，分别为圆通、邮政、优速、顺丰等，最后选定顺丰进行长期合作。

合伙人需要上级积极协调，经各级管理者努力后，截至 2019 年 3 月，部分关闭网点已重新开通，如张家界慈利、永定，永州祁阳等点，成功减轻了外发压力，也减少了投诉风险。

5.7 加强枢纽管控，引起上级领导重视

在风险外场环境下，长沙转运中心投诉处理已形成一种拖沓之风，需要上级部门支持，关注投诉处理和客户服务体验，以增强市场竞争优势。

为优化客户服体验，枢纽下发长沙转运中心新的工单解决标准，从各部门日常投诉工单中抽取工单下发硬性处理任务，并规定工单完结时间，公示完结率指标，建立实时工单处理进度汇报机制。

如图 5.7 为枢纽部门投诉工单明细表，图 5.8 为枢纽部门投诉工单解决标准（部分）。其中明确规定了各类工单的有效解决时间。

图 5.7　枢纽部门投诉工单明细

图 5.8　枢纽部门投诉工单解决标准（部分）

6. 优化效果分析

长沙转运中心自 2019 年 2 月实行了此项投诉处理优化措施后，投诉处理情况得到明显地改善，投诉工单数量减少且投诉工单占比下降，责任票数减少，重复投诉率降低，工单完结率上升。

（一）任务工单统计。投诉工单量在 11 月超过万票，3 月下降至三百多票；投诉工单在总工单占比中整体呈现明显的下降趋势，由原 49.66% 上的占比下降到 25.04%（见图 6.1）。

（二）有责投诉统计。沙转运中心有责投诉票数呈明显下降趋势，由原来日均 390 票减少至日均 13 票，2 月份因为年前休假故投诉较较少，3 月相比有些许上升，但效果还是十分显著，如图 6.2 所示。

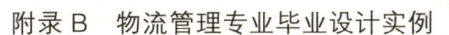

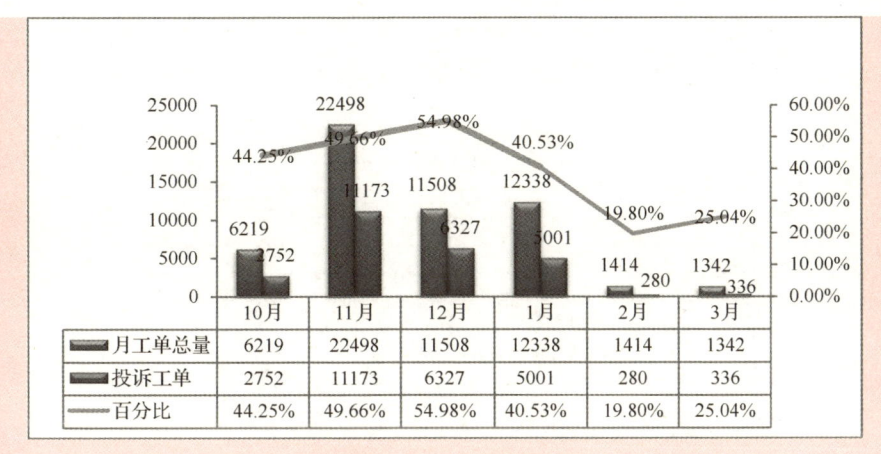

图 6.1 工单数量统计

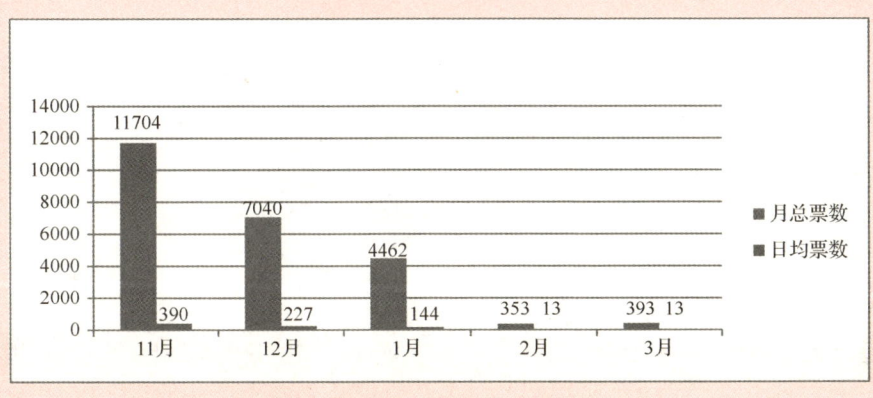

	10月	11月	12月	1月	2月	3月
月工单总量	6219	22498	11508	12338	1414	1342
投诉工单	2752	11173	6327	5001	280	336
百分比	44.25%	49.66%	54.98%	40.53%	19.80%	25.04%

图 6.2 有责投诉票数统计

（三）重复投诉统计。客户重投占比由 11 月的 26% 到 3 月的 3%，下降了 23 个百分点，客户服务体验得到了很好的改善，如图 6.3 所示。

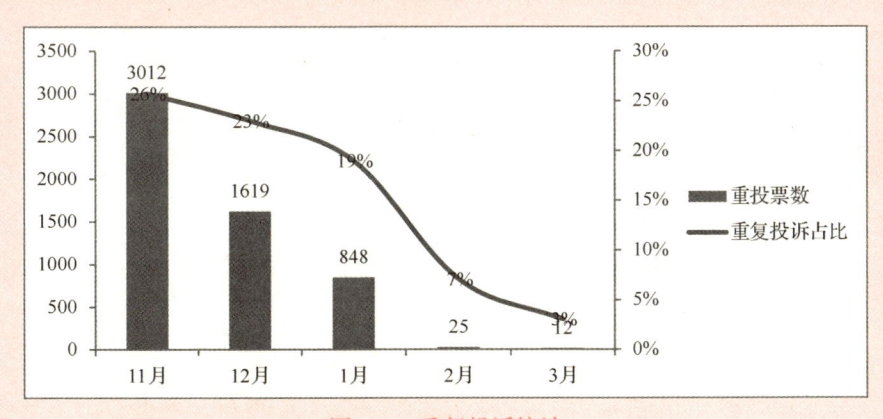

图 6.3 重复投诉统计

（四）工单完结率统计。长沙转运中心工单完结率从 11 月的 29% 上升到 3 月的 86%，总体上升了 57 个百分点，有了很大的改善，如图 6.4 所示。

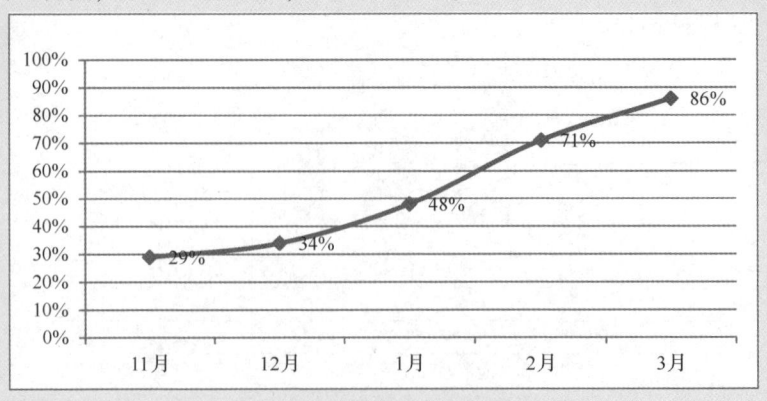

图 6.4　工单完结率统计

7. 结论

综上分析，转运中心要进行投诉控制、提升客户体验、制定投诉防控策略，应把握以下几个关键点。

（1）了解投诉工单的基本处理方式，了解客户投诉的意义，明晰转运中心投诉的影响因素，以客户需求为中心，合理诊断工单，构思处理改进策略。

（2）选择关键问题点，制定相应的完善策略。

（3）将问题细分。从组织架构（内部协调）、重复投诉、工单数量、上层管控、外发转运、客户回访等多个方面来防控投诉。

（4）根据改进标准对各个投诉数据进行实时监控。落实投诉处理人责任，并多部门进行监督控制。各部门分工协作，并及时盘点处理进展。积极跟踪大客户投诉、重大投诉和重复投诉等重要部分，实时响应枢纽要求。未处理的投诉及时问责并汇报。

（5）做好投诉防控，维系良好的客户关系，增加客户满意度。

总之，企业应当建立良好的客户关系，以维系企业的根本和命脉。对于一个物流企业来说，最有价值的不是市值几百万元的货车，而是货源，也就是客源。做好投诉处理，就是要改善自身，让客户满意，通过优质服务赢得市场。有足够的客户基础，企业才能基业长青。

最后，希望本毕业设计作品，能够为国内物流转运中心投诉处理的优化，提供一个有参考和借鉴意义的模板。

参考文献

[1] 续秀梅. 物流客户服务 [M]. 2 版. 北京：中国财富出版社，2015：163-171.

[2] 邢以群. 管理学 [M]. 4 版. 杭州. 浙江大学出版社，2016：20-39.

[3] 柳思维. 市场营销学 [M]. 长沙. 国防科技大学出版社，2017：58-124.

[4] 李联卫. 物流管理及其案例解析 [M]. 北京. 化学工业出版社，2016：24-41.

[5] 官同良，王祥伍. 借力咨询——德邦成长背后的秘密 [M]. 4 版. 北京. 中华工商联合出版社，2016：98-132.

[6] 方玲玉. 商科专业毕业设计教程 [M]. 北京：电子工业出版社，2016.

致谢

时间总是过得特别快，转眼到了毕业季。历经数月实习，我从亲身实践中归纳总结，思考问题的具体优化解决方案，并加以实际操作和运用，以此令企业能够产生效益，同时不断学习，完善自我。在这期间许多人给予了我巨大的鼓励和支持，首先，我要感谢×××老师，悉心指导我的毕业设计撰写，为此耗费了不少精力与时间，使我能顺利完成学校对毕业生的要求。其次，我要感谢在我实习期间指导我工作的企业导师×××，是他教会我如何在企业里做到事无巨细，如何高效解决工作中所遇到的问题，给我提供许多帮助，让我学到更多专业知识并迅速成长，同时为我的毕业设计提供了丰富的参考资料。

毕业设计的撰写离不开各位老师、领导还有各位同事的帮助和批评指正，在此对他们表示由衷地感谢和真挚的祝福！

附录 C

会计专业毕业设计实例

实例一： 金蝶 K3 14.0 报表模块实施中存在的问题与优化服务建议

Part 1　毕业设计任务书（略）
Part 2　毕业设计执行方案

×××职业技术学院毕业设计执行方案

___商___学院　___会计___专业　　　2015 年 11 月 26 日

设计题目	金蝶 K3 14.0 报表模块实施中存在的问题与优化服务建议			
学生姓名	×××	学号	1318013×××	指导教师 ×××

1. 选题的依据和意义

　　企业财务核算的信息化，使得许多中小微企业逐步淘汰手工会计核算，采用财务软件。金蝶作为国内企业财务核算软件半壁江山的提供商，如何提高其中小企业软件的使用效率是其需要面对的重要问题。本人有幸于 2015 年 09 月到金蝶软件公司技术服务中心长沙基地进行毕业顶岗实习，岗位是 ERP 技术支持，工作内容是针对通过金蝶客户服务热线用户打过来的求助电话，帮助客户解决软件实施及应用中出现的问题。本人将选择重点放在金蝶 K3 14.0 报表模块上，在掌握金蝶 K3 软件整个报表模块的内容构成与功能基础上，收集整理客户提出的关于报表模块方面的问题，针对这些典型问题进行深入探讨，提出最优的解决方案和合理的预防措施。希望这些方案在提高金蝶软件技术支持工作效率的同时帮助广大用户更好地使用金蝶 ERP-K3 系统。

续表

2. 拟解决的关键问题
（1）归纳整理金蝶 K3 系统中资产负债表、利润表 2 个模块中客户咨询的典型问题，针对这些问题提出最优的解决方案和合理的预防措施。
（2）通过对金蝶用户守则的反思，提出重新编排用户守则，突出重点内容，从而使金蝶用户守则的操作性更具针对性，让客户可以不通过电话咨询，自己对照守则就能够解决遇到的常见问题。

3. 毕业设计的技术路线
步骤一：通过查阅金蝶 2010—2014 版用户操作守则，基本掌握金蝶 K3 软件报表模块的操作。
步骤二：通过金蝶基地的培训、上机操作解决客户问题，加深对金蝶报表模块的理解。
步骤三：向实习基地指导老师学习，独立解决客户疑难问题。
步骤四：通过理论学习、上机实践、服务客户，选定毕业设计主题，获得指导老师同意。
步骤五：撰写电话 ERP 技术支持岗位的服务案例，总结常见的客户问题，并提出解决方案。
步骤六：对优化金蝶 ERP 技术支持岗位服务提出建议。

4. 毕业设计的日程安排

任务	开始时间	结束时间	阶段成果
确定选题	2015 年 11 月	2015 年 12 月	毕业设计任务书
制定方案	2015 年 11 月	2015 年 12 月	毕业设计执行方案
完成设计	2015 年 12 月	2016 年 05 月	毕业设计作品
成果总结	2016 年 05 月	2016 年 05 月	答辩 PPT

5. 指导教师的意见及建议
选题符合实习单位和实习岗位情况，具有较强的实践意义，同意执行！

签名：×××
2015 年 11 月 12 日

Part 3　毕业设计作品

×××职业技术学院
会计专业毕业设计

答辩视频

题目：金蝶 K314.0 报表模块实施中存在的问题与优化服务建议

类型：

产品设计	工艺设计	方案设计
		√

学生姓名：×××
学　　号：1318013×××
班　　级：会计 1334 班
专　　业：会计专业
学　　院：商学院
学校指导教师：×××
企业指导教师：×××

2016 年 5 月 6 日

摘 要

财务报表主要反映企业一定时期的经营成果和财务状况，是财务报告的主要内容。通过财务报表可以非常清楚地看到企业的经营状况，看出企业的经济实力。在财务软件中，软件一般只提供不同类型企业的通用模板，对于有特殊需求的企业，由于使用的科目代码和核算方式的独特性，客户需要设置个性化报表，从而导致实施过程中出现各种问题。本设计定位于金蝶K3财务软件财务报表模块ERP技术支持岗位，通过总结在实习过程中客户在报表模块出现的常见问题，提出对应的解决方案，并对优化金蝶ERP技术支持岗位服务提出了建议。

关键词：金蝶K3软件；报表模块；技术支持；优化

目 录

1. 金蝶K3报表模块简介
    1.1 公司简介
    1.2 报表模块介绍
        1.2.1 资产负债表模块
        1.2.2 利润表
2. 在使用报表模块时常见的问题和解决方案
    2.1 在使用资产负债表时常见的问题及解决方案
        2.1.1 资产负债表中"未分配利润"项目的数据不正确
        2.1.2 资产负债表中的"资产合计≠负债合计+所有者权益合计"
        2.1.3 新增科目下设核算项目或者明细科目后报表数据不正确
        2.1.4 资产负债表中的"未分配利润的期末数–年初数≠利润表净利润本年累计数"
    2.2 在使用利润表时常见的问题及解决方案
        2.2.1 利润表取不到数据，全部是零
        2.2.2 利润表如何单独设置权限
3. 对优化金蝶K3报表模块服务的建议
    3.1 增加小企业财务报表模块
    3.2 简化功能设置
    3.3 开发形式多样的用户手册
4. 对金蝶用户提出的建议
    4.1 加强员工培训
    4.2 充分利用测试系统
    4.3 多与其他用户沟通交流
5. 结束语

参考文献

致谢

1. 金蝶K3报表模块简介

1.1 公司简介

金蝶国际软件集团有限公司（简称金蝶）总部位于中国深圳，始创于1993年8月，于2005年7月20日在我国香港联合交易所主板成功上市。金蝶是亚太地区领先的企业管理软件及电子商务应用解决方案供应商，是全球软件市场中成长最快的独立软件厂商之一，是中国软件产业的领导厂商。金蝶K3财务软件是金蝶投资亿元，投入上千名工程师历经十多年不断完善升级的中国本土化第一代 ERP 企业管理软件,是金蝶在中小企业市场主打产品之一。金蝶 K3 财务管理系统可以对企业的财务进行全面管理,在完全满足财务基础核算的基础上,实现集团层面的财务集中、全面预算、资金管理和财务报告等,帮助企业财务管理从会计核算型向经营决策型转变,最终实现企业价值最大化。

1.2 报表模块介绍

金蝶 K3 报表模块为用户提供了丰富的通用报表,而且 K3 报表子系统可以帮助用户快速、准确地编制各种个性化报表。K3 报表子系统提供了数百个灵活的取数公式,满足各层次用户不同需要,而且其与 Excel 类似的操作风格,让用户经过简单的培训就能独立操作,编制所需的报表,降低企业培训费用。

相对于手工制作的报表,K3 报表可以供用户随时查看企业任意期间的报表数据,用户可以根据需要查看多个期间的总和数据。作为企业的重要财务数据,金蝶 K3 的任意张报表都可以加密,能很好保护企业数据。

1.2.1 资产负债表模块

金蝶 K3 的资产负债表是根据中国会计准则要求制作的,反映企业在一定时期内全部资产、负债和所有者权益的财务报表。报表公式编辑界面整体软件功能采用 Excel 表格界面,运用简单的加法,和在 Excel 中操作一样。

如图 1.1 所示,用户可以一目了然地看到整个报表界面,其取数与实际手工报表一样,便于客户查看数据。

图 1.1 金蝶 K3 资产负债表

1.2.2 利润表

金蝶 K3 的利润表是根据中国会计准则制作的,反映企业在某一特定时期实现的各种收入、发生的各种费用、成本或支出,以及企业实现的利润或发生的亏损情况的财务报表,如图 1.2 所示。

图 1.2　金蝶 K3 利润表

2. 在使用报表模块时常见的问题和解决方案

2.1　在使用资产负债表时常见的问题及解决方案

2.1.1　资产负债表中"未分配利润"项目的数据不正确

长城汽车公司 2015 年 11 月份报表模块生成的资产负债表中"未分配利润"项目突然显示为零，财务人员无法查明原因。

期末结转损益的会计处理方法有账结法和表结法两种。账结法是指每期末结转损益，使用这种方法编制资产负债表时，"未分配利润"项目数据来源为本年利润科目与利润分配科目之和；表结法是指年末一次性结转损益，使用这种方法编制资产负债表时，"未分配利润"项目数据来源为利润表净利润累计数与利润分配科目数之和。在现实工作中，财务人员可任选其中一种方法进行期末结转。

而 K3 系统设置（默认）的资产负债表模板采用的是账结法，其资产负债表中"未分配利润"项目的公式设置为本年利润科目与未分配利润科目之和。账结法"未分配利润"的公式设置如图 2.1 所示。

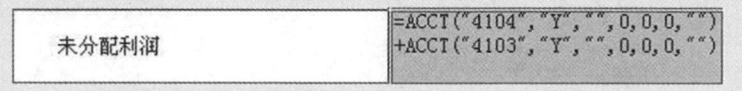

图 2.1　账结法"未分配利润"的公式设置

若用户企业采用表结法，其资产负债表中"未分配利润"项目的公式需要财务人员重新设置：此时未分配利润项目的报表取数公式要用到"REF_F"函数跨表取利润表的数据，应当设置为利润表净利润累计数与未分配利润科目数之和。账结法"未分配利润"的公式设置如图 2.2 所示。

| 未分配利润 | =ACCT("4104","Y","",0,0,0,"")+ACCT("4103", "Y","",0,0,0,"")+REF_F("利润表","B18","表页_1","") |

图 2.2 账结法"未分配利润"的公式设置

经询问得知，长城汽车公司新进财务人员 11 月份结转损益时使用的是表结法，本期没有结转损益也未修改报表项目的公式（系统也未给予修改报表公式的提示），所以导致了该公司 11 月份的资产负债表中"未分配利润"显示为零。

解决方案：建议金蝶完善 K3 系统，可以从两个方面来着手，一是系统提供账结法和表结法两种方法供用户自行选择，系统将两种方法的公式都事先设置准确；二是系统默认其中的某种方法，但当用户采用与系统不一致的方法时，系统能及时反馈用户不一致的提示。

2.1.2 资产负债表中的"资产合计≠负债合计+所有者权益合计"

很多企业用户反映，企业上期报表数据都是正确的，在本期没有做过任何报表操作的情况下，资产负债表的期末数显示"资产合计≠负债合计+所有者权益合计"。

解决方案：建议企业财务人员从下面 6 个方面进行检查，对错误及时进行修改。

一凭证是否过账，如果存在未过账的凭证，建议勾选【公式取数参数】中的参数【ACCT 函数取数包含总账当前期间未过账凭证】，同时检查取数的期间设置是否正确，币别设置是否包含所有科目。

二确认企业使用账结法还是表结法，如果企业采用账结法，需要先结转损益再出具资产负债表；如果企业采用表结法，则需要修改【未分配利润】项目为包含本年利润（可从利润表取数）的取数公式。

三确认有没有存在遗漏的科目，一般而言，如果上一个期间数据正确，可以排查当期是否有新增的新的一级科目，可以增加公式取新的科目数据。

四存货公式的排查，如果期末存在在产品，即制造费用、生产成本科目还有余额，需要在【存货】项目中设置公式为包含制造费用、生产成本科目的取数公式。

五往来科目的取数，如果企业启用了应收账款、预收账款、应付账款、预付账款这 4 个科目，在资产负债表中，应收账款=应收账款借方+预收账款借方－坏账准备余额，预收款项=应收账款贷方+预收账款贷方；应付账款=应付账款贷方+预付账款贷方，预付款项=预付账款借方+应付账款借方。

六检查报表中的公式是否设置正确。例如，科目属性在借方，科目余额方向在借方为负数，这个时候取 JY 就没有数据，正常取 Y 就没有问题。

如果上述错误都排查后，还可以将资产负债表的数据与科目余额表的数据进行比对，查找错误数据所在，可以是计算差额，查看是否存在科目的余额正好为该差额，快速查找错误数据的根源。

2.1.3 新增科目下设核算项目或者明细科目后报表数据不正确

深圳客户茁壮网络股份有限公司 2016 年 3 月新增二级科目下挂了核算项目后，还是与以前一样做的业务，但是资产负债表的取数出现问题，数据不对。

应收账款科目按客户项目核算后的具体数据如图 2.3 所示。

图2.3 科目余额表——客户项目

当科目按照客户下设明细科目时，如图2.4所示。

图2.4 科目余额表——客户明细

取数公式设置如图2.5所示。

=ACCT("1126","JY","",0,0,"")	=ACCT("1127","JY","",0,0,"")
=ACCT("1126","DY","",0,0,"")	=ACCT("1127","DY","",0,0,"")
=ACCT("1126|客户","JY","",0,0,"")	=ACCT("1127|客户","JY","",0,0,"")
=ACCT("1126|客户","DY","",0,0,"")	=ACCT("1127|客户","DY","",0,0,"")
=ACCT("1126.01:1126.02","JY","",0,0,"")	=ACCT("1127.01:1127.02","JY","",0,0,"")
=ACCT("1126.01:1126.02","DY","",0,0,"")	=ACCT("1127.01:1127.02","DY","",0,0,"")
=ACCT("1126.01:1126.02|客户","JY","",0,0,"")	=ACCT("1127.01:1127.02|客户","JY","",0,0,"")
=ACCT("1126.01:1126.02|客户","DY","",0,0,"")	=ACCT("1127.01:1127.02|客户","DY","",0,0,"")

图2.5 设置明细后公式设置

取数结果如图2.6所示。

10		140
20		150
140		0
150		0
10		140
20		150
140		0
150		0

图2.6 取数设置后结果展示

操作指导：检查核算项目和明细科目是否完全一致。当科目存在下级明细并且下挂核算项目时，公式需要根据下级明细科目设置，并且公式设置按照核算项目进行重分类取数。只有当下级明细科目下挂的核算项目完全一致，才可以在一级科目上按照核算项目重分类取数。

当科目只存在下级明细科目时，公式只需要根据科目设置即可。

2.1.4 资产负债表中的"未分配利润的期末数−年初数≠利润表净利润本年累计数"

营口金辰机械股份有限公司曾来电咨询报表的问题，因为公司需要，在报表系统中新增

"本年累计"一栏。4月份发现资产负债表中的"未分配利润的期末数-年初数≠利润表净利润本年累计数"。

解决方案：建议企业财务人员按以下5个步骤来进行检查，排查错误之后及时进行修改。

一是先确认资产负债表是否平衡，不平则按资产负债表不平排查，平则继续按下列步骤逐一排查。

二是确认差额是否等于以前年度损益调整，在新会计准则中，以前年度损益调整科目的数据不列示在利润表中，而资产负债表中的未分配利润在以前年度损益调整结转损益后就包含以前年度损益调整的数据，如果上述两项的差异正好为以前年度损益调整科目的金额，数据不存在错误，为正常情况。

三是确认资产负债表未分配利润的公式设置，账结法下，未分配利润的数据为本年利润科目加上利润分配科目的余额，可以在空白的单元格上分别将两个公式进行取数，与科目余额表的数据进行核对，确认资产负债表中的未分配利润科目的取数是否正确；表结法下，未分配利润的数据一般为利润分配科目余额加上损益表的净利润数据，一般不会产生该错误。

四是确认本年年中是否有利润分配，一般来说，企业年末才会进行利润分配，但是不排除年中利润分配的情况，年中进行利润分配，如结转盈余公积、发放股利等情况，未分配利润的数据将减少，比如，本年目前为止实现100万元净利润，10月份发放30万元的股利，那么未分配利润将变为70万元，而不是全额的100万元，那么未分配利润将不会与净利润的累计数据一致。

五是当确认资产负债表的数据完全正确的情况下，可以确认利润的取数是否正确，确认利润表相关项目应该按照SY取数类型进行取数，使用"JF/DF"函数不一定可以满足利润表与资产负债表的勾稽关系，可以一一查看利润表各个项目是否实现了正确取数。

2.2 在使用利润表时常见的问题及解决方案

2.2.1 利润表取不到数据，全部是零

新疆分公司的同事曾来电帮客户咨询一个问题，具体问题是在查看资产负债表时数据没有问题，但是在查看利润表时，数据全部为零。该同事表示自己已经做了一些排查，但是还是没有数据。

解决方案：建议企业财务人员检查以下两个方面，第一，结转损益的凭证是不是财务人员手工做的。利润表的取数不同于资产负债表，利润表取的数据都是损益科目的数据，损益科目期末结转，科目余额便是零，所以在结转损益凭证的数据利润表是取不到的。如果是需要手工结转损益，那么一定要注意在这张凭证的摘要上勾选【不参与多栏账汇总】，如图2.7所示。

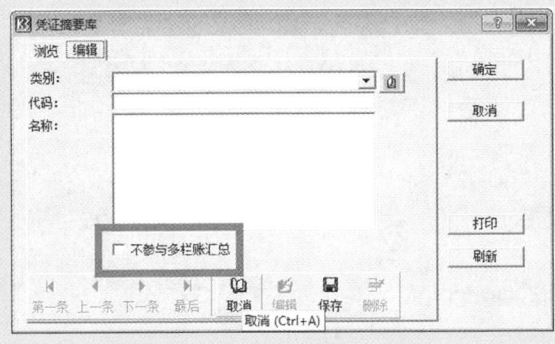

图2.7 手工结转损益图示

第二，结转损益是否是通过自动转账功能生成的，该转账方案是否有勾选【不参与多栏账汇总】，如图2.8所示。

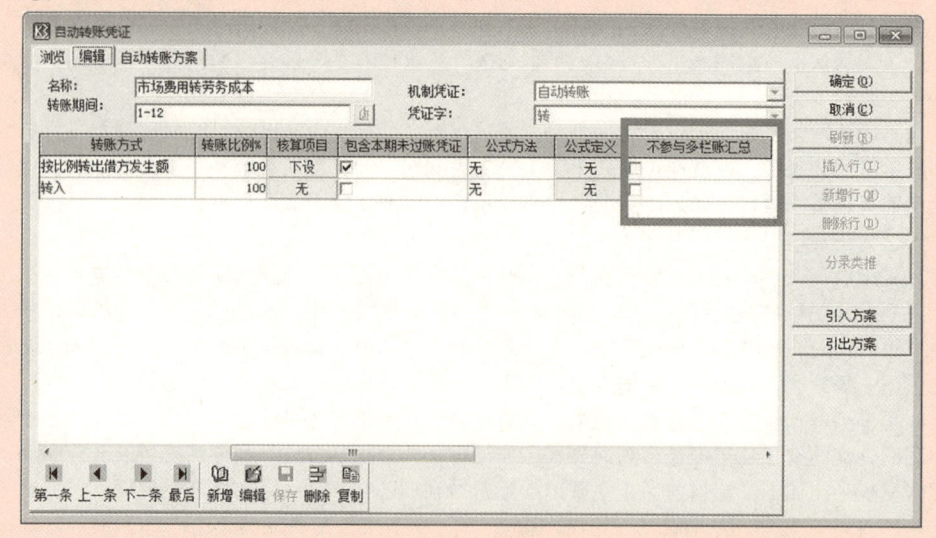

图2.8 自动结转损益图示

2.2.2 利润表如何单独设置权限

关于报表单据授权的这个问题，经常会接到客户咨询，毕竟报表模块不同于其他模块，报表的数据对于每个企业来说都是非常重要的，所以将报表单独进行授权也非常有必要。客户的问题大致都是一样的，即怎样才能让某个有报表操作权限的用户不能查看某一张报表。

利润表的单独授权操作指导：在进入利润表后，单击菜单里的"工具"——"报表权限控制"，进入"授权"界面，在该界面可以选择具体用户，进行利润表访问权限的设置，如图2.9所示。

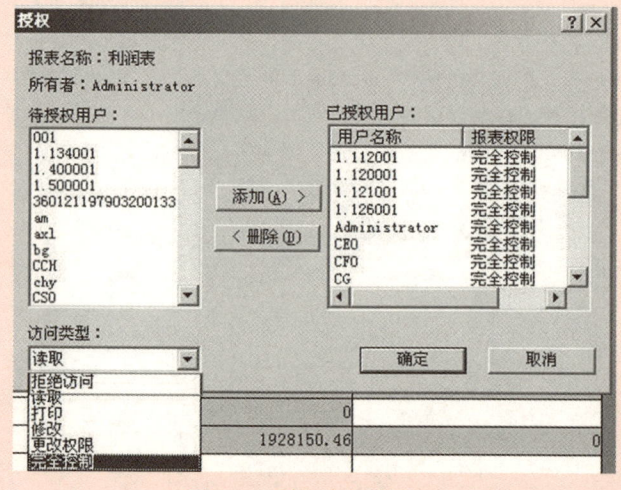

图2.9 利润表权限设置

3. 对优化金蝶K3报表模块服务的建议

用户由手工做账转为电算化做账，目的之一就是使做账更简单、更方便、更快捷。金蝶报表模块的功能已经非常完善，在报表的设置上也是非常的合理的，但是个人根据在金蝶实习将近一年的时间，结合来电中客户反映的在报表模块遇到的问题，对金蝶客户服务提出以下几点建议。

3.1 增加小企业财务报表模块

目前金蝶K3报表模块的模板设置过于单一，主要报表模板只适用于使用新企业会计准则下的企业，这主要针对了大中型企业客户；但是在实际实施中，使用金蝶K3软件的小企业居多，而金蝶K3报表模板现在并没有提供一个中小企业会计准则不需要修改公式就可以直接取到数据的报表模板。建议金蝶根据实际用户类型，提供一个小企业财务报表模块，该模块可以和国税局、地税局的相关申报报表模板直接设置成一模一样，这样就非常方便客户使用了。

3.2 简化功能设置

目前金蝶K3报表模块功能设置过于复杂，一个企业日常经营经常需要用到的操作，在报表模块实现起来并不容易，如查看以前期间的报表数据，就需要很多步操作才能实现。对财务软件功能设置不熟悉的企业人员使用起来就更加困难。因此建议金蝶对客户经常使用的往期报表查询等功能，设置常用的热键，这样客户只要单击热键就可以看到。

3.3 开发形式多样的用户手册

由于文本文档比较官方，语言不通俗易懂，而且有些比较复杂的知识点用文档难以描述，建议多发布一些视频文件，供客户学习。金蝶的用户守则2010—2014年的版本变化不大，可以按照电话支持、网络支持岗位的客户服务频率，把服务守则进行改版，把客户常遇到、常咨询的问题进行优化排序，并在软件帮助菜单里进行优化排序；同时录制常见问题解决办法的微视频，在用户守则中设置二维码，通过提供视频的解决方案，更好地为客户解决问题，提高金蝶的服务质量。

4. 对金蝶用户提出的建议

在实习过程中，经过总结发现，客户咨询的很多问题都是软件操作方面的问题，并且绝大多数都是操作人员对软件不熟悉导致操作不当造成的。针对这些情况，本人认为用户企业可以从以下几个方面着手提高员工的操作水平和操作速度。

4.1 加强员工培训

企业要对所有的新进员工进行培训，使用金蝶软件前先进行系统培训，后续对容易忽略的细节进行重点测试。

4.2 充分利用测试系统

在正式使用前企业可以先操作测试环境，对系统有一定的了解后再使用正式系统，这样可以减少客户在账务处理操作过程中的错误。

4.3 多与其他用户沟通交流

建议用户企业的财务人员经常登录金蝶社区和查看帮助手册，金蝶社区中有论坛，可以在里面提问题，也可以解决别人的问题，与其他用户共同进步、共同成长，同时在社区中也提供了一些官方的文档，客户可以下载下来查看与学习。

5. 结束语

自作为一名金蝶技术工程师以来，我发现在财务软件报表模块中存在的问题大多数都是相同的，无非是关于公式设置、取数、对账等问题，针对这些问题，其实都有固定的处理方案，反过来思考，我们为何不一一消除这些问题呢？

由于各个用户企业的具体情况不一样，需求也存在差异，所以软件的功能还是会存在不足，如报表模块中系统模板的预设，可以进行更新，因为有部分模板科目是存在问题的，需要进行手工更改，改后报表子功能界面更加简洁。总而言之，报表模块是现代智慧的结晶，但我们不能满足于现状，应该不断地在探索中求知，创造出能更好减轻企业负担的金蝶软件。

参考文献

[1] 徐靖婷. 会计电算化存在问题及对策探究 [J]. 中国城市经济，2011（7）：72-76.

[2] 王小琳. 浅谈会计电算化存在的问题及对策 [J]. 改革与开放，2014（12）：15-20.

[3] 雷翠玲. 企业会计电算化问题探究 [J]. 财经界（学术版），2015（9）：5-8.

[4] 王潇亭. 我国会计电算化的应用与发展 [J]. 时代金融，2015（17）：16-18.

致谢

经过近一年的实习，本人在专业技能和个人综合素质等方面都有了较大的提升，这次实习成为我学生生涯中最难忘、最有价值的一段时光。

首先要感谢×××老师一直以来的督促、指导，从开始就指导我们怎样顺利完成毕业设计方案的写作，这让本人少走了很多弯路。本篇毕业设计方案从选题、初稿到作品的反复修改、润色，都倾注了×××老师的大量心血，老师严肃的科学态度、严谨的治学精神、精益求精的工作作风，深深地感染和激励着我。同时还要感谢金蝶公司给予本人的这次实习机会，感谢企业导师×××经理不仅在生活上对本人关心和照顾，还教导我如何为人处事，在工作过程中也给予了我莫大的帮助，同时还为本篇毕业设计提供了很多指导意见和企业素材。

在三年的大学生活里，始终感受着学校老师的精心指导和无私关怀，以及各位同学的关心和帮助，在此表示诚挚的感谢！

附录 D

国际贸易专业毕业设计实例

Part 1　毕业设计任务书

××××职业技术学院毕业设计任务书

学　院	商学院	专　业	国际经济与贸易	班　级	国贸1633班
学生姓名	×××	学　号	1618033×××	指导教师（学校/企业）	××× ×××
毕业设计题目	江门市瑞麒照明有限公司国外客户开发渠道的优化方案			毕业设计类型	方案设计

一、设计目标

　　随着外贸行业竞争的不断加剧，对客户的争夺也越来越激烈。因此，外贸公司需要寻找多种渠道，不断地开发客户，为企业增加收益。江门市瑞麒照明有限公司是一家生产和销售室内外照明灯具的公司，产品主要用于出口。目前公司开发国外客户的主要渠道有阿里国际站、展会、电子邮件等，但现有开发渠道还存在一些问题，还有较大的发展空间。

　　鉴于此，本毕业设计旨在通过对瑞麒照明公司在国外客户开发渠道中存在的问题进行分析，提出具体的优化方案，希望此优化方案能为公司开发更多的客户，带来更多的收益。

二、主要任务及成果要求

　　（一）主要任务

　　1. 收集企业和外贸业务员岗位的相关资料，并整理好资料。
　　2. 了解瑞麒照明公司目前客户资源现状及公司主要客户地区。
　　3. 分析客户的来源，对瑞麒照明公司目前国外客户开发渠道的现状进行分析。
　　4. 找到瑞麒照明公司国外客户开发渠道方面存在的不足，并分析原因。
　　5. 对公司国外客户开发渠道方面存在的问题提出具体的优化方案。
　　6. 实施国外客户开发渠道的优化方案并对优化效果做出统计分析。

续表

7. 根据前期收集的资料、分析结果和优化方案的设计和实施结果形成毕业设计初稿。
8. 在专业教师指导下，征询其他外贸业务员和外贸经理的意见后，完成毕业设计二稿。
9. 再次征求公司外贸经理及指导老师意见，进行方案修正和完善，最后完成毕业设计定稿。

（二）成果要求
1. 毕业设计内容必须文题相符、概念清楚、思路清晰、层次分明。
2. 毕业设计方案设计合理，依据可靠，具有一定的社会价值、市场价值或商业价值。
3. 毕业设计作品字数要求在 5 000 字以上。
4. 毕业设计必须清楚反映自己的学习心得及探索成果，体现自己的专业能力和实践水平，严禁抄袭。
5. 尊重他人的学术成果，养成严谨、求实、诚信的学术作风。在应用文献资料时，必须在引用处给出标注，在设计作品末尾按引用顺序列出文献资料的出处详情（作者、资料名称、发表场所、时间、页码等。

三、实现步骤和方法
　　步骤一　文献调研：上网查阅相关国外客户开发渠道的资料，阅读最新书籍资料，找到需要的资料并且记录下来。
　　步骤二　同行调研：对比同行业其他企业开发国外客户的渠道，结合公司的发展现状，分析公司国外客户开发渠道方面存在的问题。
　　步骤三　拟定策划方案：根据前期调研结果，拟定江门市瑞麒照明公司国外客户开发渠道优化方案。
　　步骤四　方案运营实践：根据优化方案，对实习公司国外客户的开发渠道进行实践，记录相关数据，进行分析研究。
　　步骤五　方案总结优化：对实践成果进行总结，对实践方案进行优化。
　　步骤六　撰写设计方案：江门市瑞麒照明公司国外客户开发渠道的优化方案。
　　步骤七　毕业设计成果总结：撰写总结，完成毕业答辩汇报 PPT 等。

四、时间安排

序号	任务	开始时间	结束时间	阶段成果
1	毕业设计选题	2018.11	2018.11	确定选题
2	毕业设计任务书	2018.11	2018.12	毕业设计任务书
3	毕业设计执行方案	2018.12	2018.12	毕业设计执行方案
4	毕业设计作品初稿	2019.01	2019.03	作品初稿
5	毕业设计作品终稿	2019.04	2019.05	作品终稿
6	毕业设计答辩	2019.06	2019.06	完成答辩

指导教师签名 （学校/企业）	××× ××× 2018 年　12 月　10 日	系室 审核	××× 2018 年　12 月　15 日

Part 2　毕业设计执行方案

×××职业技术学院毕业设计执行方案

学　院	商学院	专业	国际经济与贸易	班　级	国贸1633班
学生姓名	×××	学号	1618033×××	指导教师	×××
				企业导师	×××
毕业设计题目	江门市瑞麒照明有限公司国外客户开发渠道的优化方案					

1. 选题的依据和意义

随着经济的快速增长和科技的日新月异，在外贸工作中开发客户的渠道也日趋增多，通过跨境平台、参加展会、搜索引擎等开发客户的方法成为大多数外贸人员开发客户的主要渠道。江门市瑞麒照明有限公司创立于2006年，目前公司开发国外客户的主要渠道是通过跨境付费平台——阿里国际站、展会、电子邮件等，但现有渠道还存在一些问题。本毕业设计的宗旨在于找出瑞麒照明有限公司在开发国外客户渠道方面出现的问题，针对问题提出具体的优化方案并予以实施，为公司寻找更多的开发国外客户的渠道，且对其他同类企业有一定的借鉴作用。

2. 拟解决的关键问题

（1）实习企业开发国外客户的渠道现状是怎样的？
（2）实习企业开发国外客户的渠道存在哪些问题？
（3）目前较为有效的开发国外客户的渠道有哪些？
（4）还有哪几种公司目前未使用的渠道可以开发国外客户？
（5）怎样通过这些渠道提高国外客户的数量和质量？
（6）开发国外客户渠道的有效性如何评判？

3. 毕业设计的技术路线

步骤一　文献调研：去外贸圈和福步外贸论坛等网站查阅开发国外客户渠道的相关资料，阅读最新书籍资料，归集相关文档资料，撰写内容摘要及读书笔记。

步骤二　同行调研：对比同行业其他企业开发国外客户的渠道并深入分析，了解实习企业开发国外客户渠道中存在的问题。

步骤三　拟定策划方案：根据前期调研结果，针对开发国外客户中存在的问题，拟定实习企业开发国外客户渠道的优化方案。

步骤四　方案运营实践：根据策划方案，对实习企业开发国外客户渠道进行优化实践，记录相关数据，保存过程资料。

步骤五　方案总结优化：对开发国外客户渠道成效进行总结，对开发方案进行优化。

步骤六　撰写毕业设计方案：完成江门市瑞麒照明有限公司国外客户开发渠道的优化方案的撰写。

步骤七　毕业设计成果总结：撰写总结、毕业答辩汇报PPT等。

4. 毕业设计的日程安排

任务	开始时间	结束时间	阶段成果
确定选题	2018. 11	2018. 11	毕业设计任务书
制定方案	2018. 12	2018. 12	毕业设计执行方案
完成设计	2019. 01	2019. 05	毕业设计作品
成果总结	2019. 06	2019. 06	答辩PPT

5. 指导教师的意见及建议

方案可行 同意执行。

指导教师签名（学校/企业）：×××
　　　　　　　　　　　　　×××

2018 年 12 月 29 日

注：本表一式两份，一份院部留存，一份存学生档案。　　　　　　教务处制

Part 3　毕业设计作品

×××职业技术学院

毕业设计

答辩视频参考

| 题目： | 江门市瑞麒照明有限公司国外客户开发渠道的优化方案 |

类型：	产品设计	工艺设计	方案设计
			√

学生姓名：	×××
学　　号：	1618033×××
学　　院：	商学院
专　　业：	国际经济与贸易
班　　级：	国贸 1633 班
学校指导教师：	×××
企业指导教师：	×××

2019 年 6 月 1 日

摘　　要

　　江门市瑞麒照明有限公司是一家专业生产 LED 照明灯具的工贸一体化企业，一直以来公司业务员主要通过阿里国际站跨境平台、参加各类国内外灯具展会、对客户定期发送邮件等传统方式来开发客户，开发效果不够明显，还有很大的提升空间。针对这些问题，可以采取对现有跨境平台进行优化、提高参加展会的效果、使用新的社交媒体推广等优化方案，从而获得更多的客户资源，拓宽公司国外客户开发的渠道。

关键词：国外客户；开发渠道；优化方案

目　　录

前言
1. 江门市瑞麒照明有限公司概况

  1.1 公司简介
  1.2 公司主要出口产品
  1.3 公司主要出口市场
2. 瑞麒照明公司国外客户开发的主要渠道
  2.1 通过阿里国际站跨境平台
  2.2 参加国内外灯具展会
  2.3 给客户定期发送邮件
3. 瑞麒照明公司国外客户开发渠道问题分析
  3.1 付费平台效果不显著
  3.2 展会效果不够明显
  3.3 没有利用新的社交媒体
4. 瑞麒照明公司国外客户开发渠道的优化方案
  4.1 提高阿里跨境平台的整体效果
    4.1.1 提高平台上传产品的质量
    4.1.2 优化 RFQ 报价模板
    4.1.3 及时并准确回复有效询盘
  4.2 提高参加展会的效果
    4.2.1 参展前准备到位
    4.2.2 参展中服务到位
    4.2.3 参展后跟进到位
  4.3 充分利用各种社交媒体进行线上推广
    4.3.1 通过 Google 等搜索引擎寻找客户邮箱
    4.3.2 使用企业邮箱给客户发送开发信
5. 瑞麒照明公司国外客户开发渠道优化方案的实践效果
  5.1 跨境平台效果得到提升
  5.2 获得了更多客户资料
6. 结论
参考文献
致 谢

前言

当今时代，随着经济的快速增长和科技的日新月异，外贸企业开发客户的渠道也日趋增多，通过跨境平台、参加展会、搜索引擎等开发客户方式，目前已经成为大多数外贸人员开发客户的主要选择。江门市瑞麒照明有限公司创立于 2006 年，主营产品有 LED 筒灯、LED 天花灯、LED 射灯等室内商业照明灯具，以及 LED 投光灯、LED 飞碟灯、LED 工矿灯等室外照明灯具，目前公司开发国外客户的主要渠道是通过跨境付费平台——阿里国际站、展会、电子邮件等，但现有开发渠道还存在一些问题，还有较大的发展空间。本人在江门市瑞麒照明有限公司外贸业务员岗位进行了为期六个月的实习，实习期间发现了公司在国外客户开发渠道方面存在的问题并进行了分析，提出了优化方案并予以实施，取得了一定效果，期待此优化方案能为公司带来更多优质客户，带来更大经济效益。

1. 江门市瑞麒照明有限公司概况

1.1 公司简介

江门市瑞麒照明有限公司（简称：瑞麒照明公司）创立于 2006 年，位于珠江三角洲的江门市高新开发区,工厂和办公区域占地面积约 15 000 平方米,是一家拥有技术人员和办公人员共 200 余人的中小型企业。公司历经十多年的发展,现已成为经营 LED 商业照明产品的专业公司,专注于"创新、节能、环保、高效"的 LED 室内外照明产品的研发、生产与销售。

瑞麒照明公司的灯具产品年产量数十万只,相继通过了中国电工产品"长城"安全认证、《国家强制性产品认证》3C 认证和 ISO9001:2000 国际质量体系认证,产品远销欧美、东南亚、中东等多个国家和地区,公司提供 OEM 生产,与三雄、雷士等中国优质上市灯具公司都有合作,是照明行业发展较快的品牌企业之一。

1.2 公司主要出口产品

瑞麒照明有限公司经营的是节能、环保、安全性高的照明灯具,主要有用于客厅、卧室、浴室、酒店大厅、咖啡厅、展厅等的室内商业照明灯具,以及用于足球场、广场、花园等室外的高防水灯具。目前,公司生产的产品种类繁多,主要包括 LED 筒灯、LED 射灯、灯杯、投光灯、壁灯等,瑞麒照明公司的主营产品如表 1.1 所示。

表 1.1 瑞麒照明公司的主营产品

Products Name	Products Photo	Products Description
20W COB LED Down lights		Hot Selling in the Middle East, have good quality, mainly used for indoor lighting
15W COB LED Spot lights		New model produce, modern simply style, very popular in European and American markets
5W LED Warm White Cup Lights		Small watt led cup, with cheap price, have many model, high brightness
High Quality IP66 Waterproof Flood Light		Outdoor high quality waterproof high IP Flood Light, using in square
Aluminum square IP65 Garden outdoor wall light		Mainly use in the garden, have many model, also can do with sensor

(资料来源:根据公司资料整理)

1.3 公司主要出口市场

瑞麒照明有限公司的目标客户主要分布在中东、东南亚、北美等地区，美国、印度、沙特阿拉伯、巴基斯坦是排名前四的出口客源国家。另外还有一些来自中东地区卡塔尔、伊朗、阿联酋等国客户，如图1.1所示。公司主要出口市场集中在这些地区的主要原因是，公司产品在设计风格、产品使用参数等方面主要是针对这些国家和地区，他们在中国灯具市场上年采购量很大。

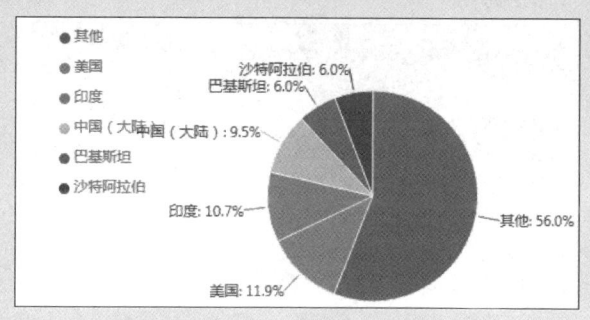

图1.1 目标客户市场分布情况

根据阿里国际站后台的行业数据，在瑞麒照明公司照明产品的热门搜索国家和地区中，对灯具搜索较多的是亚洲客户，占35.16%；其次是北美客户占25.55%，欧洲客户占23.82%；非洲、南美客户分别只占6.35%、6.27%。可见，亚洲整体买家占比较高。

2. 瑞麒照明公司国外客户开发的主要渠道

2.1 通过阿里国际站跨境平台

瑞麒照明公司使用的是付费的阿里巴巴国际站账号，分为四个子账号，平台上传的总产品数已经有上千个，每个子账号都有不同的高曝光、高点击产品。

瑞麒照明公司通过在跨境平台上发布产品、回复客户的询盘、发送有效RFQ、回复TM咨询、主动向在线客户进行营销等，获得了一定数量的客户。但是此类客户的黏性不高，采购的产品数量相对较少，客户对工厂的信任度较低，大部分都是一次性客户，总体利润不高，完成一单耗费的精力也较多。

2.2 参加国内外灯具展会

展会是一个营销大舞台，不仅可以帮助公司做宣传，还可以开发很多新的、有实力的客户，因此参加国内外专业灯具展会也是瑞麒照明公司开发国外客户的渠道之一。公司在展会上能获取大量客户信息，只要展会结束后积极联系客户，寄送客户需要的样品，加深客户对公司的印象，就极有可能获取订单，甚至发展其成为长期客户。展会上开发的客户质量都比较高，采购数量大，有的客户还能直接在展会上成功签单。但是，参加展会的花费很大，因此公司参加展会的机会有限。

2.3 给客户定期发送邮件

瑞麒照明公司的一部分客户是通过公司企业账号定期发送电子邮件的方式来开发的，包括回复客户邮件、发送产品目录、发送产品报价、处理客户订单、出货、处理客户投诉等，如图2.1为瑞麒照明公司部分业务邮件。

"feedback@service.alibaba.c...	[Alibaba Inquiry Notification] Mourad BENCHEKROUN has sent you...
Andrew Zhan <l3k0m@emai...	Germany design private-mold LED SOLAR LIGHT/ Introducing to Vi...
"Munish Aggarwal" <Hankb...	Re:Fwd: Swift copy
Jin Suk Lee" <JinSk.Lee@Sib...	QUOTATION SHEET
Paul Cruise <paulcruise16@...	Re: Reply from Alibaba inquiry-Rich lighting Co.,Ltd
Luis Alberto García <lagarcia...	Re: About panel light from alibaba inquiry-rich lighting Co.,...

图 2.1　瑞麒照明公司部分业务邮件

3. 瑞麒照明公司国外客户开发渠道问题分析

3.1　付费平台效果不显著

瑞麒照明公司阿里巴巴国际站店铺开通已有五年，但由于没有专业人员进行运营维护，平台开发国外客户的效果不够显著。无论是店铺访问人数、店铺访问次数、搜索曝光次数、搜索点击次数等数据，都大大低于行业平均值，如图 3.1 所示。从 2019 年 1 月 30 天内的客户询盘回复率、RFQ 报价通过率的数据来看，瑞麒照明公司阿里国际站账号的整体回复率、RFQ 通过查看率都明显偏低，如图 3.2 所示，可见公司跨境电商平台渠道的客户开发效果存在很大提升空间。

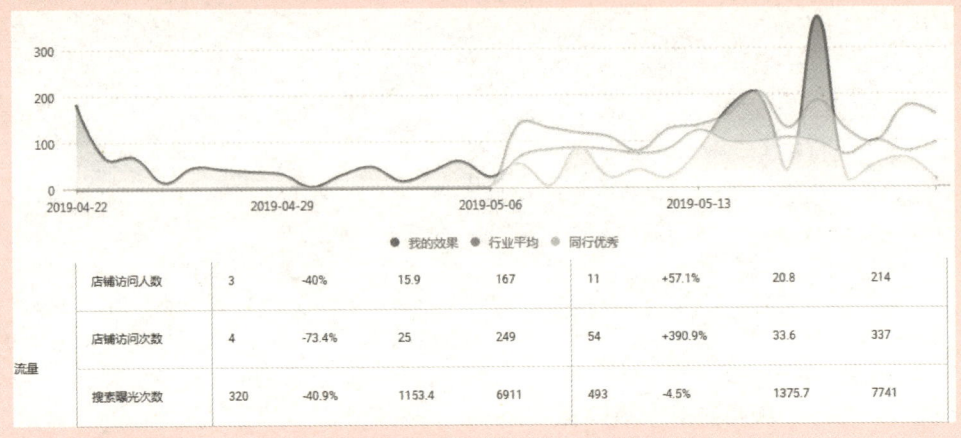

流量	店铺访问人数	3	-40%	15.9	167	11	+57.1%	20.8	214
	店铺访问次数	4	-73.4%	25	249	54	+390.9%	33.6	337
	搜索曝光次数	320	-40.9%	1153.4	6911	493	-4.5%	1375.7	7741

图 3.1　瑞麒照明公司产品数据与同行对比

曝光	点击	询盘	及时回复率
4701	65	5	100.0%
2758	40	4	100.0%
4663	40	2	33.3%
4893	61	2	66.7%

审核通过报价数	查看报价数	意向行动报价数	报价查看率	意向行动率
21	10	2	47%	20%

图 3.2　瑞麒照明公司询盘回复率与 RFQ 报价通过率

3.2 展会效果不够明显

瑞麒照明公司以前的客户来源渠道主要是通过展会，但通过参展带来的优质客户和潜在客户呈逐年减少的趋势，主要原因有：第一，随着互联网时代的到来，许多国外采购商更愿意在网络平台上寻找供应商；参展需要花费大量时间、精力，因此有些国外客户参展意愿不强。第二，每年举办的国内外展会越来越多，参展的优质企业和外贸公司也很多，竞争十分激烈，且展会上推出的新款很容易被同行模仿借鉴。第三，客户回国后邮箱里基本上是参展商发送的客户开发邮件，如果在价格、产品质量、服务上没有特别大的优势，是很难吸引客户回复的，因此后期维护客户的难度较大。第四，参展的前期、中期、后期需要做大量的工作，耗费大量的人力、物力、财力，参加展会的成本很高。

3.3 没有利用新的社交媒体

随着互联网新技术手段的应用，为外贸企业客户开发渠道带来了创新。瑞麒照明公司获得客户邮箱的主要方式是通过收集阿里国际站上现有询盘过的客户邮箱，比较被动。随着互联网的发展及人们生活习惯的改变，运用新的社交媒体收集客户邮箱并对之进行开发，成为了一种更省时、更省力、更高效的客户开发渠道的方式，但瑞麒照明公司在此前并没有对此进行特别关注及运用。

4. 瑞麒照明公司国外客户开发渠道的优化方案

4.1 提高阿里跨境平台的整体效果

针对瑞麒照明公司目前阿里国际站客户开发的效果不明显的问题，可以通过提高平台上传产品的质量、优化 RFQ 报价模板、及时并准确回复有效询盘这三个方面来进行改善和提升。

4.1.1 提高平台上传产品的质量

提高平台上传产品的质量是增加跨境店铺询盘数量的一个主要方法。瑞麒照明公司在阿里平台上传的产品质量不太高，影响了公司产品的爆、点、访数据，瑞麒照明公司部分产品的曝光、点击、访客数据，如图 4.1 所示。总体而言，瑞麒照明公司的产品曝光量、点击率不高，高曝光低点击的产品数量很多。

产品	负责人	曝光 ≑	点击 ≑	点击率 ≑	访客 ≑
Polish Chro...	Lesile Luo	443	4	0.90%	2
10W/15W/2...	Carrie Zhang	301	4	1.33%	2

图 4.1 瑞麒照明公司产品曝光、点击量数据

要提高平台上传产品质量，可以从以下几个方面入手。

第一，优化产品标题。阿里国际站产品的标题字数是限制在 128 个字符以内的，标题由核心词+属性词+流量词组成。瑞麒照明公司可以通过阿里国际站的数据管家，搜索到同行使用得比较多的关键词，通过竞争度和搜索热度相比较，整理关键词表格，尽量把搜索热度高、相对竞争度低的关键词放到产品标题里。图 4.2 是通过阿里数据管家搜索到的 LED 筒灯部分搜索热度高的行业关键词，如 led downlight、led light downlight 这两个词的搜索热度分别是 1 566 次、544 次。瑞麒照明公司在设置产品标题时，可以使用这些热搜词，增加被客户搜索到的机会。

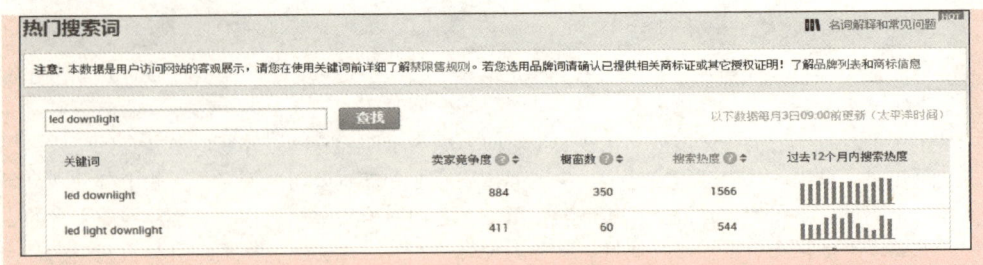

图 4.2　LED 筒灯的热搜词

第二，优化产品图片。阿里国际站对图片的要求经常变，所以要及时按照平台要求修改图片。产品图片可以设置 6 张主图，第 1 张主图尽量使用产品的正面照，其他主图应包括产品正面和背面的对比图、细节图等，使客户能够全面地了解产品，对产品有一个整体印象。瑞麒照明公司某款产品的主图，如图 4.3 所示，包括了产品正面图、背面图、细节图，可以使客户对这款产品有全面的认识。

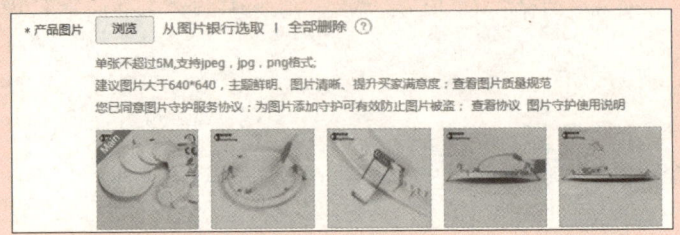

图 4.3　瑞麒照明公司某款产品主图

第三，借鉴同行里排名靠前的产品标题、产品参数、产品详情页的设计格式，找到这些排名靠前产品的共同点，借鉴并应用于瑞麒照明公司的产品优化上。通过阿里国际站平台搜索 led downlight 部分排名靠前产品，如图 4.4 所示，瑞麒照明公司可以借鉴它们的优点。

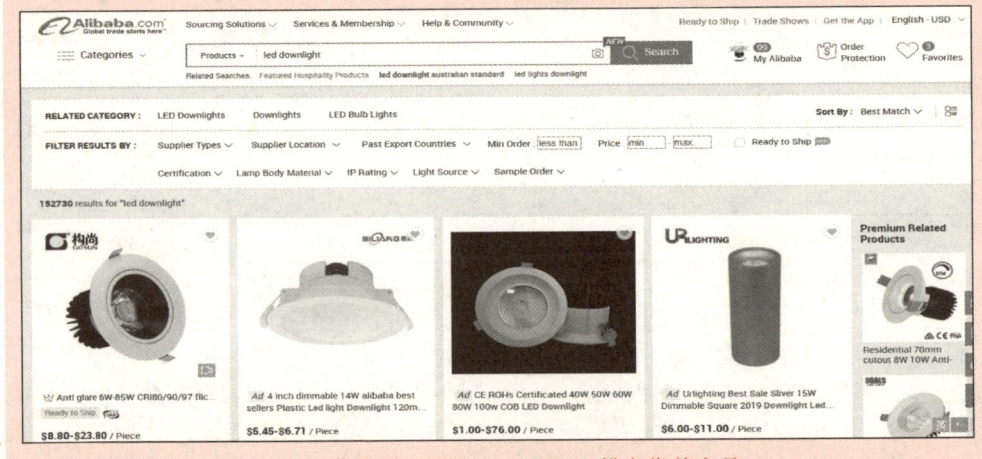

图 4.4　阿里国际站 led downlight 排名靠前产品

4.1.2　优化 RFQ 报价模板

在阿里国际站内，除要回复客户的相关询盘外，还需主动进行 RFQ 的报价。RFQ（request

for quotation）是报价请求，有采购需要的客户会发布 RFQ，而业务员则需要对合适的 RFQ 进行主动报价。由于瑞麒照明公司的平台账号对每个月 RFQ 报价数量有限制，因此需要对 RFQ 报价的模板进行优化，充分利用每个 RFQ 报价的机会。

优化 RFQ 报价，需要从 RFQ 报价单上产品名称与买家 RFQ 匹配度高、对公司产品细节描述更为仔细、上传的产品图片质量高、设置阶梯性价格等方面进行优化，这样不仅能使买家全面了解产品，还可以通过阶梯价格找到最适合的价格，这就增加了客户下单的可能。优化后瑞麒照明公司的 RFQ 报价模板，如图 4.5 所示，新的模版中产品的细节描述较详细，产品图片清晰，而且客户能通过不同数量、不同单价的 RFQ 报价模板找到更适合采购的产品。

图 4.5　优化后瑞麒照明公司的 RFQ 报价模板

4.1.3　及时并准确回复有效询盘

在阿里国际站平台上，收到客户的询盘后，需要及时并且准确地对客户询盘进行回复，熟练地向客户介绍自己的产品，详细地解答客户对产品的疑问，准确提供客户需要的产品细节，详细地列出产品要素、发货期和大概到货日期。瑞麒照明公司询盘回复率、询盘回复内容，如图 4.6 和图 4.7 所示，从图中可以看出，公司目前的询盘回复率较高，为 85.70%，询盘回复内容也更详细、更专业。

图 4.6　瑞麒照明公司询盘回复率截图

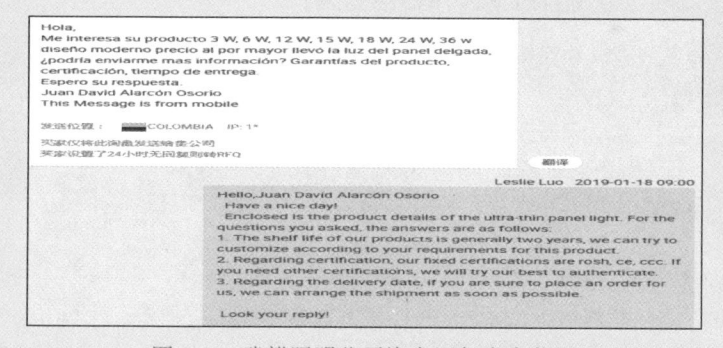

图 4.7　瑞麒照明公司询盘回复内容截图

4.2 提高参加展会的效果

4.2.1 参展前准备到位

第一，给客户发送邀请函。瑞麒照明公司在参展前，要制作最能体现公司LED灯具节能、环保、款式新颖等特点的邀请函。邀请函内容要针对不同国家客户，推荐公司不同热销、新款灯具，还可以附加一些温馨提示。例如，2019年春季广交会期间，广州天气不是很好，瑞麒照明公司在邀请函中给客户温馨提醒一下当地天气状况，更能体现公司客户至上的服务理念。

第二，精心布展。在国内展会中，公司布展的重点应放在样品的摆设上，因为瑞麒照明公司主要是在广州参加国内展会，距离上占有优势，客户如果对样品满意，可以直接邀请到公司参观。在国外展会中，瑞麒照明公司的重点应放在公司和产品宣传海报的制作上，样品应选择展会举办地的热销产品，因为距离太远，不宜带过多产品，业务员高度的专业性及公司宣传给客户的信任感对客户开发至关重要。

4.2.2 参展中服务到位

参加展会，周围都是实力相当的同行，当有客户经过自己公司展位的时候，要主动与客户打招呼，询问他们需要的是什么产品，主动推荐。要积极主动地了解客户对产品的品质要求、需要采购的数量、客户要求的交货期及客户采购产品的用途等，并做好记录，收集客户名片。

瑞麒照明公司的主要出口市场是中东地区，而中东地区客户主要使用的是阿拉伯语，信奉伊斯兰教。针对这两个特点，参展人员如果能使用阿拉伯语日常用语与这些客户打招呼，能给客户亲切感；而对信奉伊斯兰教的客户而言，在展位上有一块祈祷用的礼拜毯也会令人感到很用心。

4.2.3 参展后跟进到位

提高展会的效果，最重要的一点，就是在展会后及时跟进。

首先，要对客户进行细致的分类，针对不同的客户发送不同的邮件。例如，在广交会期间，不少客户对公司的产品表现出了极大的兴趣，停留在公司展位上的时间也比较长，针对这些客户，就必须进行重点标记，重点跟进。

其次，要对客户进行更深入了解。很多客户的名片上有公司网址，参展后业务员要进入客户网站进一步了解客户，针对不同客户发送不同的LED灯具配置、不同风格的报价表，如对高纬度地区客户，可推荐暖色调为主的产品，而低纬度地区的客户则更偏爱冷色调的产品。这些有针对性、有差异化并体现人文关怀的产品和服务，更能走进客户的内心，击中客户的痛点。

4.3 充分利用各种社交媒体进行线上推广

在互联网时代，通过各种社交媒体进行线上推广，是开发客户的重要新方式，能够更为迅速、简便地开发客户。

4.3.1 通过Google等搜索引擎寻找客户邮箱

Google是一个非常强大的搜索工具，数据覆盖率高到只有你想不到的，没有你搜不到的，在外贸客户的开发中应用非常广泛。利用Google来寻找客户邮箱是一个快速、简便、轻松的方式。

例如，在Google上通过搜索产品名（led ceiling light）+通用公共邮箱名后缀（hotmail.com），可以搜索到相关照明灯具的采购商、零售商的邮箱。除利用Google之外，还能利用其他搜索引擎如Yahoo、必应等搜索客户邮箱。图4.8即为在Google上搜索到的LED客户网址资料。

图 4.8　Google 搜索 LED 客户网址结果

4.3.2　使用企业邮箱给客户发送开发信

在利用搜索引擎找到大量客户的邮箱后，需要用企业邮箱给客户发送开发信，企业邮箱较其他邮箱来讲，能提供给客户更多的信任。开发信的标题应尽量避免使用一些容易被屏蔽拦截的词汇，开发信的内容需要简洁明了，对产品和公司的介绍言简意赅，过于冗长可能被客户直接处理为垃圾邮件。图 4.9 是搜索到企业邮箱后发送开发信列表的截图，图 4.10 是瑞麒照明公司具体发送的开发信部分内容的截图。

图 4.9　开发信列表的截图

图 4.10　瑞麒照明公司开发信部分内容的截图

5.　瑞麒照明公司国外客户开发渠道优化方案的实践效果

5.1　跨境平台效果得到提升

通过对瑞麒照明公司阿里跨境平台进行优化，公司跨境平台的曝光量、访客量、转化率都得到了提高，使得询盘更多，新客户和潜在客户也更多，从而形成了一个良性循环，开发国外客户的渠道得到了有效拓展。图 5.1、图 5.2 是瑞麒照明公司阿里跨境平台 2019 年 3 月和 4 月询盘量截图，图 5.3、图 5.4 是瑞麒照明公司阿里跨境平台 2019 年 4 月和 5 月流量及商机概况，通过对比可看出，平台数据得到了明显改善。

163

图 5.1　瑞麒照明公司 2019 年 3 月询盘截图

图 5.2　瑞麒照明公司 2019 年 4 月询盘截图

图 5.3　瑞麒照明公司 2019 年 4 月流量及商机概况

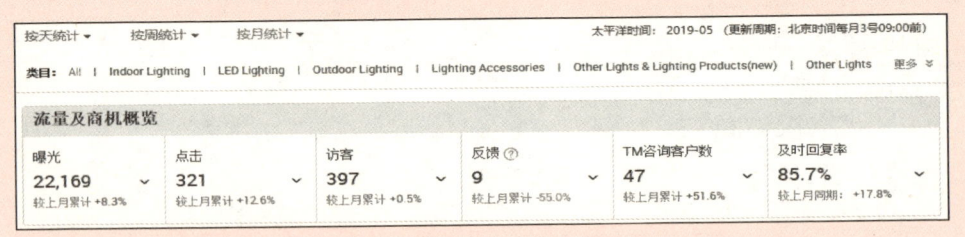

图 5.4　瑞麒照明公司 2019 年 5 月流量及商机概况

5.2　获得了更多客户资料

瑞麒照明公司利用 Google、Yahoo 等搜索引擎和社交软件，获得了更多的客户资料和联系方式，使开发国外客户没有之前那么被动，增加了潜在客户数量和实际成交的可能性。图 5.5 是瑞麒照明公司通过搜索引擎和社交软件搜集到的部分客户资料列表，外贸业务员可以联系的客户群体规模有了明显增加。

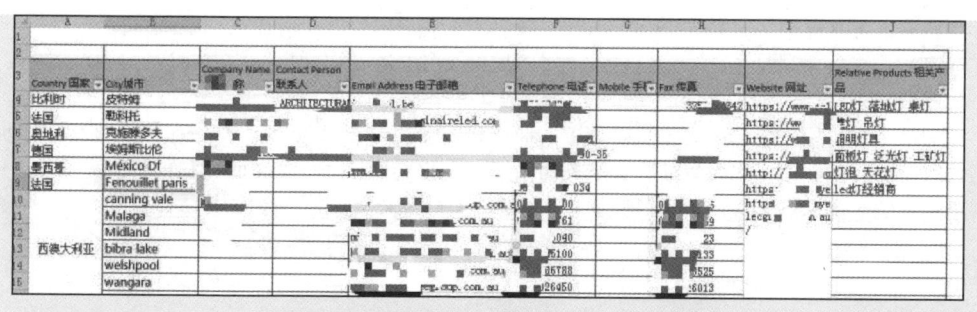

图 5.5　瑞麒照明公司部分客户资料列表

6. 结论

针对瑞麒照明公司国外客户开发渠道存在的问题，本毕业设计提出了一些优化方案，具体结论如下。

（1）通过对公司阿里跨境平台上传产品的质量进行优化，有效提高产品的曝光率、点击率和询盘数。

（2）通过优化 RFQ 报价模板，简洁而不失细致地为客户展示了公司产品的特色及卖点，让客户更直观地了解公司产品的信息，有效激发了客户对产品的兴趣。

（3）利用 Google 等搜索引擎进行精准搜索，寻找目标客户的有效邮箱，有效扩大目标群体、挖掘潜在客户。

通过这些优化方案，瑞麒照明公司国外客户开发渠道得到一定程度的拓展，国外客户数量明显增加。但是，公司阿里跨境平台的运营效果离行业 Top10 还有一定差距，还需继续优化，客户开发邮件的模板也需要再进一步优化，这也是接下来我在公司的工作目标和努力方向。

参考文献

[1] 王莉红，金宏义. 外贸人如何利用网络寻找国外客户 [J]. 中国商贸，2011，07.

[2] 刘爱学. 基于电子商务平台的国际贸易客户开发途径研究 [D]. 杭州：浙江工业大学，2015.

[3] 陈锡挺. 刍议陌生客户开发策略 [J]. 邮政研究，2019，02.

[4] 张忠. 如何做好规模客户的战略营销 [J]. 石油商技，2018，06.

[5] 韩佶容，陈诚. 自媒体营销方式下的网络客户跟踪与开发策略研究 [J]. 中外企业家，2019，04.

[6] 方玲玉. 商科专业毕业设计教程 [M]. 北京：电子工业出版社，2016，07.

致谢

大学三年学习时光已经接近尾声，在此我想对我的母校、我的父母、我的老师和同学表达我由衷的谢意。感谢我的家人对我大学三年学习的默默支持，感谢母校给了我在大学三年深造的机会，让我能继续学习和提高；感谢国贸专业的老师们和同学们三年来的关心和鼓励。老师们课堂上的激情洋溢，课堂下的谆谆教诲，同学们在学习中的认真热情，生活上的热心主动，所有这些都让我的三年充满了感动。这次毕业设计我得到了很多老师和同学的帮忙，其中我的毕业设计指导老师×××老师对我的关心和支持尤为重要。每次遇到自己解决不了的难题，我最先做的就是向×××老师寻求帮忙，而×××老师每次不管忙或闲，总会抽空来找我交谈，然后一起商量解决问题的办法。

在我做毕业设计的每个阶段，从选题到查阅资料，从提纲的确定再到中期的修改、后期格式的调整等各个环节，×××老师都给予了我悉心的指导。这几个月以来，她不仅仅在学业上给我以精心指导，同时还在思想给我以无微不至的关怀，在此谨向×××老师致以诚挚的谢意和崇高的敬意。

　　同时，本篇毕业设计的写作也得到了其他许多同学的热情帮助。感谢在整个毕业设计期间与我密切合作的同学，以及以前在各个方面给予过我帮助的伙伴们，在此，我再一次真诚地向帮助过我的老师和同学表示由衷的感谢！

附录 E

市场营销专业毕业设计实例

Part 1　毕业设计任务书（略）
Part 2　毕业设计执行方案

×××职业技术学院毕业设计执行方案

___商学院___ 学院　___市场营销___ 专业　_2015 年 12 月 20 日_

设计题目	"折 800" 购物平台长沙市场 2016 年新年促销策划方案		
学生姓名	×××	学号 1318023×××	指导教师 ×××

1. 选题的依据和意义
（1）依据市场营销系提供的毕业设计选题方向：促销策划方向，进行选题。
（2）选题与个人实习单位"折 800"团购网站，以及实习岗位工作紧密联系。
（3）本次毕业设计主要为了长沙团博百众网络科技有限公司 2016 年新年活动提供促销方案，对企业重新树立平台形象、挖掘潜在客户、解决促销实际问题具有现实意义。

2. 拟解决的关键问题
（1）确定吸引消费者眼球、易于被目标消费者记住和感兴趣的促销主题。
（2）明确本次促销的具体销售目标、促销费用预算。
（3）促销活动的内容、流程设计。

3. 毕业设计的技术路线
（1）深入企业和市场调查，收集一手资料；查阅文献和历史数据，收集二手资料。
（2）确定促销主题，明确促销目标。
（3）联系实习企业，设计促销活动。
（4）制作促销策划方案，提交作品。

续表

4. 毕业设计的日程安排

任务	开始时间	结束时间	阶段成果
确定选题	2015年11月10日	2015年11月15日	毕业设计任务书
制订方案	2015年11月16日	2015年11月21日	毕业设计执行方案
完成设计	2015年11月25日	2016年04月20日	毕业设计作品
成果总结	2016年04月25日	2016年05月01日	答辩PPT

5. 指导教师的意见及建议

同意开题，希望能够严格按毕业设计任务书和毕业设计执行方案规定的时间进行毕业设计，切实让策划方案具有现实意义和可操作性。写作期间及时与指导老师联系，2月完成初稿，3月完成二稿，4月完成终稿。

签名：×××
2015年12月25日

Part 3　毕业设计作品

×××职业技术学院

市场营销专业毕业设计

答辩视频

题目："折800"购物平台长沙市场2016年新年促销策划方案

类型：

产品设计	工艺设计	方案设计
		√

学生姓名：×××
学　　号：1318023×××
班　　级：市营1331班
专　　业：市场营销
学　　院：商学院
学校指导教师：×××
企业指导教师：×××

2016年5月4日

摘　要

长沙团博百众网络科技有限公司"折800"购物平台，现在已经发展为国内最具信息量的折扣信息互动分享平台。在平台发展前期，由于平台商品大部分来源于淘宝，没有建立独立的公司形象，限制了公司发展。为了树立全新、独立的平台形象，打造属于自己的特买商城品牌，我们以2016年的新年为契机，在长沙市场上，通过一系列的促销活动冲刺3 000万元开门红销售业绩，同时打造"折800，好价、好货、好服务"的平台新形象。

关键词："折800"购物平台；长沙市场；2016新年；促销策划

目 录

前言
一、促销背景分析
  （一）市场状况分析
  （二）竞争对手分析
  （三）消费者分析
  （四）产品分析
二、活动主题
三、活动目标
四、活动概况及策略说明
五、活动及创意详细介绍
  （一）活动一：以心迎新篇
  （二）活动二：以心交心篇
  （三）活动三：以心连心篇
  （四）活动四：以心知心篇
六、实施安排
  （一）活动前安排
  （二）活动中安排
  （三）活动后安排
七、广告配合
八、费用预算
九、效果评估
  （一）经济效果
  （二）社会效果
十、意外防范
  （一）粉丝见面会
  （二）橘子洲头夜跑
  （三）线上活动
参考文献
致谢

前言

  长沙团博百众网络有限公司主要负责"折800"购物平台的运营，"折800"是一家性价比超高的商品限时特卖网站。自2011年进入长沙市场，在团购网络平台行业中排名前三，至今已拥有超过8 000万平台用户。在发展前期主要依赖于淘宝、天猫，导致自己的平台流量不足，公司长期发展受到限制。同时随着合作商家的增多，商品的类目也不断丰富，导致平台商品的质量下降，客户购物满意度逐步降低。

  通过分析长沙市场特点，结合公司自身状况，公司策划了主题为"2016年，'折800'与你携手，共创更美明天"的新年促销活动，以提高站内销售额、提升公司知名度与美誉度，进而打造"折800"电商平台新形象。

一、促销背景分析

（一）市场状况分析

近三年来电子商务正处在快速上升期，整体发展环境较好。长沙作为省会城市，市民的收入水平不断提高，消费能力也随之增强，网购消费者不断增加。随着移动互联网的快速发展，国家对互联网行业的支持越来越大，很多优惠的政策为网购平台提供了有利的发展机会。方便、快捷、省钱的网络购物越来越受人们欢迎，网络购物从仅仅满足自身对时间、金钱的节省，慢慢转化为一种生活习惯和方式。

（二）竞争对手分析

随着电商行业的迅猛发展，许多折扣、团购网站层出不穷，市场竞争激烈，良莠不齐。其中九块邮、卷皮网、返利网这三家公司实力比较雄厚，拥有大量的客户群体。这三家公司优劣势对比情况如表1所示。

表1 主要竞争对手优劣势对比分析

企业名称	优 势	劣 势
九块邮	（1）符合国家"十二规划"，受政策支持； （2）创立较早，市场消费者基础雄厚，大胆创新，发展迅速	（1）定价过低，产品质量受到质疑； （2）过度让利，降低商家的利润，合作关系受到影响
卷皮网	（1）优质精选+折扣特卖+限时抢购的创新商业模式； （2）精选高频次TOP类目，优质推荐和价格优势	（1）移动端开发较晚，导致市场知名度低； （2）团队较为年轻，市场经验不足
返利网	（1）公司出现较早，规模较大，知名度高； （2）区别于其他折扣网站，是国内电商CPS效果营销服务提供商	（1）网站审核制度不够严格，导致商户鱼龙混杂，消费者信誉度降低； （2）对商户管理机制不够完善，导致客户流失

（三）消费者分析

长沙是湖南省的政治、经济、文化中心，是中南地区重要的中心城市，综合实力位居全国前列，而且长沙地区高校非常多，中低收入白领与学生成为了购物网站的主要客源。随着目标人群消费水平逐年提高，消费诉求不再单一追求便宜，同时追求产品的高质量、服务的齐全性，以及看重网站口碑信誉。

以2015年双十一为例，各地快递物流爆仓，物流运输车更是堵在长沙城外，物流是否快捷也成为影响客户选择商家的重要因素。另外，与价格相对，产品质量的好坏与服务的优劣成为消费者关注的焦点。同时，目标顾客对商品的折扣与购物平台的促销活动非常敏感，他们经常使用移动终端进行信息收集来作为购物参考。

（四）产品分析

"折800"是一家超高性价比商品限时特卖网站，其公司产品来源分为两大块。

（1）特卖商城，商家在"折800"平台直接开店。

（2）淘商城，实际店铺还是在淘宝网上。

目前公司着重打造特卖商城，通过对入驻商家上架商品的纯人工的9道质量把关程序，以及商家店铺各方面运营情况的严格审核，为消费者提供质量高、价格低的好产品。公司特别打造的优品汇平台更是深受消费者的关注与喜爱，商品好评率达95%以上。

二、活动主题

2016年，"折800"与你携手，共创更美明天。

三、活动目标

1. 特买商城店铺增加200家，新用户增加3%
2. 完成自营平台站内交易额3 000万元
3. 在市场上树立全新的平台形象，提升知名度5%、美誉度3%

四、活动概况及策略说明

为了实现本次促销活动的目标，我们策划了"2016年，'折800'与你携手，共创更美明天"新年促销活动。活动分为线上与线下两大部分，将消费者、商家、企业紧密联系起来，具体安排如表2所示。

表2　系列活动安排表

序号	活动主题	活动时间	活动内容说明
	前期宣传	12月15日~23日	宣传推广活动，发布活动主题及活动内容，吸引客户参加
活动一	以心迎新篇	12月24日~31日	活动1："娜些与折800的故事"谢娜粉丝见面会 活动2："青春还在，梦想要快"主题LOGO征集赛 活动3：脑洞大开，新版等你来吐槽有奖互动
活动二	以心交心篇	1月1日~1月15日	活动1："新生活轻运动"炫酷夜跑大赛 活动2：蔗糖小红帽，全民公益等你来 活动3：任性抽检随你来，任性低价随你定
活动三	以心连心篇	1月15日~1月25日	活动1：最佳信誉，我们来评你 活动2：网红踢馆，特卖来守擂 活动3：你、我、他，携手一起"折800"
活动四	以心知心篇	1月25日~2月25日	活动1：推荐达人，实力推推推 活动2：不拼爹妈拼颜值 活动3：流量不足没关系，积分帮你来补足

五、活动及创意详细介绍

（一）活动一：以心迎新篇

1. 活动主题：以心迎新篇
2. 活动目的：主要是借助圣诞节日气氛，为新形象造势，引起客户关注
3. 活动时间、地点

时间：2015年12月24日~12月31日

地点：长沙市黄兴南路步行街、"折800" APP平台

4. 活动对象："折800"平台目标客户
5. 活动内容：

(1)"娜些与'折800'的故事"谢娜粉丝见面会。

首先播放谢娜最新代言"折800"的广告，随后，谢娜从头到脚着一身"折800"商品出现，展现"折800"产品的品质和特色。在现场将"折800，真便宜"老口号的牌子敲碎后，LED大屏幕出现新口号"折800，好货、好价、好服务"。

公司CEO介绍"折800"的发展规划，在消费者心中建立起新的企业形象，之后播放"折800"员工的工作和生活秀，进行公司文化宣传。

最后，在现场观众中选8名幸运观众和公司内部质检团队的4位小伙伴一起参加产品检查流程的比赛，参与者都将得到谢娜亲笔签名礼品一件。

(2)"青春还在，梦想要快"主题LOGO征集赛。

在微信公众号与官方微博及贴吧发起一场关于"青春还在，梦想要快"的LOGO征集大赛，此次大赛主要是为"折800"选择一个新的LOGO。参与者将自己设计的LOGO编辑至微信公众号的比赛平台，获取自己的参赛号码，然后将比赛链接发送至朋友圈进行投票，票数在前三者即可获得大奖，第一名将会被"折800"选用。奖项设置：

第一名：获得8 000元的奖金+1 000元"折800"代金券；

第二名：800元"折800"代金券+自拍神器1个；

第三名：500元"折800"代金券+懒人支架1个。

(3)脑洞大开，新版等你来吐槽有奖互动。

"折800"APP版本升级，重新添加了达人秀与评论弹屏，并且还有添加好友功能。用户可以在平台页面开启弹屏功能，来一场关于"折800"新版的吐槽活动。让消费者对APP的功能提出自己的意见，弹屏话题支持最多的意见，平台将予以采纳。公司后台统计出三天内弹屏话题最多者及发起弹屏用户，通知其领奖。

奖项设置：

第一名：邀请至公司亲身体验公司文化+"折800"优惠券500元+10倍日常积分；

第二名："折800"优惠券200元+5倍日常积分；

参与奖：只要发起话题弹屏就将获得10积分。

(二)活动二：以心交心篇

1. 活动主题：以心交心篇
2. 活动目的：通过各种公益活动建立具有社会责任感和诚信的电商企业形象
3. 活动时间

时间：2016年1月1日~1月15日

地点：长沙市橘子洲头、"折800"APP平台、支付宝平台

4. 活动对象："折800"目标客户、"折800"产品供应商
5. 活动内容：

(1)"新生活轻运动"炫酷夜跑大赛。

活动开始前一周，通过平台选取50名优质商户、50名幸运用户，与公司员工一起参与此次的橘子洲头的炫酷夜跑。参与者将穿上印有"折800"字样的荧光服进行夜跑，不仅展现了一种健康的生活方式，而且对"折800"起到广告宣传的作用。比赛时间为1月1日晚上6点半到8点半，评选出1、2、3名并给予奖励。

奖项设置：

第一名：1000元运动健身赞助奖+长沙格瑞健身房一年卡1张；

第二名：800元运动健身赞助奖+长沙格瑞健身房半年卡1张；

第三名：500元运动健身赞助奖+长沙格瑞健身房三个月卡1张。

(2) 蔗糖小红帽，全民公益等你来。

"折800"购物平台与支付宝合作"全民"公益项目。只要消费者在"折800"购物平台上使用支付宝付款，所购买的金额会换算成不同的积分。50积分等于1元，顾客每捐出50积分，"折800"将捐出1元现金，同时支付宝也会捐出1角现金。全民公益所获得的钱，将会通过"折800"的蔗糖小红帽送到对口资助的贫困山区小学。

(3) 任性抽检随你来，任性低价随你定。

为了保证商户的商品质量，"折800"将定期进行抽检。消费者单个ID在"折800"平台购物超过1000元，就可以报名参加抽检活动。

在整个活动期间，顾客可以随时抽检商家，商家必须接受顾客抽检；顾客将抽检体验报告交给"折800"。如果是未进驻的特卖商城的商品，那么顾客将有机会为此商品定价，同时提交体验报告优秀者，将会免费得到此商品，并且有机会成为永久抽检顾客。

(三) 活动三：以心连心篇

1. 活动主题：以心连心篇
2. 活动目的：着重打造"折800"自己的平台特卖商城品牌，将更多的合作商户转换成折商场，减少淘商场的占比
3. 活动时间地点：

时间：2016年1月16日~1月25日

地点："折800" APP平台

4. 活动对象："折800"的新老商户
5. 活动内容：

(1) 最佳信誉，我们来评你。

后台统计出2015年销量最多、评价最高的前50名商户，然后请平台用户从中评出10个最佳信誉奖。前10名最佳商户将在下年度受到"折800"的大力扶持。

① 资金支持。

② 根据"折800"用户浏览习惯的大数据分析，给老商户免费提供精准流量。

③ 对10名商户的产品信息进行1个月的首页推荐及搜索排名靠前推荐。

(2) 网红踢馆，特卖来守擂。

特卖商城会发起系列优惠活动，网红店家中排名前50名的有资格参加此次踢馆赛，与老优品汇商家进行比拼。踢馆成功者才能参与优品汇，踢馆失败者则一个月内不能报名参与此活动。守住擂台越久，店铺搜索排名将越靠前，会成为"折800"首推卖家，享受更多的流量。

(4) 你、我、他，携手一起"折800"。

本次活动将邀请10名最佳商户与10名平台资深用户参与"折800"年会，进行交流和游戏活动。由平台CEO颁发最佳商户奖，对用户表达感谢。最后是新年抢红包，大家一起打开微信"摇一摇"，抢红包，累计抢得最多的将会是当场年会的幸运王，免费获得三天两晚的泰国游。

(四) 活动四：以心知心篇

1. 活动主题：以心知心篇
2. 活动目的：通过增加产品销量，提高平台店铺曝光率，提升销售额与平台用户忠诚度
3. 活动时间地点：

时间：2016年1月26日~2月25日

地点："折800" APP平台

4. 活动对象："折800"目标商户

5. 活动内容

（1）推荐达人，实力推推推。

活动期间，用户在"折800"APP购物，就会获得一个邀请码，将邀请码发送至朋友圈或者QQ空间，邀请好友下载"折800"APP，根据验证码就可以计入此人的推荐量，活动时间为期一个月，根据推荐量设置奖项：

第一名（推荐有效量达300人）1名，获得购物基金1 000元；

第二名（推荐有效量达200人）2名，获得购物基金500元；

第三名（推荐有效量达100人）3名，获得购物基金200元；

参与奖：所有参与者，将会获得8.88元微信红包。

（2）不拼爹妈拼颜值。

"折800"新版手机APP将会推出一个测颜值功能，用户在购物页面刷脸测试自己的颜值，根据系统给出的分数得到不同的代金券。用户也能将结果通过朋友圈邀请更多的人参与，并且与好友比颜值，在好友中不同排名将累计不同积分，积分可以用于特卖商城其他优惠活动。

三天内颜值在其好友中排名前五就可参与秒杀活动：

① 精品单鞋0.9折起，每天上线100双，先到先得。

② 美丽护肤，自然乐园品牌护肤品低至0.1折。

③ 居家用品9.9元秒杀，上百种居家用品9.9元包邮限量秒杀，秒杀时间为半小时。

凡活动期间在"折800"平台购物，即可参与转盘抽奖活动，奖品设置：

一等奖：腾达大功率无线路由器1台；

二等奖：半球防烫电热水壶（共2个）；

三等奖：单人电热毯（共5个）；

四等奖：馥佩露得清系列产品1个（共20个）；

五等奖：彩色手机钢化膜/手机卡通套（共150个）；

六等奖：10元服饰券（共2 000张）；

七等奖：5元服饰券（共3 000张）。

（3）流量不足没关系，积分帮你来补足。

凡活动期间在"折800"平台购物，根据不同金额即可获得相应积分，并且可参与平台推出的积分换手机流量的活动，在活动时间内只要积分满100，就可兑换手机流量。

六、实施安排

（一）活动前安排

（1）根据活动力度，市场招商组对各个商户进行活动洽谈，争取最大力度的活动让利；男女装组、鞋包组、美妆组、食品组各安排5位专员负责网红店铺招募；招商部2人主要负责支付宝平台合作事宜。

（2）各种材料的采购及布置，赠品、活动费用等，并与相关部门及供应商沟通活动操作细节。

（3）组建5人宣传小组，主要对广告宣传负责，在进行促销活动前，提前一周发放宣传单，在活动前三天再在平台以广告形式滚动播放。

（4）后台技术部2人，负责全部活动的视频制作与剪辑。

（二）活动中安排

（1）市场部支持5人/班，早晚轮班；安保部支持10人/班，对户外活动进行安保工作，早晚轮班；市场部1人，统筹全部活动，与省军区机关医院合作，保证10名医生对夜跑工作进行全程跟踪。

（2）市场部3人/班，保证促销产品每日准时上线、活动奖品的不断供给，以及货物的供给。

（3）后台数据分析部进行线上流量更新分析，与人事部配合奖项事宜及财务部活动费用记录。

（三）活动后安排

（1）对活动后台数据进行统筹，继续监督活动流量变化，分析并保证活动的真实性。

（2）对新加入用户的资料进行汇总，处理活动中奖用户的后续领奖事宜，跟踪年后快递，及时发货，保证客服解决用户问题。

（3）后续安排，活动后对销售量及平台用户进行统计，为下次活动做好准备。

七、广告配合

为了实现本次活动目标，可以考虑线上线下各类广告的全方位整合，如表3所示。

表3　广告项目具体事项

启动项目	具体事项
平台广告	活动前三天，提前进行APP首页中间头条新闻的活动滚动播放
微信造势	进行微信朋友圈视频广告推送
广告地铁	在长沙2号地铁五一广场站进出口处放置代言人的广告宣传牌
网络广告	在爱奇艺APP上进行5天促销活动广告宣传
短信提醒	提前3天短信提醒会员用户
传单	活动前1周对长沙各大高校及重点小区进行传单的发放

八、费用预算

本次促销活动的费用包括广告费、人员工资等几个方面，共计628 750万元，其中广告宣传费用为114 000万元，如表4所示。

表4　活动费用预算

费用类型	具体项目	小计/元	说　　明
广告费	网络广告	10 000	5天爱奇艺广告费、微信广告费用
	短信费用	2 000	客户和商家
	地铁广告	100 000	五一广场地铁站
	制作宣传单和海报	2 000	长沙各大高校小区人流量多的地方投放
人员费用	兼职工资	4 000	10人×5天×80元
	餐饮、通信费	750	5人×5天×30元
其他	粉丝见面会费用	500 000	场地费、人员费、餐费、通信费；活动海报、LED屏幕、主持人、摄影及制作；代言人、服装费、媒体费用
	礼品　优惠券	10 000	促销期间的礼品费用及现金折扣优惠券费用

九、效果评估

（一）经济效果

根据"折800"的历史销售额，综合考虑促销政策对产品流量带来的影响，做出促销期间销量的预估，看是否能完成站内销售额 3 000 万元、特卖商城用户增加 200 户的目标，超过预期值更佳。

（二）社会效果

这一系列促销活动不仅会使"折 800"的知名度增加 5%，新用户提高 3%，还会建立"折 800"在长沙市场的良好口碑。

十、意外防范

（一）粉丝见面会

（1）见面会期间，安保部要维持现场的秩序，保证活动顺利进行，防止活动期间出现拥挤。

（2）保证明星嘉宾准时达到、安全离开，现场粉丝互动顺利进行。

（二）橘子洲头夜跑

（1）与省军区机关医院合作，10 名医生到场为夜跑人员的身体健康作保证。

（2）10 名保安人员负责安保问题，尤其对夜跑商户与顾客人数的定点排查，防止掉队。

（三）线上活动

（1）活动期间，技术部保证线上平台的稳定及用户购物安全。

（2）相关部门要保证商品及赠品的及时供应。

参考文献

[1] 阿姆斯特朗. 市场营销学［M］. 赵占波，译. 北京：机械工业出版社，2013.

[2] 昝辉. 网络营销实战密码——策略. 技巧. 案例［M］. 北京：电子工业出版社，2009.

[3] 吴高远，张晓丹. 粉丝经济学［M］. 北京：光明日报出版社，2014.

[4] 智研咨询团队. 2015—2020 年中国电子商务市场调研与投资前景报告［EB/OL］. 中国产业信息网，2015：2-15.

[5] 李国琦. 2015 年信息经济报告［EB/OL］. 速途网，2015：3-2.

[6] 电子商务处. 创造学习的新思路［EB/OL］. 湖南省商务厅，2015：8-19.

[7] 刘光峰. 实战网络营销——理论与实践［M］. 北京：清华大学出版社，2000.

[8] 鑫嘉华国际物流. 长沙电子商务发展趋势［EB/OL］. 红网，2016：3-7.

[9] 姚国章. 中国企业电子商务发展战略［M］. 北京：北京大学出版社，2001.

[10] 刘克亚. 实战网络营销宝典［M］. 北京：中经录音音像出版社，2012.

致谢

大学三年学习时光已经接近尾声，我的校园生活就要画上句号，心中是无尽的不舍与眷恋。在此我想对我的母校、我的父母亲人们、我的老师和同学们表达我由衷的谢意。感谢我的家人对我大学三年学习的默默支持；感谢我的母校×××职业技术学院给了我三年学习机会，老师们课堂上的激情洋溢、课堂下的谆谆教诲，同学们在学习中的认真热情、生活上的热心主动，所有这些都让我的三年充满了感动。

这次毕业论文设计得到了很多老师和同学的帮助，尤其是我的指导老师×××老师，从选题到查阅资料，从论文提纲的确定到中期论文的修改，再到后期论文格式调整等各个环节都给予了悉心的指导。在此谨向×××老师致以最诚挚的谢意。

最后，感谢这段时间陪伴我走过来的所有人，愿我们都不辜负这青葱岁月，不辜负努力着的自己。

附录 F

证券与期货专业毕业设计实例

Part 1　毕业设计任务书（略）
Part 2　毕业设计执行方案

×××职业技术学院毕业设计执行方案

__商__ 学院　__证券投资与管理__ 专业　2015 年 10 月 30 日

设计题目		陈女士家庭理财规划		
学生姓名	×××	学号　1318043×××	指导教师	×××

1. 选题的依据和意义

　　个人投资理财是个人为了实现自身的愿望，将自身所拥有的各种资源投入金融或非金融领域，使其保值、增值并达到计划所要求的目标。中国经济连续保持快速稳健的发展态势，居民收入有了较快增长，居民金融意识也在不断增强，在这种情况下，家庭理财行业的需求也与日俱增。正所谓"你不理财，财不理你"。家庭理财越来越成为人们生活中不可或缺的重要方面。由于我国金融业还是分业经营、分业管理的模式，理财师们往往只是在自己专业方面有所擅长，这与个人理财是全方位服务的要求出现了背离，加上理财师们所针对的都是高端客户，收取相对较高的佣金，使个人理财的普及和推广受到了很大的限制。本设计以陈女士家庭为例，根据大众中层家庭具体情况制定了合理可行的理财报告。

　　本专业核心能力包含证券经纪、投资咨询和综合理财服务 3 个层面，根据实习过程中搜集的客户基本情况和理财需求，进行其个人家庭理财设计，既能帮助客户实现资产的增值、保值，又能巩固提升自己的专业核心技能。

2. 拟解决的关键问题

　　本文主要运用个人理财的基本理论，采用理论联系实际和比较分析的方法，在为陈女士量身定做的理财规划书中详细分析她的家庭基本情况、财务状况、综合能力和理财需求。

　　（1）根据陈女士的家庭基本情况，进行家庭财务诊断。

　　（2）借助金融网站提供的经济数据，预测投资理财产品的收益率，筛选出更有投资潜力的理财产品。

　　（3）根据陈女士家庭财务诊断结果，进行资产重新配置，设计理财方案，满足其家庭理财需求。

3. 毕业设计的技术路线

步骤一 选中个体经营户陈女士作为调查对象：陈女士具有一定的代表性。

步骤二 陈女士家庭信息收集与整理：多次沟通交流，深入了解陈女士家庭情况，尝试推荐稳健的理财投资，了解陈女士能够承受的风险程度。

步骤三 陈女士家庭财务分析：根据前期调研结果，拟定陈女士家庭财务分析方案。

步骤四 陈女士家庭理财目标定位：根据理财规划方案，对陈女士资产配置进行实践，记录相关数据，保存过程资料。

步骤五 陈女士理财方案设计：对陈女士家庭理财实施成效进行总结，对理财方案进行优化。

步骤六 陈女士家庭理财方案的可行性论证：陈女士家庭理财规划分析。

步骤七 陈女士理财执行方案反馈和指导：撰写毕业设计成果报告书、答辩PPT等。

4. 毕业设计的日程安排

任务	开始时间	结束时间	阶段成果
确定选题	2015年10月12日	2015年10月16日	毕业设计任务书
制定方案	2015年10月19日	2015年10月30日	毕业设计执行方案
完成设计	2015年11月02日	2016年04月30日	毕业设计作品
成果总结	2016年05月01日	2016年05月05日	答辩PPT

5. 指导教师的意见及建议

方案可行，同意执行。

签名：×××

2015年10月30日

Part 3　毕业设计作品

×××职业技术学院

证券投资与管理专业毕业设计

答辩视频

题目：陈女士家庭理财规划

类型：

产品设计	工艺设计	方案设计
		√

学生姓名：×××
学　　号：1318043×××
班　　级：证投1331班
专　　业：证券投资与管理
学　　院：商学院
学校指导教师：×××
企业指导教师：×××

2016年5月7日

摘 要

随着我国国民经济持续、快速、健康的发展,居民的投资意愿及现代理财观念逐渐增强。家庭理财越来越为人们生活中不可或缺的重要方面。本文主要运用个人理财的基本理论,采用理论联系实际和比较分析的方法,在了解陈女士家庭基本情况、财务状况、综合能力和理财需求等方面的基础上,结合其家庭未来发展需要和职业特点,运用统筹兼顾的原则为其私人定制了换车规划、家庭保障和现金规划、投资和风险管理规划,子女教育及养老规划,自营加盟店扩张规划、高品质高水平生活规划6个具有针对性、全面性、可行性、科学性的规划方案。加之对陈女士家庭理财规划执行情况的跟踪和定期检查,以便今后根据其情况的变化进行适时的调整,以求达到最佳预期效果。

关键词:理财规划;投资策略;合理性分析;资产配置

目 录

绪论
1. 陈女士家庭基本情况简介
   1.1 陈女士家庭现状
   1.2 陈女士家庭财务状况
2. 陈女士家庭财务指标分析
   2.1 结余比率分析
   2.2 投资与净资产比率分析
   2.3 负债比率分析
   2.4 流动性比率分析
   2.5 现金比率分析
   2.6 负债收入比率分析
   2.7 保额比率分析
3. 陈女士家庭深入综合分析
   3.1 家庭生命周期和生涯规划分析
   3.2 家庭风险分析
4. 陈女士家庭理财目标确定
   4.1 陈女士家庭理财具体目标
   4.2 假设与预测
5. 陈女士家庭理财合理性分析
   5.1 家庭风险保障不足
   5.2 家庭资产配置不合理
   5.3 家庭日常开支较大
   5.4 家庭财务结构不合理
6. 陈女士家庭理财规划
   6.1 充分利用家庭可供利用的财务资源
   6.2 家庭应急资金准备
   6.3 换车资金的安排
   6.4 家庭保障规划
   6.5 展业规划
   6.6 家庭旅游活动规划
   6.7 家庭投资规划

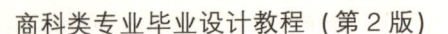

7. 理财方案可行性论证
8. 结束语
参考文献
致谢
附录 A 陈女士家庭理财调查问卷表

绪论

本文通过对陈女士家庭财务状况的分析及相关数据的预算，为陈女士规划出比较合理的家庭理财方案，提高其家庭未来的生活水平质量和规避风险能力，实现家庭资产的财务自由。

1. 陈女士家庭基本情况简介

1.1 陈女士家庭现状

1.1.1 人口结构

陈女士一家 5 口人：陈女士，27 岁，个体经营；其丈夫杨先生，29 岁，律师；其儿子，1 岁；其公公 61 岁，退休教职工；其婆婆 55 岁，社区主任。

1.1.2 理财需求

购车规划；家庭保障和现金规划；投资和风险管理规划；子女教育及养老规划；自营加盟店扩张规划；高品质、高水平生活规划。

1.2 陈女士家庭财务状况

1.2.1 家庭资产负债状况

陈女士一家 5 口住三室两厅两卫 150 平方米的商品房，2009 年购买的该房，根据现在长沙房价该套房市场估价为 100 多万元，住房公积金贷款 20 万元，每月还贷 2 000 多元，已还贷 6 年，剩余本金 56 000 元。陈女士名下有一套两室一厅 70 平方米商品房，处于长沙名校附近，出租价为 2 000 元/月，市场价值约 80 万元。2011 年其丈夫杨先生购买国产比亚迪汽车，一次性全额付款，该车在二手车市场平均报价约 4 万元。家庭成员暂无信用卡。陈女士为个体经营户，加盟某食品公司，其店铺位于大学附近，门面租金约为 4 万元/年，所制的机器设备等固定资产约为 2 万元，所储存的货物约为 1 万元。陈女士对家庭负债这块控制的比较好，暂无该方面的风险。陈女士家庭目前的净资产在该市相对来说处于中高水平，流动资金规模也比较大，但是很明显看出流动资金的收益率低，基本没有投资资本市场的举措，陈女士 2015 年资产负债情况如表 1 所示。若市场环境变化，物价上涨、通货膨胀、纸币贬值、利润下降，陈女士家庭资产将会缩水，现有的资产得不到增值、保值保障。所以陈女士家庭急需重新进行理财规划。

表 1 陈女士 2015 年资产负债情况

资　　产	金额/元	负　　债	金额/元
流动资产	270 000	流动负债	96 000
现金	50 000	房贷	56 000
活期银行存款	100 000	店铺租金	40 000
定期银行存款	100 000		
应收利息	10 000		
存货	10 000		
非流动资产	1 860 000	非流动负债	0

续表

资　产	金额/元	负　债	金额/元
店铺器材	20 000		
汽车	40 000		
房地产（投资）	800 000		
房地产（自用）	1 000 000		
资产合计	2 130 000	负债合计	96 000
净资产		2 034 000	

1.2.2 家庭收支结余状况

陈女士主营油炸类小吃，客户群体主要针对学生，日常经营生意红火。一般情况下，扣除所有费用，净收入稳定在15万元左右。其丈夫杨先生在律师事务所工作，公司在当地有一定的知名度，杨先生在公司表现积极，吃苦耐劳、积极进取、阅历资深。每年总收入达20万元，其中包括年终奖金及各种节假日补贴。两个人每月共缴纳个人所得税1 500元。处于他们这个年龄阶段，人情消费也是生活中一大笔开支，每年约1万元。2015年初迎来他们幸福的结晶——儿子睿睿，在生活开支方面每个月需要1万元左右。双方父母退休后都有退休工资，但是夫妻俩每年逢年过节约花费2万元孝敬父母。从表2可以看出，虽年结余约196 600元，但是在陈女士店铺经营状况好，丈夫业绩高的情况下。在未来10~20年里，孩子教育、父母赡养、夫妻俩职业发展等问题都需要解决，其生活压力将会到达最高峰。家庭人员中仅有基本社保，暂无各种商业保险，若家庭成员发生突发状况，夫妻俩将更难去应对。从现状来看，陈女士家庭生活水平处于中等偏上，后期对陈女士的家庭风险规避和理财投资需要着重规划。

表2　陈女士2015年现金流量表（金额单位：元/年）

收入项目	金额	百分比	支出项目	金额	百分比
经营活动			经营活动		
劳务薪酬	120 000	31.25%	生活支出	120 000	64.03%
其他	80 000	20.83%	应纳税费	18 000	9.6%
投资活动			车险保养	12 200	6.4%
自营收入	150 000	39.06%	人情消费	10 000	5.33%
房租收入	24 000	6.25%	赡养费	20 000	10.67%
利息收入	10 000	2.6%	住房公积金	7 200	3.8%
收入合计	384 000	1	支出合计	187 400	1
年结余			196 600		

2. 陈女士家庭财务指标分析

家庭财务指标分析主要是从财富积累能力、偿付能力、抗风险能力等方面进行分析；我们选取最具代表性的七个家庭理财的比率指标，对其家庭财务状况进行具体分析。

2.1 结余比率分析

结余比率是结余与税后收入的比值，是资产增值的重要指标，反映出家庭控制支出的能力和储蓄意识，是未来投资理财的基础，即反映个人提高其净资产水平的能力。只有收入有了现金盈余,才能进行储蓄再投资,使资产稳步增长,使财富不断增加。结余比率一般理想值是30%以上;陈女士家庭结余比率=年结余/年税后收入×100% = 196 600÷(384 000-18 000)×100%=53.71%,说明陈女士家庭控制支出和家庭储蓄能力较强,可以将部分结余资金进行其他投资,增加净资产规模和家庭可支配收入,缓解家庭经济压力。

2.2 投资与净资产比率分析

投资与净资产比率是投资资产与净资产的比值,是衡量客户家庭通过投资促使其净资产规模扩大的能力,投资收益是增加净资产规模的重要组成部分,也是增加家庭收入的重要途径,一般在50%左右。陈女士暂无投资理财产品,仅仅将结余资金放在银行储蓄,每年获取约1万元的利息收入,从该方面可知陈女士家庭理财意识欠缺,需要树立正确的理财理念,将剩余资产充分利用,实现家庭资产的保值、增值。

2.3 负债比率分析

负债比率是负债总额与总资产的比值,是衡量家庭偿债能力的高低。一般把负债率控制在50%以下,陈女士家庭负债比率= 96 000÷2 130 000×100% = 4.5%,陈女士只有每月房贷和店铺租金压力,流动资金相对充足,面对应急资金需求时,有一定的抵抗力。

2.4 流动性比率分析

流动性比率是流动资产与月支出的比值,反映家庭支出能力的强弱,一般理想值在3左右。陈女士家庭流动性比率=流动资产/月支出= 270 000÷10 000 = 27,陈女士家庭的流动资产占月支出比值过高,虽能及时应对需要现金的风险,但很难实现增值、保值的目的,再一次说明陈女士家庭急需找到合适的家庭理财产品进行投资。

2.5 现金比率分析

现金比率又称即付比率,是指家庭现金类资产与流动负债间的比率关系,反映该家庭随时利用变现资产偿还债务的能力,其参考值是70%左右。陈女士有6万多元小额债务,又未投资理财产品,可见流动资金多,资产变现能力极强。

2.6 负债收入比率分析

负债收入比率是年负债与年税后收入的比值,该指标反映支出能力的强弱,临界值为40%。陈女士家庭负债收入比率=当年负债/当年税后收入。2014年年初结婚,新婚家庭,夫妻俩在前期处于资产积累阶段。事业的开展是在一定物质基础上开始的,对债务风险控制极好。

2.7 保额比率分析

一般保险额度为家庭年收入的10倍,总保费支出为家庭年收入的10%。保障险保额=个人税后年收入×10 = 3 660 000。目前夫妻俩的总资产213万元,与保险额度相差153万。其总资产中不动产房产占了84.5%,其运作资金并不是特别大。未来生活,夫妻俩的压力还是存在的,在工作收入稳定状况下,还需要好好使用理财产品实现资产达到保额数。

3. 陈女士家庭深入综合分析

3.1 家庭生命周期和生涯规划分析

按家庭生命周期理论,从一对夫妻结婚建立家庭生养子女(家庭形成期)、子女长大就学(家庭成长期)、子女独立和事业发展到巅峰(家庭成熟期)、夫妻退休到夫妻终老而使家庭消亡(家庭衰老期),不同阶段家庭周期财富积累能力和理财目标是不同的;按美国学者舒伯职业生涯理论,职业阶段分为成长期、探索期、创业期、维持期、衰退期,不同阶段职业生涯周期的创造财富能力是不同的。陈女士家庭属于家庭成长期,该时期是家庭的主要消费期,经济收入增加且生活稳定，已经有一定的财力和基本生活基础。为了提高生活质量往往需要较大的家庭建设支出。根据陈女士的具体情况，可提前为后期孩子的发展和家庭保障各个方面进行规划，则需要有一大笔支出。

3.2 家庭风险分析

通过对陈女士家庭收支结构的分析，基本可以判断其家庭资产配置单一，如果宏观经济环境和家庭发生变化，极可能面临如下风险：现金风险、投资风险、家庭保障风险。

4. 陈女士家庭理财目标确定

4.1 陈女士家庭理财具体目标

根据陈女士目前的家庭财务状况及各项理财目标的轻重缓急，建议：中短期目标采取"目标并进法"予以实现，即从2016年年末更换价值约为15万元的SUV；2017年起筹备儿子的未来教育经费；增强家庭的商业保险，加快家庭保障制度的建设和完善。长期目标采用"目标顺序法"予以实现，即在2025年中短期理财目标完成后，再具体落实长期目标，进一步提高陈女士家庭生活水平。

根据陈女士的需求和其家庭具体情况，按照时间的长短，将目标概括如下：

短期目标：家庭应急资金准备；换车资金准备。

中期目标：自营加盟店拓展；家庭加强保障。

长期目标：孩子教育资金准备；夫妇俩养老金初步积累。

4.2 假设与预测

本方案的规划时段为2016年至2027年（陈女士儿子大学毕业），未来我国经济环境的变化可能对本方案产生影响，为便于我们做出数据翔实的理财方案，结合我们掌握的信息条件，现做出如下理财基本假设：

（1）通货膨胀率：4%（国家宏观政策确定的调控范围）。

（2）收入成长率：5%（根据长沙市近几年收入年均增长幅度和国家长期经济增长速度综合考虑）。

（3）教育费用增长：5%（通常略高于通货膨胀率）。

（4）投资收益率：股票型基金10%，券商集合理财计划10%（高于通货膨胀率，且由专业人士运作，收益有所保障）。

5. 陈女士家庭理财合理性分析

通过对陈女士家庭资产状况和收支结构进行分析，我们发现陈女士家庭理财存在着以下不合理的地方。

5.1 家庭风险保障不足

陈女士家庭除基本社保外，没有其他类型的保险。虽然拥有现金类资产25万元，但作为家庭收入主要来源的陈女士夫妇俩，没有任何人身和收入来源保险，一旦发生意外，就可能造成家庭主要经济来源中断，影响家庭生活质量，家庭财务安全存在重大隐患。

5.2 家庭资产配置不合理

这种不合理结构主要表现在：

（1）净资产金融投资比例过低，资本没有得到很好的运作。

（2）投资品种单一，且主要集中在银行存款上，导致投资收益较低。

（3）净资产成长率比较低，导致家庭收入安全系数降低。

5.3 家庭日常开支较大

陈女士一家三口，在平时不需要负担父母亲开支的情况，每月日常开支达10 000元，占到家庭年度开支的64%，超过一般家庭日常开支比重。

5.4 家庭财务结构不合理

陈女士家庭清偿比率指标达95.5%，远高于理想值区间，说明陈女士没有利用好自己的信用额度。

6. 陈女士家庭理财规划

6.1 充分利用家庭可供利用的财务资源

做客户的理财方案设计，需要根据客户家庭财务状况，充分挖掘可供利用的资源，提高资源利用效率，实现客户家庭财务自由。本案例中陈女士家庭可供利用的财务资源有如下几个方面。

（1）做好家庭财务开支预算，一些不必要的日常开支尽量不开支、少开支，经过预算，此项可为陈女士家庭每年节省20 000元左右开支。

（2）充分利用每年的收支结余，使家庭净资产不断增值，保障家庭财务安全。

（3）家庭出租房继续用于出租，将闲置的资产利用起来，并每月获得稳定的租金收入，可加强家庭风险保障。

（4）家庭现有银行存款20万元和现金资产5万元，除必要的应急资金准备外，其余部分充分利用起来，以提高资金的利用效率。

6.2 家庭应急资金准备

为了保障家庭发生意外时的不时之需，每个家庭都需要建立自己的家庭应急资金，一般为3至6个月的日常零星开支需要。从陈女士家庭现有储蓄中拿出5万元作为家庭应急资金准备，选择无风险的银行存款和低风险的货币市场基金，各配置50%，既保障了支取的灵活性，也能带来一定的收益。

6.3 换车资金的安排

陈女士想在年末换置一台15万元左右的经济型SUV。了解到中国建设银行热购三湘版信用卡分期购车方式，可享受"0"利息、"0"费率；赠送价值10 000元的新车装潢大礼包和高速公路ETC专用设备一台；延保期可达4年原厂保修。可推荐陈女士选择建行信用卡分期购买热销车本田CR-V2015款2.0L两驱经典版，首付50%和36期普通贷款来购该车，需先将丈夫杨先生2011年购买的国产比亚迪汽车，以二手车市场估值4万元卖出，从活期存款拿出4万元，用来付首付，再贷款8.17万元，月供2 269元，一年总还贷27 233元。换车后，每年预计开销将增加4~5千元，此笔开销将从每年收支结余中扣除。

6.4 家庭保障规划

2016年国务院印发《关于整合城乡居民基本医疗保险制度的意见》整合城乡居民基本医疗保险和新型农村合作医疗两项制度。提出"六统一"：统一覆盖范围、统一筹资政策、统一保障待遇、统一医保目录、统一定点管理、统一基金管理。目前陈女士全家的年收入38万元左右，只有丈夫有公司提供的五险一金，自己和公婆仅有基本的社保，家庭缺乏必要的保障。

6.4.1 家庭综合意外险保全家平安

家庭综合意外险是全家人的综合保障计划，被保险人为两人以上，保障自己和配偶及未成年子女在工作生活中的意外伤害，还提供门诊与住院医疗保障，另有意外住院收入补偿，以及24小时电话医疗咨询。保障范围是被保险人因遭受意外事故，并自事故发生之日起180日内因该事故身故、残疾的，保险公司按其意外伤害保险金额给付意外身故/残疾保险金。

中国平安保险公司的一年期综合意外险是保障生活中的多种意外（含重大自然灾害如暴雨、雷击），还提供门诊与住院医疗保障，另有意外住院误工、护理津贴及紧急医疗救助服务，保额最高可达100万元。建议陈女士为其夫妇每年从收支结余中投入2万元购买中国平安一年期意外险，受益对象为配偶和子女，加强家庭保障。

6.4.2 理智选择"儿子教育金"

2015年年初，陈女士有了他们第一个宝宝——帅气可爱的儿子，全家人沉浸在幸福中。陈女士家庭成员都是高级知识分子，对孩子未来的教育和生活有着长远眼光，需要一个较合理的长远规划。陈女士和其丈夫杨先生目前正处于财富创造期，不可能一次性给孩子建立一个高额度教育资金账号。可选择分12年，在保险公司给孩子建立一个60万元的年金账号，每年存5万元资金。同时在年金中使用豁免功能，即如果投保人身体无恙，则由投保人每年给孩子存钱；而一旦投保人发生重残、伤残、身故等风险，则由保险公司来存满剩下几年的储蓄。孩子的60万元教育保险年金规划如表3所示。

表3 孩子的60万元教育保险年金规划

年龄/岁	阶 段	给儿子教育基金规划
12~15	初中阶段	1万元/年×3年
16~18	高中阶段	2万元/年×3年
19~22	大学阶段	4万元/年×4年
23~25	深造阶段	30万元/年×2年

6.4.3 统筹计划自己的"退休养老"

陈女士的公公、婆婆都有稳定的退休工资收入，暂不需要担心二老的未来生活水平。其丈夫所在公司的运营和发展在同行业中有一定优势，员工的福利待遇都挺不错。作为灵活就业人员，陈女士没有基本养老保障。根据国家对养老保险最新规定，交满15年，到退休时才能终生享受养老金。陈女士可以从2029年开始交纳养老保险，2016年长沙社保交费基数为4 525元/月，根据收入增长率5%，预计2029年交费基数为8 126元/月，每月交费19%，为1 544元/月，其中11%记入社会统筹，8%记入个人账户。32年后（60岁退休）交费基数已经变成了21 561元/月，60岁的时候首先每个月可以拿到国家发放的基本养老金21 561×21% = 4 527元，及个人账户21年积累的299 245元 [（8 126+21 561）÷2×8%（缴纳养老保险的个人比例）×21（年）×12（月）]，即每个月还可以拿到自己账号资金里的277 577÷139 = 2 153元。退休时陈女士每月可获得基本养老保险金6 680元。

6.5 展业规划

陈女士是个有追求、有主见的成功女性，加盟某食品公司已经有两年了，取得了一定成就，陈女士个人事业目标是想继续增加几所连锁店，打造出属于自己的品牌。门面位置还是继续选择在高校附近，面向学生来展业。一般高校附近门面租金约为4万元/年，所需机器设备价值1.5万元，所储存的货物流动资金5 000元。考虑到陈女士孩子才1岁，正需要妈妈呵护。所以近几年内不赞同增加连锁店的计划，可以将这份资金先投资到其他合适的理财产品来储备未来创业基金，在孩子读初中时再考虑增添一家门面。

当年投入资金为：6万元×(1+4%)^{11} = 10万元

6.6 家庭旅游活动规划

陈女士是一个非常注重家庭生活的好儿媳。加之自己和丈夫正处于财富创造期，退休的公公、婆婆白天在家照顾孩子,给陈女士减轻不少压力。陈女士的家庭是典型的上有老下有小的家庭,两边父母都有退休工资,基本生活不用担心。但孝顺的陈女士想到两边父母一辈子舍不得吃喝玩乐,为了他们付出那么多,想多花点时间陪伴他们,引发了未来对每年组织家庭旅游活动的需求。在孩子毕业深造前,可以主要选择在国内旅游,看看祖国的大好山河和名胜古迹,体验下各个地方的风土人情,家庭组团一起自驾旅游或者报旅行社的团都是很不错的选择,每年3万元左右应该绰绰有余。等孩子深造完,工作稳定后,可以选择国外旅游,带父母开开眼界,好好感受下各个国家的不同文化、景色,每年一次短期旅行10万元左右,主要看以后所去国家和国家间汇率的变化。

6.7 家庭投资规划

6.7.1 巧用信用卡透支功能

对于陈女士家庭财务情况,可推荐陈女士办理3张信用卡,第1张为陈女士经常购物所使用的商场版建行热购三湘版信用卡,这样每次购物能够享受商场的优惠活动,包括打折、积分,以及年底积分兑换礼品的超值活动。建议此卡和工资卡绑定,设定自动还款,就不要担心因忘记还款而背负信用危机。第2张主要为丈夫杨先生出差时用的商务信用卡,利用信用卡的"预授权",实现押金的功能,从而避免了占用家庭太多的资金。第3张也是最重要的一张,申办一张某银行的白金信用卡,额度相对高些,且有一定的免息期。平常不要动用,主要作为面对突发事件的应急金,这样一来,可以将自己手里本来准备应急的资金用于购买短期投资理财产品。

6.7.2 金融资产投资策略

根据陈女士家庭资产配置状况,可以判定其为稳健型投资者,风险承受能力中等偏下,金融资产投资宜选用固定收益类证券。现推荐如下几类产品。

第1类债券型基金,如鹏华双债加利型证券投资基金,该基金在合理控制风险、保持适当流动性的基础上,以企业债和可转债为主要投资目标,过去一年其年化收益率达到10%,考虑到经济下行压力,预计以后年化收益率将维持在8%左右。

第2类5年期以上的国债,续发的,预计年化收益将维持在5%左右。国债有国家财政作担保,不存在违约风险。

第3类货币市场基金,如易方达天天理财货币市场基金,保证了资金的流动性,赎回期两天,并且易方达为大型基金管理公司,其年化收益率维持在3%左右。

建议:

(1)陈女士投资10万元作定期投资,以上产品按1:2:1比例配置,预计年化收益率维持在5%左右,30年期的年金终值系数为66.439,陈女士退休时其家庭将依靠此投资积累664万元。

(2)银行存款20万元用于长期国债投资,30年复利终值系数为4.322,30年投资收益为86万元。

(3)调整后每年结余投资于货币市场基金,既加强了家庭安全保障,也准备了足够的退休生活补充资金。

7. 理财方案可行性论证

根据陈女士家庭实际情况和理财需求,提出比较合理的理财建议,在市场环境好,投资预期收益稳定的情况下,陈女士接受理财建议后,其家庭资产净盈余将被利用起来。在支出方面新增加了车贷、保险、养老金、教育投资、旅游项目,如表4所示,但陈女士的闲置资金活用在投资理财领域与家庭保障领域,未来的预期回报率是很可观的。教育保险和养老保险投资时间长,所以省略统计这两项的未来收益。该理财规划符合陈女士长远稳健的投资要求,理财方

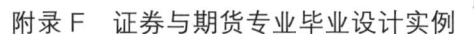

案的设计侧重于提高闲置资金的利用率和提前预防家庭风险突发性状况,至少在未来12年和30年里,无须更多担心孩子教育费用和陈女士退休养老生活水平方面的问题。

表4 未来25年陈女士家庭现金流量表(单位:万元)

年份/年	收入	生活	车供	投资	保险	养老	展业	旅游	教育	结余
2017	42.34	18.45	2.73	10	2			2	5	2.16
2018	44.45	19.38	2.73	10	2			2.1	5	3.24
2019	46.67	20.35	2.73	10	2			2.21	5	4.38
2020	49.01	21.36		10	2			2.32	5	8.33
2021	51.46	22.42		10	2			2.43	5	9.61
2022	54.03	23.55		10	2			2.55	5	10.93
2023	56.73	24.73		10	2			2.68	5	12.32
2024	59.57	25.97		10	2			2.82	5	13.78
2025	62.55	27.27		10	2			2.95	5	15.33
2026	65.67	28.63		10	2			3.10	5	16.94
2027	90.67	30.06		10	2		10	3.26	5	30.35
2028	95.20	31.57		10	2		10.5	3.42	5	32.71
2029	99.96	33.14		10	2	1.85	11.03	3.59		38.35
2030	104.96	34.80		10	2	1.94	11.58	3.77		40.87
2031	110.21	36.54		10	2	2.04	12.16	3.96		43.51
2032	115.72	38.37		10	2	2.14	12.76	4.16		46.29
2033	121.50	40.29		10	2	2.25	13.40	4.37		49.19
2034	127.58	42.30		10	2	2.36	14.07	4.58		52.27
2035	133.93	44.42		10	2	2.48	14.77	4.81		55.45
2036	140.65	46.64		10	2	2.61	15.51	5.05		58.84
2037	147.69	48.97		10	2	2.74	16.29	10		57.69
2038	155.07	51.42		10	2	2.87	17.10	10.5		61.21
2039	162.83	53.99		10	2	3.02	17.96	11.03		64.83
2040	170.97	56.69		10	2	3.17	18.86	11.57		68.68
2041	179.52	59.52		10	2	3.33	19.80	12.16		72.71

8. 结束语

家庭的理财规划要根据家庭和家庭成员的具体情况,制订切实可行的计划,合理配置家庭资产,既要通过提高劳动收入积累尽可能多的财富,又要善于利用投资工具创造更多的财富。

本文通过对陈女士家庭实际情况调查,进行财务指标的分析,并结合家庭生命周期和成员职业生涯规划,应用经济学与个人理财专业知识制定了适合本家庭的理财规划方案,即家庭保障规划、家庭投资规划、追求高品质生活规划。

最后，我们建议陈女士应经常与客户经理保持联系，根据环境的变化适时调整和修正理财规划，评估家庭资产的风险状况并决定是否需要进行策略调整，并持之以恒地遵照执行，使这个比较合理的理财规划能客观地展示自己的财务状况，减缓财务忧虑，帮助自己认清和实现目标，成为指导自己实现财务自由之路的好帮手。

参考文献

［1］金永红. 个人理财工具箱［M］. 北京：电子工业出版社，2008.

［2］北京为开企业管理咨询有限公司. 中国家庭 24 个理财样板间［M］. 北京：机械工业出版社，2014.

［3］陈镇，赵敏捷. 家庭理财［M］. 北京：清华大学出版社，2009.

［4］殷虎平. 中国理财规划实战案例［M］. 深圳：海天出版社，2007.

［5］毛定娟. 每天学点投资学［M］. 3 版. 北京：光明日报出版社，2013.

［6］柴效武，孟晓苏. 个人理财规划［M］. 北京：清华大学出版社，2013.

致谢

本毕业设计是在我院证投系指导老师×××老师和招商证券股份有限公司长沙芙蓉营业部×××经理的悉心指导下完成的。在我有疑问时，为我指点迷津，帮助我开拓研究思路，精心点拨、鼓励支持。×××老师一丝不苟的作风，严谨求实的态度，渊博的专业知识，严谨的治学态度，诲人不倦的高尚师德，朴实无华、平易近人的人格魅力对我产生了深远的影响。使我树立了远大的学习目标，熟知理财对我们日常生活的重要，专业素养得到进一步提高，还让我明白了许多为人处世的道理。

本毕业设计从选题到下笔到最后完成，每一步都是在×××老师的悉心指导下才顺利完成的，倾注了×××老师大量的心血和精力。在此，谨向×××老师表示崇高的敬意和衷心的感谢！

本毕业设计能够顺利完成，离不开本文陈女士所提供的家庭资料数据和招商证券×××经理的公司产品数据，其中涉及个人隐私问题，但陈女士百分百的支持、配合、理解、信赖，都让我非感谢。同时也离不开各位专业老师的指导，证投班小伙伴们和我的好朋友们的关心和帮助。在这里对各位报以最诚挚的谢意和无尽的感激！

附录A 陈女士家庭理财调查问卷表

1. 您的家庭的成员有几人？（D）

   A. 1 人　　　　　　　　　　　　B. 2 人

   C. 3 人　　　　　　　　　　　　D. 4 人及以上

2. 您从事的职业是？（G）

   A. 互联网行业　　　　　　　　　B. 教育/医疗

   C. 电子行业　　　　　　　　　　D. 金融行业

   E. 服务业　　　　　　　　　　　F. 医疗

   G. 其他（个体经营，油炸类小吃）

3. 您家庭月收入在哪个区间？（C）

   A. 3 000 元以下　　　　　　　　B. 3 000 元到 8 000 元之间

   C. 8 000 元到 2 万元之间　　　　D. 2 万元以上

4. 您对家庭理财感兴趣吗？（B）

   A. 非常感兴趣　　　　　　　　　B. 有一点了解

   C. 不感兴趣　　　　　　　　　　D. 完全不想了解

5. 您是否购买过家庭理财产品？（B）
   A. 是   B. 否
6. 您的家庭收入用于投资的比例？（B）
   A. 10%及以下   B. 10%~30%
   C. 30%~50%   D. 50%以上
7. 您是否需要家庭理财顾问服务？（A）
   A. 非常需要   B. 比较需要
   C. 无所谓   D. 不需要
8. 哪些选项是您现在关心的家庭理财规划问题？（BCEF）
   A. 意外医疗   B. 重大疾病
   C. 儿童教育   D. 养老金
   E. 投资   F. 财产保全
9. 您是否购买过以下种类的商业保险？（E）
   A. 意外保险   B. 重大疾病保险
   C. 儿童教育险   D. 养老保险
   E. 车险   F. 人寿保险
10. 您是否拥有社会保险？（B）
    A. 是   B. 否
11. 通过家庭理财规划，您认为当前需要解决那些问题？

目前我把闲置资金都存在银行，但利率低，加之受通货膨胀、纸币贬值的影响，资金大大的缩水，心里着急却不知道如何把钱拿去做理财投资。我担心未来孩子教育、父母赡养、夫妻职业发展这些问题将会导致生活压力到达最高峰。家庭人员中仅有基本社保，暂无各种商业保险，我也担心若家庭成员发生突发状况，夫妻俩将更难去应对。虽从现状来看，家庭生活水平处于中等偏上水平，但是后期家庭应对风险能力较弱，故对家庭风险规避和理财投资需求意向大。

参考文献

[1] 蔡须全，WonDerSun．专题制作-创意设计篇［M］．台湾：台科大图书股份有限公司，2014．

[2] 纪多多．商科院校毕业设计（论文）教程［M］．天津：天津大学出版社，2010．

[3] 徐秀杰，王丽波．高等学校毕业设计（论文）指导教程．财会类专业［M］．北京：中国水利水电出版社，2015．

[4] 张富建．职业学校毕业设计指导与实例［M］．2版．北京：清华大学出版社，2014．

[5] 陈丽能，徐挺，孙慧平，等．毕业综合实践导引（高职高专适用）［M］．杭州：浙江摄影出版社，2011．

[6] 高教育部高等教育司，北京市教育委员会．高等学校毕业设计（论文）指导手册［M］．北京：经济日报出版社，1999．

反侵权盗版声明

电子工业出版社依法对本作品享有专有出版权。任何未经权利人书面许可，复制、销售或通过信息网络传播本作品的行为，歪曲、篡改、剽窃本作品的行为，均违反《中华人民共和国著作权法》，其行为人应承担相应的民事责任和行政责任，构成犯罪的，将被依法追究刑事责任。

为了维护市场秩序，保护权利人的合法权益，我社将依法查处和打击侵权盗版的单位和个人。欢迎社会各界人士积极举报侵权盗版行为，本社将奖励举报有功人员，并保证举报人的信息不被泄露。

举报电话：（010）88254396；（010）88258888
传　　真：（010）88254397
E-mail： dbqq@phei.com.cn
通信地址：北京市海淀区万寿路173信箱
　　　　　电子工业出版社总编办公室
邮　　编：100036